Java 程序设计

主　编：钱新杰
副主编：代钰琴　罗金梅　张　韬
参　编：胡桂香　唐思均

北京理工大学出版社
BEIJING INSTITUTE OF TECHNOLOGY PRESS

内 容 简 介

本书是一本面向计算类专业学生的教材，旨在通过对 Java 语言的介绍，不仅传授程序设计的基本技能，而且融入思想政治教育，培养学生的社会责任感和专业精神。本书结合了最新的 Java 技术发展和教育改革要求，全面覆盖了 Java 语言的核心概念和应用实践。

本书内容涵盖了 Java 语言的基本知识，共包含 3 个部分 8 个项目。第一部分为基础知识，包括项目一 Java 语言概述；项目二程序流程控制；项目三数组。第二部分为面向对象，包括项目四面向对象程序设计；项目五常用类；项目六异常处理；项目七集合框架。第三部分为高级应用，包括项目八 Swing 程序设计。

图书在版编目（C I P）数据

Java 程序设计 / 钱新杰主编 . -- 北京：北京理工大学出版社,2024.6

ISBN 978 - 7 - 5763 - 3783 - 9

Ⅰ . ①J… Ⅱ . ①钱… Ⅲ . ①JAVA 语言 - 程序设计 - 高等学校 - 教材 Ⅳ . ①TP312.8

中国国家版本馆 CIP 数据核字（2024）第 071465 号

责任编辑：王玲玲　　　**文案编辑：**王玲玲
责任校对：刘亚男　　　**责任印制：**施胜娟

出版发行 / 北京理工大学出版社有限责任公司
社　　址 / 北京市丰台区四合庄路 6 号
邮　　编 / 100070
电　　话 / (010) 68914026（教材售后服务热线）
　　　　　　 (010) 68944437（课件资源服务热线）
网　　址 / http://www.bitpress.com.cn

版 印 次 / 2024 年 6 月第 1 版第 1 次印刷
印　　刷 / 涿州市新华印刷有限公司
开　　本 / 787 mm × 1092 mm 1/16
印　　张 / 16.5
字　　数 / 388 千字
定　　价 / 86.00 元

前 言

在这个知识爆炸的时代，计算机科学与技术已经成为推动社会发展的重要力量。Java 语言以其跨平台的特性和强大的功能，成为计算机编程领域的一颗璀璨明珠。本书的编写，正是为了培养新时代的计算机专业人才，不仅要求他们掌握扎实的技术能力，更要求他们具备坚定的理想信念和高尚的道德情操。

本书的编写理念：

（1）融合思想政治教育：将思想政治教育自然融入技术教学之中，引导学生在学习专业知识的同时，树立正确的价值观念和社会责任感。

（2）强调实践应用：通过案例教学和项目实践，使学生能够将理论知识用于解决实际问题，培养其分析问题和解决问题的能力。

（3）注重创新思维：鼓励学生在学习过程中发挥创造力，不断探索和尝试，以适应不断变化的技术环境。

（4）紧跟技术前沿：及时更新教材内容，确保学生能够接触到最新的 Java 技术发展和行业趋势。

在编写过程中，注重以下几个方面：

（1）系统性：教材内容系统、全面，从 Java 语言的基础到高级特性，逐步深入，确保学生能够构建起完整的知识体系。

（2）易读性：语言通俗易懂，逻辑清晰，便于学生理解和掌握。

（3）互动性：设置思考题和讨论题，激发学生积极思考和探讨，增强学习的互动性。

（4）实用性：结合实际应用案例，使学生能够更好地理解 Java 语言在实际开发中的应用。

希望本书能够成为连接知识与实践、技术与思想的"桥梁"，帮助学生在掌握 Java 编程技能的同时，也能够培养出社会责任感和使命感。

愿每一位读者都能在本书的引导下，不仅成为技术领域的佼佼者，更成为具有社会责任感和创新精神的新时代青年。

目录

第一部分　基础知识

项目一　Java 语言概述 ……………………………………………………………… 3

任务 1.1　Java 语言简介 …………………………………………………… 3
1.1.1　Java 语言的发展 …………………………………………… 3
1.1.2　Java 语言的特点 …………………………………………… 3
任务 1.2　初识 Java 程序 …………………………………………………… 4
1.2.1　项目说明 ……………………………………………………… 4
1.2.2　项目实现 ……………………………………………………… 4
1.2.3　运行结果 ……………………………………………………… 6
任务 1.3　Java 程序开发环境搭建 ………………………………………… 6
任务 1.4　集成开发环境——Eclipse ……………………………………… 12
任务 1.5　案例：Java 发展历程——创新发展 …………………………… 18
1.5.1　案例背景 ……………………………………………………… 18
1.5.2　案例任务 ……………………………………………………… 18
1.5.3　案例实现 ……………………………………………………… 19
练习题 ……………………………………………………………………… 20

项目二　程序流程控制 ……………………………………………………… 21

任务 2.1　语句 …………………………………………………………… 21
2.1.1　Java 基本语法 ……………………………………………… 21
2.1.2　常量和变量 ………………………………………………… 29
2.1.3　表达式与运算符 …………………………………………… 31
任务 2.2　顺序结构 ……………………………………………………… 37
任务 2.3　选择结构 ……………………………………………………… 38
2.3.1　单分支选择结构 …………………………………………… 38
2.3.2　双分支选择结构 …………………………………………… 39

2.3.3 多分支选择结构 ……………………………………………… 40

2.3.4 三元运算符 ……………………………………………… 47

任务 2.4 循环结构 ……………………………………………… 49

2.4.1 while 循环语句 ……………………………………………… 49

2.4.2 do…while 循环语句 ……………………………………………… 51

2.4.3 for 循环语句 ……………………………………………… 53

2.4.4 循环嵌套 ……………………………………………… 55

任务 2.5 跳转语句 ……………………………………………… 56

2.5.1 break 语句 ……………………………………………… 56

2.5.2 continue 语句 ……………………………………………… 56

任务 2.6 案例："两弹一星"精神——家国情怀 ……………………… 57

2.6.1 案例背景 ……………………………………………… 57

2.6.2 案例任务 ……………………………………………… 58

2.6.3 案例实现 ……………………………………………… 58

练习题 ……………………………………………… 59

项目三 数组 ……………………………………………… 60

任务 3.1 数组的基本概念 ……………………………………………… 60

3.1.1 数组的定义 ……………………………………………… 60

3.1.2 Java 语言中数组的特点 ……………………………………………… 60

任务 3.2 一维数组 ……………………………………………… 61

3.2.1 声明一维数组 ……………………………………………… 61

3.2.2 创建一维数组 ……………………………………………… 61

3.2.3 一维数组常见操作方法 ……………………………………………… 62

任务 3.3 多维数组 ……………………………………………… 65

3.3.1 声明多维数组 ……………………………………………… 65

3.3.2 创建多维数组 ……………………………………………… 65

3.3.3 多维数组常见操作方法 ……………………………………………… 66

任务 3.4 案例：飞机座位值机——文明守序 ……………………… 69

3.4.1 案例背景 ……………………………………………… 69

3.4.2 案例任务 ……………………………………………… 69

3.4.3 案例实现 ……………………………………………… 69

练习题 ……………………………………………… 70

第二部分 面向对象

项目四 面向对象程序设计 ……………………………………………… 75

任务 4.1 面向对象 ……………………………………………… 75

4.1.1 面向对象的定义 ……………………………………………… 75

4.1.2　面向对象的特点 ……………………………………………… 75

任务 4.2　类与对象 …………………………………………………… 76

4.2.1　类的定义 …………………………………………………… 76

4.2.2　对象的创建与使用 ……………………………………… 79

任务 4.3　构造方法 …………………………………………………… 81

4.3.1　构造方法的定义 …………………………………………… 81

4.3.2　构造方法重载 ……………………………………………… 82

任务 4.4　匿名对象 …………………………………………………… 84

任务 4.5　包 …………………………………………………………… 85

4.5.1　声明包 ………………………………………………………… 85

4.5.2　导入包 ………………………………………………………… 85

任务 4.6　权限访问控制符 ………………………………………… 86

任务 4.7　继承 ………………………………………………………… 86

4.7.1　继承的概念 …………………………………………………… 86

4.7.2　初始化基类 …………………………………………………… 90

4.7.3　方法的重写 …………………………………………………… 91

4.7.4　super 关键字 ………………………………………………… 92

任务 4.8　重载 ………………………………………………………… 93

任务 4.9　转型 ………………………………………………………… 95

任务 4.10　内部类与匿名类 ……………………………………… 96

任务 4.11　抽象类 …………………………………………………… 100

任务 4.12　接口 ……………………………………………………… 103

4.12.1　接口的定义 ………………………………………………… 103

4.12.2　接口的实现 ………………………………………………… 104

任务 4.13　字符串 …………………………………………………… 106

4.13.1　创建字符串 ………………………………………………… 106

4.13.2　字符串常见操作 …………………………………………… 107

任务 4.14　案例：嫦娥探月——科技兴国 …………………… 111

4.14.1　案例背景 …………………………………………………… 111

4.14.2　案例任务 …………………………………………………… 111

4.14.3　案例实现 …………………………………………………… 112

练习题 …………………………………………………………………… 114

项目五　常用类 …………………………………………………………… 117

任务 5.1　Object 类 ………………………………………………… 117

5.1.1　Object 类概述 ……………………………………………… 117

5.1.2　clone（）方法 ……………………………………………… 117

5.1.3　equals（）方法 ……………………………………………… 119

5.1.4　hashCode（）方法 ………………………………………… 120

5.1.5　toString( ) 方法 ·· 121

任务 5.2　Date 类 ··· 121

5.2.1　Date 类中的构造方法 ··· 122

5.2.2　Date 类常用方法 ··· 122

5.2.3　格式化日期类 ··· 123

任务 5.3　Calendar 类 ·· 125

任务 5.4　Random 类 ··· 129

任务 5.5　Math 类 ··· 132

5.5.1　Math 类基本方法 ··· 132

5.5.2　指数和对数方法 ··· 133

5.5.3　三角方法 ··· 134

任务 5.6　其他类 ·· 135

5.6.1　System 类 ·· 135

5.6.2　枚举类 ··· 137

任务 5.7　案例：诗书中华——诗礼传家 ··· 138

5.7.1　案例背景 ··· 138

5.7.2　案例任务 ··· 138

5.7.3　案例实现 ··· 139

练习题 ··· 143

项目六　异常处理 ·· 144

任务 6.1　异常 ··· 144

任务 6.2　Java 异常体系结构 ·· 145

6.2.1　Error（错误） ··· 146

6.2.2　Exception（异常） ·· 146

6.2.3　受检异常与非受检异常 ··· 146

任务 6.3　异常处理 ··· 147

任务 6.4　自定义异常 ··· 152

任务 6.5　案例：光盘行动——勤俭节约 ·· 154

6.5.1　案例背景 ··· 154

6.5.2　案例任务 ··· 154

6.5.3　案例实现 ··· 155

练习题 ··· 157

项目七　集合框架 ·· 158

任务 7.1　泛型 ··· 158

7.1.1　泛型方法 ··· 158

7.1.2　泛型类 ··· 160

任务 7.2　集合框架 ··· 161

任务 7.3　Collection 接口 ⋯⋯⋯⋯⋯⋯⋯⋯⋯⋯⋯⋯⋯⋯⋯⋯⋯⋯⋯⋯ 161

任务 7.4　Iterator 接口 ⋯⋯⋯⋯⋯⋯⋯⋯⋯⋯⋯⋯⋯⋯⋯⋯⋯⋯⋯⋯⋯ 163

任务 7.5　集合遍历输出方式 ⋯⋯⋯⋯⋯⋯⋯⋯⋯⋯⋯⋯⋯⋯⋯⋯⋯⋯⋯ 164

任务 7.6　Set 接口 ⋯⋯⋯⋯⋯⋯⋯⋯⋯⋯⋯⋯⋯⋯⋯⋯⋯⋯⋯⋯⋯⋯⋯ 166

　　7.6.1　HashSet ⋯⋯⋯⋯⋯⋯⋯⋯⋯⋯⋯⋯⋯⋯⋯⋯⋯⋯⋯⋯⋯⋯ 166

　　7.6.2　TreeSet ⋯⋯⋯⋯⋯⋯⋯⋯⋯⋯⋯⋯⋯⋯⋯⋯⋯⋯⋯⋯⋯⋯ 168

任务 7.7　List 接口 ⋯⋯⋯⋯⋯⋯⋯⋯⋯⋯⋯⋯⋯⋯⋯⋯⋯⋯⋯⋯⋯⋯ 172

　　7.7.1　ArrayList ⋯⋯⋯⋯⋯⋯⋯⋯⋯⋯⋯⋯⋯⋯⋯⋯⋯⋯⋯⋯⋯ 172

　　7.7.2　LinkedList ⋯⋯⋯⋯⋯⋯⋯⋯⋯⋯⋯⋯⋯⋯⋯⋯⋯⋯⋯⋯ 174

任务 7.8　Map 接口 ⋯⋯⋯⋯⋯⋯⋯⋯⋯⋯⋯⋯⋯⋯⋯⋯⋯⋯⋯⋯⋯⋯ 176

任务 7.9　案例：新能源汽车——绿色低碳 ⋯⋯⋯⋯⋯⋯⋯⋯⋯⋯⋯⋯ 179

　　7.9.1　案例背景 ⋯⋯⋯⋯⋯⋯⋯⋯⋯⋯⋯⋯⋯⋯⋯⋯⋯⋯⋯⋯⋯ 179

　　7.9.2　案例任务 ⋯⋯⋯⋯⋯⋯⋯⋯⋯⋯⋯⋯⋯⋯⋯⋯⋯⋯⋯⋯⋯ 180

　　7.9.3　案例实现 ⋯⋯⋯⋯⋯⋯⋯⋯⋯⋯⋯⋯⋯⋯⋯⋯⋯⋯⋯⋯⋯ 180

练习题 ⋯⋯⋯⋯⋯⋯⋯⋯⋯⋯⋯⋯⋯⋯⋯⋯⋯⋯⋯⋯⋯⋯⋯⋯⋯⋯⋯⋯⋯ 184

第三部分　高级应用

项目八　**Swing 程序设计** ⋯⋯⋯⋯⋯⋯⋯⋯⋯⋯⋯⋯⋯⋯⋯⋯⋯⋯⋯⋯⋯ 187

任务 8.1　Swing ⋯⋯⋯⋯⋯⋯⋯⋯⋯⋯⋯⋯⋯⋯⋯⋯⋯⋯⋯⋯⋯⋯⋯ 187

　　8.1.1　Swing 概述 ⋯⋯⋯⋯⋯⋯⋯⋯⋯⋯⋯⋯⋯⋯⋯⋯⋯⋯⋯⋯ 187

　　8.1.2　Swing 类库结构 ⋯⋯⋯⋯⋯⋯⋯⋯⋯⋯⋯⋯⋯⋯⋯⋯⋯⋯ 187

　　8.1.3　Swing 包 ⋯⋯⋯⋯⋯⋯⋯⋯⋯⋯⋯⋯⋯⋯⋯⋯⋯⋯⋯⋯⋯ 187

任务 8.2　窗体 ⋯⋯⋯⋯⋯⋯⋯⋯⋯⋯⋯⋯⋯⋯⋯⋯⋯⋯⋯⋯⋯⋯⋯⋯ 188

　　8.2.1　JFrame 框架窗体 ⋯⋯⋯⋯⋯⋯⋯⋯⋯⋯⋯⋯⋯⋯⋯⋯⋯⋯ 189

　　8.2.2　JDialog 框架窗体 ⋯⋯⋯⋯⋯⋯⋯⋯⋯⋯⋯⋯⋯⋯⋯⋯⋯ 191

任务 8.3　面板 ⋯⋯⋯⋯⋯⋯⋯⋯⋯⋯⋯⋯⋯⋯⋯⋯⋯⋯⋯⋯⋯⋯⋯⋯ 194

　　8.3.1　JPanel 面板 ⋯⋯⋯⋯⋯⋯⋯⋯⋯⋯⋯⋯⋯⋯⋯⋯⋯⋯⋯⋯ 194

　　8.3.2　JSplitPane 面板 ⋯⋯⋯⋯⋯⋯⋯⋯⋯⋯⋯⋯⋯⋯⋯⋯⋯⋯ 196

　　8.3.3　JScrollPane 面板 ⋯⋯⋯⋯⋯⋯⋯⋯⋯⋯⋯⋯⋯⋯⋯⋯⋯ 197

任务 8.4　布局管理器 ⋯⋯⋯⋯⋯⋯⋯⋯⋯⋯⋯⋯⋯⋯⋯⋯⋯⋯⋯⋯⋯ 200

　　8.4.1　FlowLayout（流式布局管理器）⋯⋯⋯⋯⋯⋯⋯⋯⋯⋯⋯ 201

　　8.4.2　BorderLayout（边框布局管理器）⋯⋯⋯⋯⋯⋯⋯⋯⋯⋯ 203

　　8.4.3　CardLayout（卡片布局管理器）⋯⋯⋯⋯⋯⋯⋯⋯⋯⋯⋯ 204

　　8.4.4　GridLayout（网格布局管理器）⋯⋯⋯⋯⋯⋯⋯⋯⋯⋯⋯ 206

　　8.4.5　绝对布局 ⋯⋯⋯⋯⋯⋯⋯⋯⋯⋯⋯⋯⋯⋯⋯⋯⋯⋯⋯⋯⋯ 209

任务 8.5　组件 ⋯⋯⋯⋯⋯⋯⋯⋯⋯⋯⋯⋯⋯⋯⋯⋯⋯⋯⋯⋯⋯⋯⋯⋯ 211

　　8.5.1　标签（JLabel）组件 ⋯⋯⋯⋯⋯⋯⋯⋯⋯⋯⋯⋯⋯⋯⋯⋯ 211

　　8.5.2　按钮（JButton）组件 ⋯⋯⋯⋯⋯⋯⋯⋯⋯⋯⋯⋯⋯⋯⋯⋯ 212

8.5.3　文本组件 ·· 212

8.5.4　复选框（JCheckBox）组件 ··· 216

8.5.5　单选按钮（JRadioButton）组件 ··· 217

8.5.6　组合框（JComboBox）组件 ·· 220

8.5.7　列表框（JList）组件 ·· 221

8.5.8　菜单组件 ·· 222

8.5.9　表格（JTable）组件 ·· 226

任务 8.6　事件处理 ·· 227

8.6.1　事件处理模式 ·· 228

8.6.2　动作事件（ActionEvent）·· 228

8.6.3　选项（ItemEvent）事件 ·· 235

8.6.4　窗体（WindowEvent）事件 ··· 238

8.6.5　鼠标事件（MouseEvent）·· 239

8.6.6　键盘事件（KeyEvent）·· 241

任务 8.7　案例：线上党史馆——红色基因传承 ··· 243

8.7.1　案例背景 ·· 243

8.7.2　案例任务 ·· 243

8.7.3　案例实现 ·· 243

练习题 ··· 252

第一部分 基础知识

项目一
Java 语言概述

Java 语言是由 Sun 公司开发，于 1995 年推出的一种跨平台的、面向对象的程序设计语言，它编译后的程序能够运行在多种类型的操作系统平台上。由于它具有"一次编写，到处运行"的特点，所以特别适用于分布式环境的纯面向对象的程序设计。本项目将分别介绍 Java 语言的发展历程、特点、开发环境及开发工具的使用。

任务 1.1 Java 语言简介

1.1.1 Java 语言的发展

1995 年 5 月 23 日，Sun 公司在 Sun World 会议上正式发布 Java 语言和 HotJava 浏览器，正式推出 Java 语言。其是一种面向对象程序设计语言，并且已发展成为人类计算机史上影响深远的编程语言。1998 年，Sun 公司发布了 Java 开发的免费工具包 JDK1.2，并开始使用 Java2 这一名称，从此，Java 技术在软件开发领域全面普及，后续陆续推出了 JDK1.3、JDK1.4、JDK1.5、JDK1.6、JDK1.7、JDK1.8、JDK1.9 等版本。针对不同的开发市场，Sun 公司将 Java 划分为 Java SE（Java Standard Edition）、Java EE（Java Enterprise Edition）和 Java ME（Java Micro Edition）3 个技术平台。Java SE 是 Java 标准版，主要用于桌面级的应用和数据库的开发；Java EE 是 Java 企业版，主要用于企业级 Web 应用开发等技术；Java ME 是 Java 移动版，主要用于嵌入式、移动式的应用开发，如手机软件。

Java 语言编写的程序既是编译型的，又是解释型的，其语法规则和 C++ 的类似。同时，Java 也是一种跨平台的程序设计语言，用 Java 语言编写的程序，可以运行在任何平台和设备上，如 Windows、UNIX、OS/2、macOS 等系统平台，真正实现"一次编写，到处运行"。Java 非常适用于企业网络和 Internet 环境，并且已成为 Internet 中最具影响力、最受欢迎的编程语言之一。

1.1.2 Java 语言的特点

Java 语言是一种优秀的编程语言，应用非常广泛，具有很多特征，现对部分特征进行扼要的介绍。

1. 简单性

Java 语言是一种强大的面向对象的语言，但是很容易学习，它的语法简单明了，容易掌握，通过提供最基本的方法完成指定的任务，只需要理解一些基本的概念，就可以用它编写出适用于各种情况的应用程序。它在 C++ 语言的基础上进行了简化和提高，取消了指针、运载符重载、多重继承等概念，内存管理通过后，后台线程自动进行。这些特性都保证了Java 的简单性。

2. 面向对象性

面向对象是 Java 语言的基础，也是 Java 语言非常重要的特性，能帮助程序员很好地实现代码的重用。Java 是一种完全面向对象编程的语言，程序都以对象作为基本组成单元。面向对象语言的核心是类和对象，通过类和对象描述事物之间的关系。面向对象的方法更有利于人们对复杂程序的理解、分析、设计、编写和维护。

3. 可移植性

Java 语言的运行与平台无关，Java 程序的运行依赖特定的虚拟机，可以很容易在不同的平台上进行移植，可以说是"一次编写，到处运行"。同时，Java 的类库中也实现了与不同平台的接口功能，使这些类库可以移植。Java 编译器是由 Java 语言实现的，Java 运行环境是由标准 C 语言实现的，这使得 Java 系统本身也具有可移植性。

4. 解释型

Java 解释器直接对 Java 字节码进行解释执行。字节码独立于平台，本身携带了许多编译时的信息，使得连接过程更加简单，开发过程更加迅速、容易。

5. 健壮性与安全性

Java 语言删除了 C++ 语言的指针和内存释放等语法，简化了设计，减少出错的可能性。Java 通过自动垃圾回收机制进行内存管理，防止程序员在管理内存时出现容易产生的错误。Java 程序代码运行时，需要经过代码校验、指针校验等测试步骤才能成功运行，一定程度上避免了错误的发生。

6. 多线程性

Java 语言支持多线程。多线程机制能够使应用程序在同一时间执行多项任务，大大加快了运行速度。同时使用多线程，可以带来更好的交互能力和实时行为。

任务 1.2　初识 Java 程序

1.2.1　项目说明

编写一个 Java 应用程序，运行时，在控制台输出"Hello Java"信息。

1.2.2　项目实现

在 Java 语言中，所有的源代码首先被写成以 .java 为扩展名结尾的纯文本文件，然后源文件通过 javac 编译器编译得到字节码文件，即 .class 文件，最后通过 Java 解释器解释执行字节码文件。即 Java 程序开发通过编写源程序、编译和执行三步骤完成。

1. 编写源程序

```
public class HelloJavaApp{
    public static void main(String[]args){
System.out.println("Hello Java");//输出"Hello Java"字符串
    }
}
```

注意，在文本文件中编写代码时，必须准确输入代码、命令和文件名，因为编译器 javac 和启动程序对大小写非常敏感，所以必须保证前后大小写一致，HelloJavaApp ≠ hellojavaapp。同时，需注意文件中所有标点符号，必须在英文状态下输入。

2. 编译

编译是将源文件即 Java 文件通过 javac 编译器编译成 Java 字节码文件。编译文件首先进入 Windows 系统的"命令提示符"窗口，将当前路径切换到 Java 源程序所在目录，如进入 D:\examples\chapter01，然后键入"javac HelloJavaApp.java"，按 Enter 键，如果源程序没有任何问题，屏幕上不会显示任何错误信息，同时，将源文件 HelloJavaApp.java 生成字节码文件 HelloJavaApp.class，如图 1.1 所示。

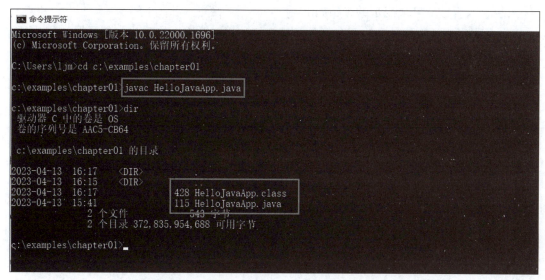

图 1.1　编译 Java 源文件为字节码 class 文件

3. 执行

字节码文件并不是一个可执行程序，它必须通过字节码校验器和 Java 解释器解释后才能运行。在上述编译操作完成后，执行 java 命令运行 Java 程序，命令为 java HelloJavaApp，结果如图 1.2 所示。

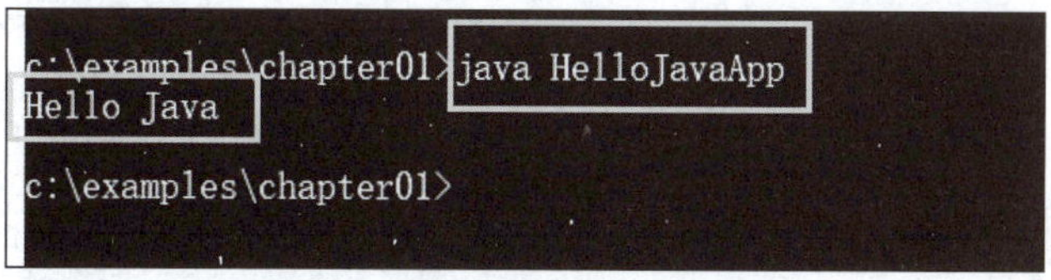

图 1.2　运行 HelloJavaApp 应用程序

1.2.3 运行结果

程序运行结果如图 1.3 所示。

```
c:\examples\chapter01>java HelloJavaApp
Hello Java

c:\examples\chapter01>
```

图 1.3 程序运行结果

任务 1.3 Java 程序开发环境搭建

在真正使用 Java 语言编写程序之前，需要先把对应的开发环境搭建好。开发环境搭建包括下载并安装 Java 开发工具包（Java SE Development Kit，JDK）、安装运行时环境及配置环境变量。环境安装配置完成后，才能实现对 Java 源程序的编译。

安装 JDK 并建立环境变量的步骤如下。

Sun 公司提供了一套自己的 Java 开发环境，简称 JDK。JDK 包括 Java 编译器、Java 运行工具、Java 文档生成工具和 Java 打包工具等。Oracle 公司收购 Sun 公司以后，仍然不断更新 JDK 版本，目前最新的版本是 Java SE Development Kit（JDK）20，可以直接从 Oracle 公司的官方网站下载，下载地址为 https://www.oracle.com/java/technologies/downloads/。

下载 JDK 的具体步骤如下（以 Windows 系统为例）。

1. 下载 JDK

打开浏览器，进入 JDK 下载页面，找到 Windows 操作系统，如图 1.4 所示。在下载页面中，根据需要选择合适的 JDK。本书采用的 JDK 安装文件为 jdk - 20_windows - x64_bin. exe。

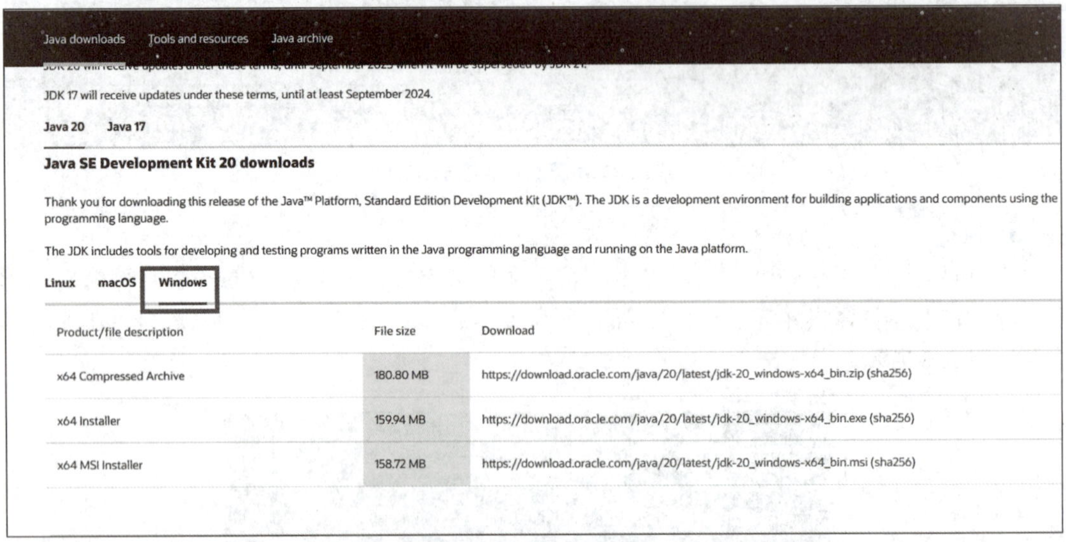

图 1.4 JDK 下载页面

2. 安装 JDK

JDK 安装包下载完成后，就可以在需要编译和运行 Java 程序的设备上安装 JDK。只有成功安装好 JDK，才可以正常执行 Java 程序。安装 JDK 的具体步骤如下。

双击已下载完成的软件"jdk – 20_windows – x64_bin. exe"，如图 1.5 所示，等待环境检测完成，弹出"安装程序"对话框（图 1.6），直接单击"下一步"按钮，在弹出的图 1.7 所示的"目标文件夹"对话框中，可对 JDK 安装路径进行选择。若不更改安装路径，则使用默认安装路径，直接单击"下一步"按钮进行安装。安装进度如图 1.8 所示。最后弹出图 1.9 所示的界面即安装完成。

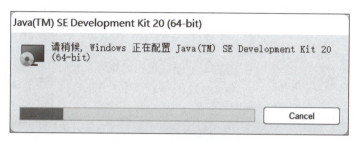

图 1.5 JDK 等待环境检测

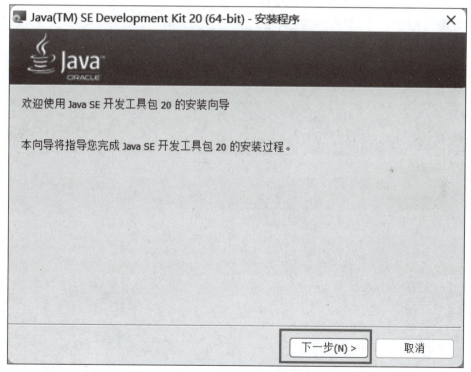

图 1.6 JDK 安装向导界面

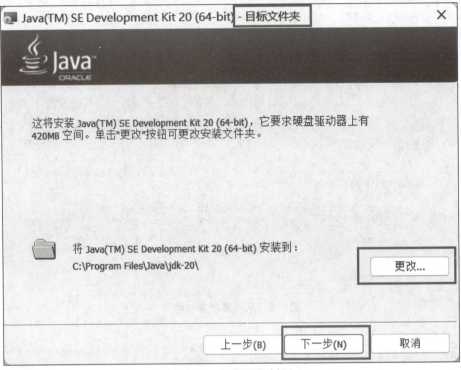

图 1.7　安装目录选择

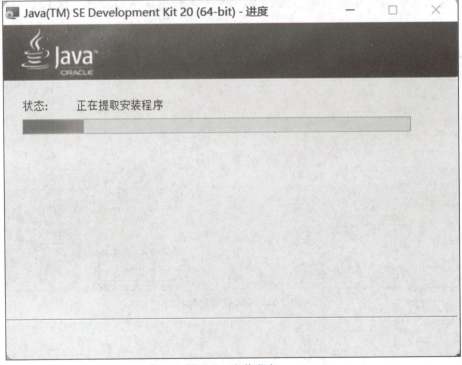

图 1.8　安装进度

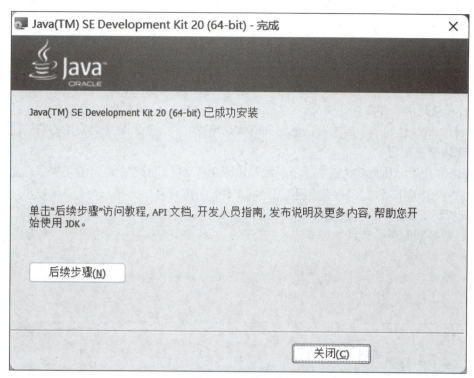

图 1.9　安装完成

JDK 安装完成后，会在磁盘生成一个安装目录，称为 JDK 目录，如图 1.10 所示。

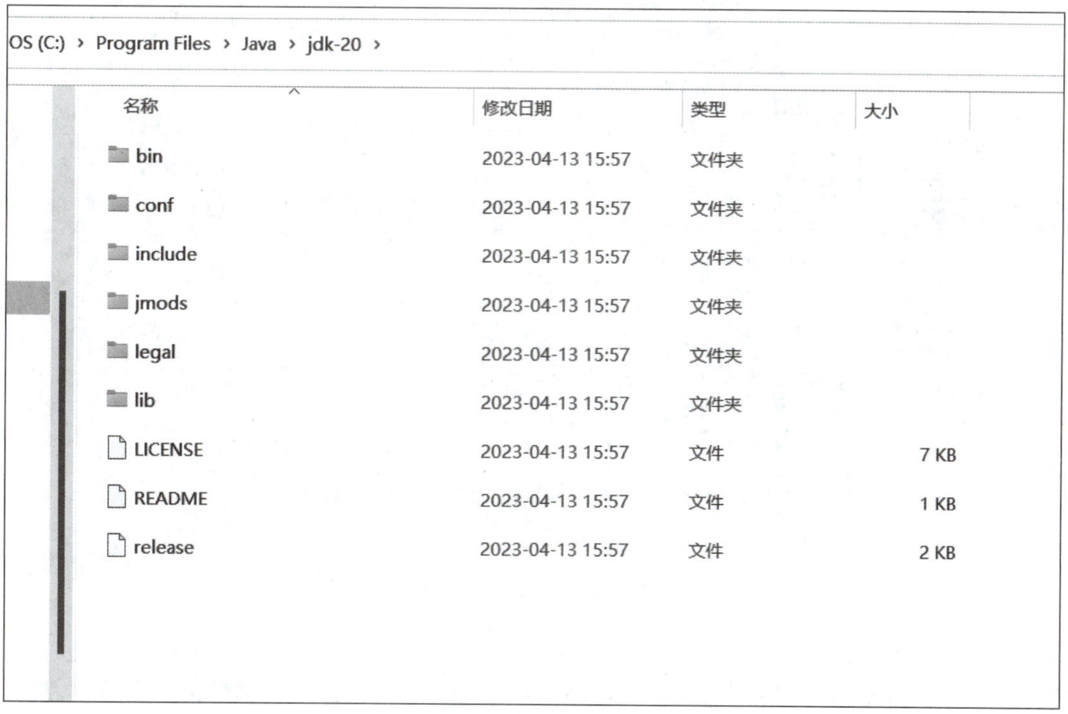

图 1.10　JDK 目录

为了更好地学习 JDK，需要对 JDK 目录下的各个子目录的意义和作用有所了解。下面对 JDK 目录下的子目录进行介绍。

bin 目录：用于存放一些可执行程序，如 javac.exe（Java 编译器）、java.exe（Java 运行工具）、jar.exe（打包工具）和 javadoc.exe（文档生成工具）等。

include 目录：JDK 是使用 C 和 C++开发的，因此，启动时需要引入一些 C 语言的头文件，该目录就是用于存放这些头文件的。

lib 目录：lib 是 library 的缩写，意为 Java 类库或库文件，是开发工具使用的归档包文件。

3. 环境变量配置

从 JDK8 开始，执行默认安装，不必配置环境变量就可以正常使用。但是为了避免有些需要使用 JAVA_HOME 环境变量的程序使用异常，有必要配置环境变量。在 Windows 10 系统下，只需要配置环境变量 Path（使系统在任何路径下都可以识别 Java 命令）即可。步骤如下：

（1）在控制面板中选择"系统"→"高级"→"环境变量"命令，单击"环境变量"按钮，进入环境变量设置界面。

（2）新建环境变量：在系统变量中双击"Path"变量，弹出如图 1.11 所示的"编辑环境变量"对话框。

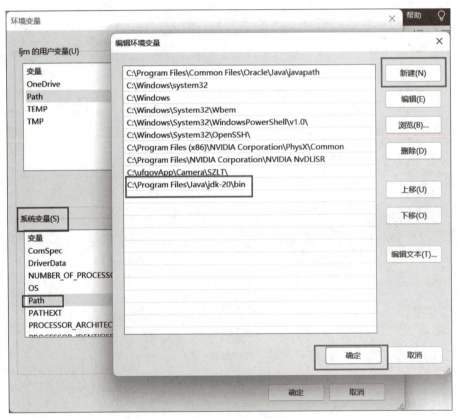

图 1.11　环境变量设置

（3）在"编辑环境变量"对话框中，单击"编辑"按钮，对 Path 变量的变量值进行修改，在所有 Path 变量后面添加 JDK 安装目录中 bin 文件目录的路径，即单击"新建"按钮，输入"C:\Program Files\Java\jdk－20\bin"即可，如图 1.11 所示。

（4）若要运行类文件，需要设置 CLASSPATH 环境变量，指定类文件路径，如图 1.12 所示。在系统变量中双击"CLASSPATH"变量，输入值为"．；"，表示当前路径。如果变量值栏内还没有"CLASSPATH"变量，则需要新建"CLASSPATH"变量。最后，单击"确定"按钮，即完成 JDK 的配置。

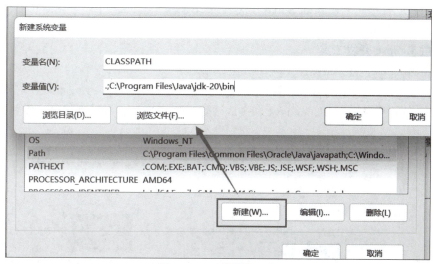

图 1.12　系统变量设置

（5）查看和验证环境变量设置。

打开命令提示符窗口，输入 javac 命令，按 Enter 键，输入如图 1.13 所示的 JDK 的编译器信息，其中包括修改命令的语法和参数选项等信息。这说明 JDK 环境变量配置成功。

图 1.13　环境变量配置成功

集成开发环境——Eclipse

Eclipse 集成开发工具是目前主流的 Java 开发工具之一, 它是由 IBM 公司开发的, 是一个开源的、基于 Java 的可扩展开发平台。

1. 下载 Eclipse 开发工具

可从 Eclipse. org 官网 https：∥www. eclipse. org/downloads/下载最新的 Eclipse 版本, 如图 1.14 所示。安装 Eclipse 时, 直接运行下载好的 eclipse - inst - jre - win64. exe 文件, 进入安装页面后, 选择 "Eclipse IDE for Java Developers", 根据步骤完成开发工具的安装。

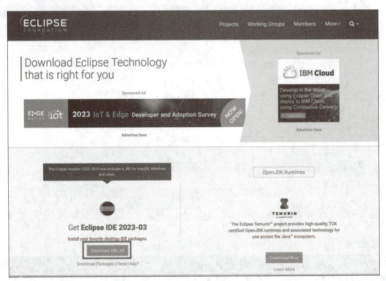

图 1.14　Eclipse 的官网首页

2. 启动 Eclipse

完成 Eclipse 安装后, 单击桌面快捷方式, 启动 Eclipse（图 1.15）, 弹出 "Eclipse 启动程序" 对话框, 设置 Eclipse 的工作空间, 即用于保存 Eclipse 建立的程序项目和相关设置。需要注意的是, 每次启动 Eclipse 时, 都需要选择工作空间, 若不想每次都选择工作空间, 则需要勾选图 1.16 中的 "Use this as the default and do not ask again", 这相当于将该工作空间设置为默认工作空间。

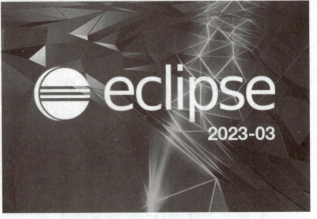

图 1.15　启动界面

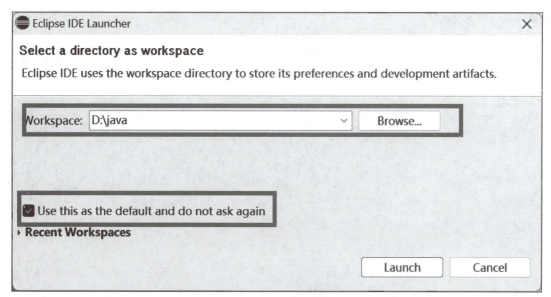

图 1.16　设置工作空间

Eclipse 首次启动时，会进入 Eclipse 欢迎界面，如图 1.17 所示。

图 1.17　Eclipse 欢迎界面

关闭欢迎界面，进入 Eclipse 工作台界面，如图 1.18 所示。

Eclipse 工作台主要由标题栏、菜单栏、工具栏、透视图 4 部分组成。工作台中最重要的部分是透视图，程序代码编写工作都在透视图界面呈现。透视图由包资源管理器视图、文本编辑器视图、大纲视图、控制台视图等组成。包资源管理器视图（Package Explorer）主要用于显示项目文件的组成结构，文本编辑器视图是代码编写区域，大纲视图主要显示代码

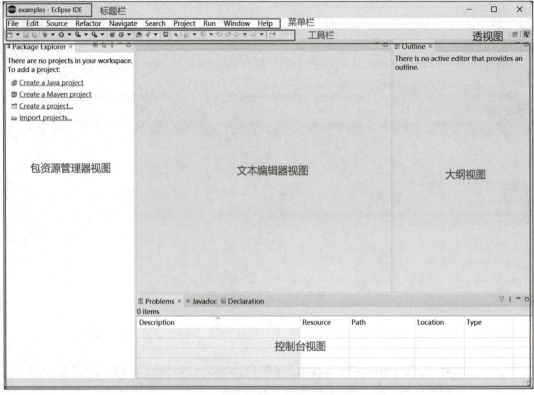

图 1.18　Eclipse 工作台界面

中类的结构，控制台视图主要是显示程序运行时输出的信息、异常和错误。

3. 开发工具的使用

通过 Eclipse 集成开发工具创建第一个 Java 程序，实现在控制台打印 "Hello, Java!"，具体操作步骤如下。

1）创建 Java 项目

在 Eclipse 菜单栏中选择 "File"→"New"→"Java Project" 或者直接单击 Package Explorer 中的 "Create a Java project"，弹出 "New Java Project" 对话框，如图 1.19 所示。在 Project name 处输入项目名称 chapter01，选中 "Use default location（使用缺省位置）" 复选框，将项目保存到工作空间中，其他暂时不用设置。单击 "Finish" 按钮完成 Java 项目创建。项目创建完成后，在左侧的 Package Explorer 中会出现一个名称为 chapter01 的 Java 项目，如图 1.20 所示。

2）创建 Java 包

选中已创建的项目，找到 src 文件夹，鼠标右键单击文件夹，选择 "New"→"Package"，弹出 "New Java Package" 对话框，在 Name 栏输入包的名称，单击 "Finish" 按钮即完成包的创建，如图 1.21 所示。

3）创建 Java 类

完成项目和包的创建后，开始创建一个新的 Java 类文件。鼠标右键单击包名，选择 "New"→"Class"，弹出新建类的对话框，在对应位置输入类的名称，这里创建一个 "Hello-

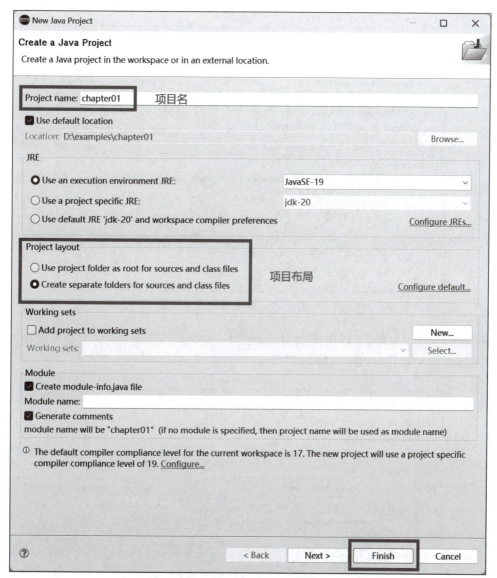

图 1.19　新建 Java 项目

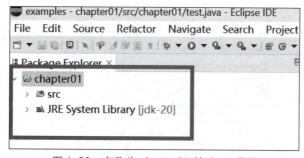

图 1.20　名称为 chapter01 的 Java 项目

Java"类，同时将"public static void main（String[ ]args）"选项勾选上，为新类生成 main（）
方法，单击"Finish"按钮即完成类的创建，如图 1.22 所示，同时，在包"cn. object. chapter01"

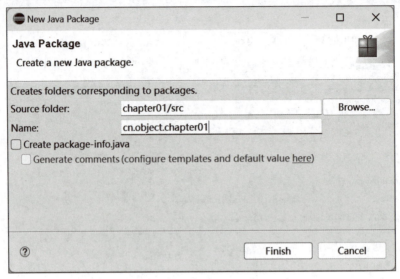

图 1.21　新建 Java 包

下出现一个名字为"HelloJava"的类文件，如图 1.23 所示。创建完成的类会自动在文本编辑视图栏区域自动打开，如图 1.24 所示。

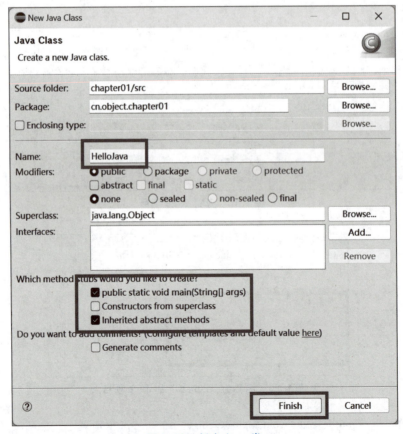

图 1.22　新建 Java 类

```
HelloJava.java ×
 1 package cn.object.chapter01;
 2
 3 public class HelloJava {
 4
 5⊖    public static void main(String[] args) {
 6          // TODO Auto-generated method stub
 7
 8    }
 9
10 }
11 |
```

```
∨ ⊞ chapter01
  ∨ ⊞ src
    ∨ ⊞ cn.object.chapter01
      > ⊞ HelloJava.java
    ⊞ module-info.java
      ⊙ chapter01
  > ▲ JRE System Library [jdk-20]
```

图 1.23　HelloJava 类 　　　　　　　　　　图 1.24　代码编辑区域

4）编写程序代码

类创建完成后，即可在文本编辑区域完成代码的编写，如图 1.25 所示。

```
HelloJava.java ×
 1 package cn.object.chapter01;
 2
 3 public class HelloJava {
 4
 5⊖    public static void main(String[] args) {
 6          // TODO Auto-generated method stub
 7          System.out.println("Hello Java !");
 8
 9    }
10
11 }
12 |
```

图 1.25　代码编写

5）运行程序

代码编写完成后，鼠标右击文本编辑区域，在弹出的菜单中选择"Run As"→"Java Application"运行程序，或者直接单击工具栏中的 ⊙ ▼ 按钮进行运行，最终在控制台视图（Console）中看到运行结果，如图 1.26 所示。

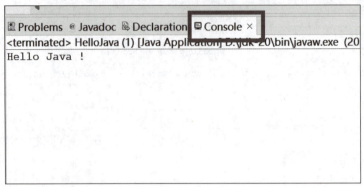

图 1.26　程序控制台

任务 1.5　案例：Java 发展历程——创新发展

1.5.1　案例背景

　　Java 是在 1991 年由 SUN 公司的 James Gosling（Java 之父）及其团队所研发的一种编程语言，第一个版本耗时 18 个月，最开始命名为 Oak（一种橡树）。Java 现在广泛应用于各种大型互联网，其设计的最初动机主要是平台独立（即体系结构中立）语言的需要，其可以嵌入各种消费类电子设备（家用电器等），但市场反应不佳。随着 20 世纪 90 年代互联网的发展，Sun 公司看到了 Oak 在互联网上的应用场景，在 1995 年更名为 Java（印度尼西亚爪哇岛的英文名称，因盛产咖啡而闻名），随着互联网的崛起，Java 逐渐成为重要的 Web 应用开发语言。Java 的发展主要看 JavaWeb 的发展，Java 也见证了互联网的发展过程。

　　发展至今，Java 不仅是一门编程语言，还是一个由一系列计算机软件和规范组成的技术体系，Java 是几乎所有类型的网络应用程序的基础，也是开发和提供嵌入式与移动应用程序、游戏、基于 Web 的内容和企业软件的全球标准。从笔记本电脑到数据中心，从游戏控制台到科学超级计算机，从手机到互联网，Java 无处不在。

1.5.2　案例任务

　　Java 语言是一种广泛应用于软件开发的编程语言，自 1995 年问世以来，已经成为全球最流行的编程语言之一。Java 语言在 Web 应用、移动应用、大数据等领域都有广泛的应用，是软件开发者不可或缺的工具之一。Java 语言是一种开放的编程语言，其开放性和社区也是其发展的重要因素之一。同时，Java 语言的社区也非常活跃，开发者可以在社区中获取丰富的学习和交流资源。未来，Java 语言的开放性和社区也将会继续发挥重要作用，促进 Java 语言的发展。总之，Java 语言作为一种广泛应用于软件开发的编程语言，其未来发展前景非常广阔，在移动应用、大数据、安全性和稳定性、开放性和社区等方面，Java 语言都有着出色的表现，未来也将会继续发挥重要作用。Java 语言发展至今的部分数据统计如下：

（1）97%的企业桌面运行 Java。

（2）美国有89%的桌面（或计算机）运行 Java。

（3）全球有 900 万 Java 开发人员。

（4）开发人员的头号选择。

（5）排名第一的部署平台。

（6）有 30 亿部移动电话运行 Java。

（7）100%的蓝光盘播放器附带了 Java。

（8）有 50 亿张 Java 卡在使用。

（9）1.25 亿台 TV 设备运行 Java。

（10）前 5 个原始设备制造商均提供了 JavaME。

案例任务：使用 Eclipse 集成开发工具在控制台打印出书中列出的 Java 发展至今的部分数据统计内容。

1.5.3 案例实现

在项目 chapter01 中，包名为 cn. object，在 chapter01 中创建 Innovation 类，通过 print 在控制台打印出 Java 发展至今的部分数据统计内容。

案例代码如下：

```java
public class Innovation{
public static void main(String[]args){
//TODO Auto-generated method stub
    System.out.println("Java 发展至今的部分数据统计如下:");
    System.out.println("(1)97% 的企业桌面运行 Java");
    System.out.println("(2)美国有 89% 的桌面(或计算机)运行 Java");
    System.out.println("(3)全球有 900 万 Java 开发人员");
    System.out.println("(4)开发人员的头号选择");
    System.out.println("(5)排名第一的部署平台");
    System.out.println("(6)有 30 亿部移动电话运行 Java");
    System.out.println("(7)100% 的蓝光盘播放器附带了 Java");
    System.out.println("(8)有 50 亿张 Java 卡在使用");
    System.out.println("(9)1.25 亿台 TV 设备运行 Java");
    System.out.println("(10)前 5 个原始设备制造商均提供了 JavaME");
  }
}
```

运行结果如图 1.27 所示。

```
Problems  @ Javadoc  Declaration  Console ×                        ■ ✕ ✕ | ■ ▣ ▦ ◨
<terminated> Innovation [Java Application] D:\jdk-20\bin\javaw.exe (2023年5月13日 16:29:00 – 16:29:00) [p
Java发展至今的部分数据统计如下：
（1）97% 的企业桌面运行 Java
（2）美国有 89% 的桌面（或计算机）运行 Java
（3）全球有 900 万 Java 开发人员
（4）开发人员的头号选择
（5）排名第一的部署平台
（6）有 30 亿部移动电话运行 Java
（7）100% 的蓝光盘播放器附带了 Java
（8）有 50 亿张 Java 卡在使用
（9）1.25 亿台 TV 设备运行 Java
（10）前 5 个原始设备制造商均提供了 JavaME
```

图 1.27　数据统计运行结果

练习题

1. 下载安装并配置 JDK 环境变量。

2. 下载安装 Eclipse 集成开发工具。

3. 使用记事本编写一个 Java Application 源程序，输出字符串 "Java is one of the most widely used programming languages!"。

4. Java 是通过什么命令进行编译的？Java 编译器产生的文件扩展名是什么？Java 解释器解释的文件的扩展名是什么？

项目二

程序流程控制

任务2.1 语 句

2.1.1 Java 基本语法

每一种语言有自己的编写要求、语法规则，Java 语言也不例外。学习 Java 语言并能够熟练使用，必须要从基础语法学起，充分掌握 Java 的基础知识。

1. Java 语言格式

每一种编程语言都有自己的编写要求，遵循一定的编程规范。在编写 Java 程序时，需要将代码放到一个类中，初学者可以将类看作一个 Java 程序。使用 class 关键字声明类，在 class 前面可以有类的修饰符，包括 public、private 等。Java 程序的基本格式如下：

```
[修饰符]class 类名{
    代码部分
}
```

编写代码时，需要注意：

（1）Java 代码分为两部分：结构定义语句和功能执行语句。结构定义语句为声明一个类或方法，功能执行语句是具体实现的编程代码。每个单一的语句后都有英文字符下的";"，代表语句结束。如下面语句所示。

```
System.out.println("Hello,World!");
```

（2）Java 语言严格区分大小写。

（3）为了增强代码的可读性和可维护性，通常会采用一种良好的编写格式对代码进行排版，保证代码整齐美观，层次清晰，但不是必需的。例如，编写代码时，可以在两个单词或符号之间插入空格、制表符、换行符等任意的空白字符。同时注意，类的主体左括号"｛"不换行书写，右括号"｝"顶格书写。例如：

```
public class HelloJava{
public static void main(String[]args){
```

```
        System.out.println("Hello Java!");
    }
}
```

（4）Java 程序中连续的字符串不能分成两行编写，若需分两行编写，可通过"＋"进行字符串连接，在加号（＋）处进行换行。例如：

```
System.out.println("Hello" +
   "World!");
```

2. Java 注释

为了保证代码的可读性和后续代码的维护，帮助开发者和用户之间进行交流，在编写代码时，需在对应位置添加相应的注释。注释主要是对程序语言的解释说明，只在 Java 的源程序中有效，编译时会被编译器忽略。Java 支持单行注释、多行注释和文档注释 3 种注释方式。

1）单行注释

单行注释以双斜杠"∥"进行标识，是针对程序中的某一行代码进行注释，一般用在注释信息内容比较少的地方。具体示例如下：

```
int a =1;  //定义一个整型变量
```

2）多行注释

多行注释包含在"/＊"和"＊/"之间，能注释很多行的内容。为了使可读性比较好，一般首行和尾行不写注释信息，主要是针对程序中两行或两行以上的代码进行注释。多行注释可以嵌套单行注释，但是不能嵌套多行注释和文档注释。多行注释的具体方法如下：

```
/*
* int b =12;
* int c =20;
*/
```

3）文档注释

文档注释包含在"/＊＊"和"＊/"之间，也能注释多行内容，一般用在类、方法和变量上面，是对一段代码概括性的解释说明，可以使用 javadoc 命令将文档注释中的内容生成文档，输出到 HTML 文件中，方便记录程序信息。注释后，鼠标放在类和变量上面会自动显示出注释的内容。具体方法如下：

```
/**
* 文档注释
* name ="小明";
*/
```

3. 标识符、关键字与保留字

1）标识符

Java 标识符是为方法、变量或其他用户定义项定义的名称，例如包名、类名、方法名、变量名、参数名等，这些符号都为标识符。标识符由字母（A～Z 和 a～z）、数字（0～9）、下划线（＿）、符号（$）以及 Unicode 字符集中符号大于 0xC0 的所有符号组合构成，各符号之间没有空格，同时，标识符的长度不受限制。在定义标识符时，必须以字母、下划线或符号 $ 开头，后接字母、数字、下划线或符号 $ 都可以。需要注意，标识符不能以数字开头，不能是 Java 中的关键字。例如，下面的标识符是有效的：

```
Username、User_name、_sys_varl、$change
```

下面的标识符是无效的：

```
1_userName、class、3.14、Hello World
```

Java 中，标识符的定义必须严格遵守编写规则，否则，程序在编译时会报错。除了上面的规则外，建议初学者在定义标识符时遵循以下规则：

（1）包名由小写字母序列组成，如 cn. test。

（2）常量名所有字母都要大写，并且指出完整含义。单词之间用下划线连接，如 PI、MAX_Number。

（3）类名和接口名每个单词首字母都要大写，如 HelloWorld。

（4）变量名和方法名采用驼峰式命名。其中，第一个单词的首字母小写，其余单词的首字母大写，字符与字符之间用下划线分隔。命名时，尽量保证见名知义，如 myName、setTime。

（5）标识符区分大小写，但没有规定最大长度。标识符不能是关键字。例如，class 是一个关键字，它不能作为标识符。同时，标识符不能包含算术运算符和空格。

2）关键字与保留字

Java 关键字是 Java 程序中事先定义并赋予了特殊含义的单词，具有专门的意义和用途，有时又称为保留字。在编写代码时，不能将关键字作为一般标识符进行使用，同时，不能改变关键字的含义。在 Java 语言中，预留了许多关键字，以下对关键字进行了分类。

数据类型：boolean、byte、short、int、long、double、char、float、class、interface。

流程控制：if、else、switch、do、while、case、break、continue、return、default、for、try、catch、finally。

修饰符：abstract、final、private、public、protected、native、static、synchronized、volatile、transient、void、strict。

动作：import、package、throw、throws、this、super、class、instanceof、new、interface、extends、implements。

保留字：const、goto、true、false、null。

注意：

（1）true、false、null 不是关键字，但它们具有特殊意义，不能作为标识符使用。

（2）goto 和 const 是保留字关键字，虽然在 Java 中没有任何意义，也未使用，但在程序中不能用来自定义标识符。

（3）所有关键字都是小写。

4. 数据类型

Java 数据类型分为基本数据类型（Primitive Type）和引用数据类型（Reference Type），基本数据类型是 Java 语言内嵌的，在任何操作系统中都具有相同的大小和属性；引用数据类型是程序员在 Java 程序中用自己定义的类型。在 Java 中，有 8 种基本数据类型用来存储数值、字符和布尔值，数据类型决定了数据的表示方式、取值范围及可进行的操作。

1）整数类型

整数类型（整型）用来存储整数数值，即没有小数部分的值，可以是正数，也可以是负数。在 Java 中，根据整数数据所占内存空间的不同，可分为字节型（byte）、短整型（short）、整型（int）和长整型（long）4 种不同的类型。它们具有不同的取值范围，具体见表 2.1。

表 2.1　4 种整数数据类型取值范围

数据类型	关键字	占用空间 （8 位等于 1 字节）	取值范围
字节型	byte	8 位	−128 ~ 127
短整型	short	16 位	−32 768 ~ 32 767
整型	int	32 位	−214 748 364 ~ 214 748 363
长整型	long	64 位	−9 223 372 036 854 775 808 ~ 9 223 372 036 854 775 807

其中，占用空间指的是不同类型的变量占用的内存大小，例如，一个 int 类型的变量会占用 4 字节大小的内存空间。取值范围指的是变量存储的值不能超出的范围。需要注意的是，在为一个 long 类型的变量赋值时，所赋值的后面需要加上字母 L（或小写字母 l），说明赋的值类型为 long，如果赋的值未超过 int 类型的取值范围，则可以省略字母 L（或小写字母 l）。例如：

```
long   num = 200L   // 所赋的值超出了 int 类型的取值范围,后面必须加上字母 L
long num = 200      // 所赋的值未超出 int 类型的取值范围,后面可省略字母 L
```

例 2 −1　创建一个 Java 程序 Example2_1. java，在 main（）方法中定义各种整型变量并赋初值，最后将变量相加并输出结果，具体代码如下：

```
public class Example2_1{
public static void main(String[]args){
    //TODO Auto - generated method stub
    byte a = 10;// 声明一个 byte 类型的变量并赋予初始值为 10
    short b = 40;// 声明一个 short 类型的变量并赋予初始值为 40
    int c = 20;// 声明一个 int 类型的变量并赋予初始值为 20
    long d = 30;// 声明一个 long 类型的变量并赋予初始值为 30
    long sum = a + b + c + d;
    System. out. println("a + b + c + d = " + sum);
}
}
```

运行结果如图 2.1 所示。

```
Problems  Javadoc  Declaration  Console ×
<terminated> Example1_1 [Java Application] D:\jdk-20\bin\javaw.exe (2023年5月14日
a+b+c+d=100
```

图 2.1　变量相加运行结果

2）浮点数类型

浮点数类型（浮点型）是指有小数部分的数字。Java 语言中，浮点数类型主要分为单精度浮点数（float）和双精度浮点数（double），它们的取值范围不同，见表2.2。

表 2.2　浮点数数据类型及取值范围

数据类型	关键字	占用空间 （8 位等于 1 字节）	取值范围
单精度浮点型	float	32 位	$1.4 \times 10^{-45} \sim 3.4 \times 10^{38}$
双精度浮点型	double	64 位	$4.9 \times 10^{-324} \sim 1.797 \times 10^{308}$

默认情况下，小数都被看作 double 类型，若使用 float 类型，需要在小数后面加上 F 或 f。可以使用 D 或 d 来明确表示浮点数类型为 double 类型，不加 d 不会报错。若声明 float 类型变量时未加 f，系统默认变量值为 double 类型而导致程序发生错误。浮点数类型变量除了可以接受小数之外，也可以接受整数。单精度浮点型（float）和双精度浮点型（double）之间的区别主要是所占用的内存大小不同，float 类型占用 4 字节的内存空间，double 类型占用 8 字节的内存空间。双精度类型 double 比单精度类型 float 具有更高的精度和更大的表示范围。

例如，定义浮点数类型变量，具体如下：

```
float price =210;        //声明一个 float 类型的变量,并赋予整数值
double height =100;      //声明一个 double 类型的变量,并赋予整数值
float price =234568.23f; //声明一个 float 类型的变量,并赋值
double height =100340.34d;//声明一个 double 类型的变量,并赋值
```

例 2 - 2　编写程序，求长方形的面积。

参考代码如下：

```
public class Example2_2{
 public static void main(String[]args){
     //TODO Auto - generated method stub
     double a =5.0,b =8.0;
     double area =a* b;
     System.out.println("长为 5,宽为 8 的长方形的面积为" + area);
 }
}
```

运行结果如图 2.2 所示。

```
Problems @ Javadoc Declaration Console ×
<terminated> Example2_2 [Java Application] D:\jdk-20\bin\javaw.exe (2023年5月1
长为5，宽为8的长方形的面积为40.0
```

图2.2　例 2 - 2 运行结果

3）字符类型

字符类型（字符型）用于存储单个字符，占用 16 位（2 字节）的内存空间。当声明一个字符类型的变量并为其赋值时，需要使用关键字 char 来声明字符型常量或变量，同时注意所赋的值必须为一个英文字母、一个符号或一个汉字，并且要用英文状态下的单引号括起来，如‘π’、‘a’、‘女’。具体操作如下：

```
char gender = '女';
char x = 'a';
char ch = 97;/* 由于字符 a 在 Unicode 表中排序位置为 97,为一个 char 类型赋值 97,相当于赋值
字符 a*/
```

在计算机中，只能识别二进制数据，所以，在 Java 中通过字符编码将不同的字符映射到不同的整数数字，再转换成二进制形式，以便计算机进行识别。Java 中对字符采用的是 Unicode 编码，Unicode 编码使用 2 个字节表示 1 个字符，并且前 128 个字符与 ASCII 码字符集兼容。如字符‘a’，它的 ASCII 码的二进制数为 01100001，它的 Unicode 码的二进制数据表示形式为 00000000 01100001，它们都表示十进制数的 97。在计算时，计算机会自动将字符转换为所对应的数值。

例 2-3 编写如下代码，实现将 Unicode 表中某些位置的字符以及一些字符在 Unicode 表中的位置在控制台上输出。

参考代码如下：

```
public class Example2_3{
 public static void main(String[]args){
     //TODO Auto - generated method stub
     char word1 = 'a',word2 = '$';   //定义 char 型变量
     int m = 32346,n = 45213;   //定义 int 型变量
     System. out. println("a 在 unicode 表中的顺序位置是:" + (int)word1);
     System. out. println("$ 在 unicode 表中的顺序位置是:" + (int)word2);
     System. out. println("unicode 表中的第 3234 位是:" + (char)m);
     System. out. println("unicode 表中的第 4567 位是:" + (char)n);
 }
}
```

运行结果如图 2.3 所示。

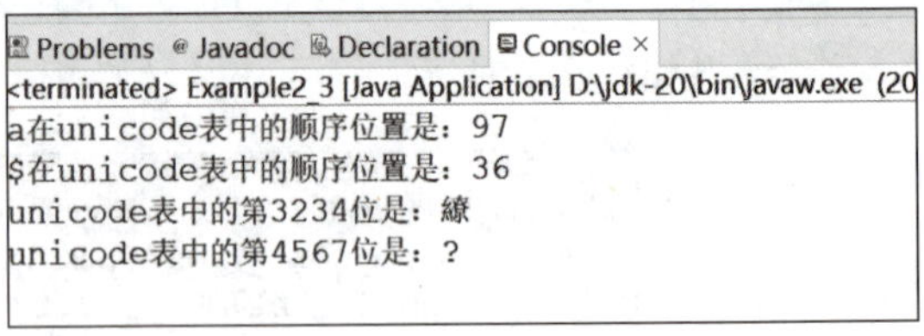

在编写程序时，有些字符不能直接通过键盘输入，如回车符、换行符等，这就需要 Java 中的转义字符。转义字符是一种特殊的字符变量，它以反斜杠"\"开头，后跟一个或多个字符。转义字符具有特定的含义，不同于原有的意义，故称为"转义"。Java 中的转义字符及其含义见表 2.3。

图 2.3　例 2-3 运行结果

表2.3　转义字符及其含义

转义字符	含义
\n	表示换行
\t	表示垂直制表符，即横向跳格，将光标移到下一个制表符的位置
\b	表示退格
\r	表示回车
\f	表示换页
\\	表示反斜杠
\'	表示单引号字符
\"	表示双引号字符
\d	表示八进制字符
\xd	表示十六进制字符
\ud	表示 Unicode 字符

将转义字符赋给字符变量时，与字符常量值一样，需要使用单引号。

例如，使用转义字符，具体如下：

```
char c1 = '\\';           //将转义字符'\\'赋给变量 c1
char c2 = 'u2605';        //将转义字符'u2605'赋给变量 c2
System.out.println(c1);   //输出结果 \
System.out.println(c2);   //输出结果 ★
```

4）布尔类型

布尔类型（布尔型）又称为逻辑类型，在 Java 中，使用 boolean 关键字进行定义，只有 true 和 false 两个值，分别代表布尔逻辑中的"真"和"假"。布尔类型通常被用在流程控制语句中。定义布尔类型的具体操作如下：

```
boolean flag = false;    //定义一个 boolean 类型的变量 flag,赋初始值为 false
boolean d;               //定义一个 boolean 类型变量 d
```

5）数据类型的转换

在程序代码执行过程中，经常需要对不同类型的数据进行运算，为了解决数据类型不一致问题，需要对数据的类型进行转换，即将不同类型的数据转换为同一种数据类型。根据数据类型转换方式的不同，可将数据类型转换分为自动类型转换和强制类型转换两种。

（1）自动类型转换。

自动类型转换又称为隐式类型转换，是指两种数据类型转换过程中不需要进行显式的声明，Java 可自动完成类型转换，即在数据类型兼容的基础上，将低数据类型向高数据类型转换。在数据类型中，除了 boolean 类型外，其他数据类型都可参与算术运算。数据类型从低到高的排列顺序如图 2.4 所示。

（2）强制类型转换。

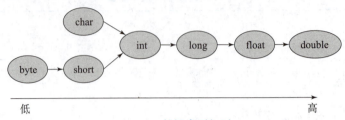

图 2.4　数据类型级别

强制类型转换又称为显式类型转换,是指两种数据类型之间的转换需要进行显式声明。当数据类型不兼容,或者目标类型取值范围小于源数据类型时,自动类型转换无法进行,需要进行强制类型转换。例如,在赋值运算时:

```
int num = 45.2;      //定义 int 类型的变量,并赋值 double 类型的 45.2
System.out.println("num = " + num);
```

上述代码在编译时会提示错误。因为将高级类型的数据 45.2 赋给了低级类型的变量 num。

要想成功编译,需要将代码修改为:

```
int num = (int)45.6;              //强制转换
System.out.println("num = " + num);   //输出 num 变量的值:num = 45
```

其中,(int) 显示为强制类型转换的语法,即将数据强制转换为整型。同时,在进行强制类型转换时,进行了简单的截断,而不是四舍五入(输出的是 45,而不是 46)。

不同类型的变量进行混合运算时,都可以进行强制类型转换,让参与运算的变量改变数据类型。

例 2-4　编写如下代码,实现数据类型的转换。

```
public class Example2_4{
public static void main(String[]args){
    //TODO Auto-generated method stub
    byte byteVar = 68;//声明一个字节类型的变量
    int intVar = 873;//声明一个 int 类型的变量
    float floatVar = 128.5F;//声明一个 float 类型的变量
    int value = byteVar + intVar + (int)floatVar;/* 混合运算,对 floatVar 进行强制类型
转换*/
    System.out.println("value = " + value);//输出 value 的值:value = 1069
}


}
```

运行结果如图 2.5 所示。

在上面的程序中,将 byte 类型的变量 byteVar、int 类型的变量 intVar 和 float 类型的变量 floatVar 进行混合加法运算,并将结果赋给一个整型变量 value。其中,byte 类型低于 int 类型,所以变量 byteVar 会自动转换为 int 类型。而 float 类型高于 int 类型,所以需要进行强制类

```
Problems  Javadoc  Declaration  Console ×
<terminated> Example2_4 [Java Application] D:\jdk-20\bin\javaw.exe
value =1069
```

图2.5　例2-4运行结果

型转换，将其转换为 int 型。然后将三个 int 类型的值相加，将结果赋给 int 类型的变量 value。

2.1.2　常量和变量

常量是指程序在运行过程中不会发生变化的数据。变量是指在程序运行过程中可以被改变的量。变量用来表示一个数值、一个字符串值或一个类的对象，变量值会发生变化，但变量名不会发生变化。

1. 常量

常量又叫作常数，主要用来存储在程序运行过程中值不改变的量。常量是固定不变的值。如整数 1，小数 1.23，字符'A'，布尔常量 true、false 等。在 Java 常量中分为字面常量和字符常量两种。

字面常量：是指每种基本数据类型所对应的常量表示形式，包括整型常量、浮点常量、字符常量、字符串常量、布尔常量，如 123、3.14、'm'、"Hello World"、true 等字面上就是一个固定值的数据。

字符常量：是指代表一个固定值的标识符。使用字符常量需要在程序中先声明后使用。

声明一个常量，即先创建一个常量，为其取一个名字，并指明其所代表的数据类型。若要声明一个字符常量，就必须使用关键字 final。声明字符常量的语法格式如下：

```
final 常量类型 常量名称[ =常量值];
```

例如，声明常量，代码如下：

```
final int SET_NUMBER;      //声明一个整型常量 SET_NUMBER
final double PI =3.1415926D;//声明 double 类型常量 PI 并赋值
final boolean BOOL =false;      //声明 boolean 类型常量 BOOL 并赋值
SET_NUMBER =3;                  //SET_NUMBER 初始化为 3
```

注意：在定义常量名称时，按照 Java 命名规则，字母需全部大写，各个单词之间用下划线"_"分隔。常量初始化后，不允许再对其进行重新赋值，否则，在程序执行过程中会发生编译错误。例如：

```
final int SET_NUMBER =3;       //声明一个整型常量 SET_NUMBER 并初始化值为 3
SET_NUMBER =5;                 //试图修改常量 SET_NUMBER 的值,程序将报错
```

如果同时声明多个同一类型的常量，具体语法格式如下：

```
final 常量类型 常量名称1,常量名称2,常量名称3,…;
final 常量类型 常量名称1 =值1,常量名称2 =值2,常量名称3 =值3;
```

例如：

```
final float PI,R,PRICE;        //声明三个 float 类型的变量
```

```
final float PI =3.14F,R =2.5F,PRICE =12.56F;     /* 声明三个 float 类型的变量,并进行初
始化。*/
```

2. 变量

Java 是强类型语言。变量是指在程序运行过程中其值可以不断变化的值。变量通常用来保存程序运行过程中输入的数据、计算的中间结果和最终结果等，变量值只能是某个具体类型的值。在 Java 中，声明一个变量需要先定义数据类型，在数据类型后紧跟一个或多个变量名，多个变量名之间用逗号进行分隔，以分号结束。声明变量的语法格式如下：

```
变量类型 变量名;              //声明一个变量
变量类型 变量名1,变量名2,…,变量名n;  //声明多个变量
```

例如：声明一个整型变量 n，同时，声明三个 float 类型变量 a1、a2、a3。

```
int n;      //声明一个整型变量 n
float a1,a2,a3;  //同时声明三个 float 类型变量 a1、a2、a3
```

声明变量时，可以对值进行初始化，即在每个变量名后加上变量的初始值。

例如：声明一个整型变量 m，并赋值为 88，然后同时声明三个 float 类型变量 x、y、z，并赋初值。

```
int m =88;      //声明一个整型变量 m,并赋初值为 88
float x =4.3,y =5.2,z =5.8;  //初始化 x、y 和 z 的值
```

声明变量时，需要注意变量的命名规则。Java 中，变量名是一种标识符，要按照标识符的命名规则进行命名。

（1）变量名严格区分大小写。

（2）变量名只能是由字母、数字和下划线组成。

（3）变量名的第一个字符只能是字母和下划线，不能是数字。

（4）不能使用关键字进行命名。

（5）一旦在一个语句块中定义了一个变量名，那么在变量的作用域内都不能再定义同名的变量。

例 2 - 5 编写如下代码，实现常量、变量的应用。

```
public class Example2_5{
  static final double PI =3.14;//声明常量 PI,如果不赋值,会提示错误
  static int member =23;//定义 int 型成员变量,并赋值
public static void main(String[ ]args){
    //TODO Auto - generated method stub
    final int part;//声明 int 型的常量
    part =123;//对常量进行赋值
    member =24;//再次对成员变量进行赋值
    //part =321;//错误的代码,不能对常量进行重新赋值
    //PI =3.14156;//错误的代码,不能对常量的成员变量重新赋值
  }
}
```

例 2 - 6　编写程序，求圆的周长与面积。

```
public class Example2_6{
 static final double PI =3.14;//声明常量 PI
public static void main(String[]args){
    //TODO Auto -generated method stub
    double r =8.5;//赋值语句
    double length,area;//声明语句
    length =2* PI* r;
    area =PI* r* r;
    System. out. println("圆周长为:"+length);//方法调用语句
    System. out. println("圆面积为:"+area);
 }
}
```

运行结果如图 2.6 所示。

```
Problems  Javadoc  Declaration  Console ×
<terminated> Example2_6 [Java Application] D:\jdk-20\bin\javaw.exe
圆周长为:53.38
圆面积为:226.865
```

图2.6　例2 -6 运行结果

2.1.3　表达式与运算符

　　表达式是由运算符和操作数组成的。运算符用于对数据进行算术运算、赋值运算和比较运算等，如符号 + 、 - 、 * 、 = 、 > 等，主要分为算术运算符、赋值运算符、比较运算符、逻辑运算符、位运算符和其他运算符等。操作数包括文本、常量、变量和表达式。Java 运算符见表2.4。

表2.4　Java 运算符

运算符	符号	描述
算术运算符	+ （正号）、 - （负号） + （加号）、 - （减号）	+4　　 -5 1 +2 =3　　 3 -2 =1
	* （乘号）、/ （除号）	3 *4 =12　　 6/2 =3
	% （取模，即算术中的求余数）	7%5 =2
	++ （自增）、 -- （自减）	若 a =2; b = ++a; 则 a =3, b =3 若 a =2; b =a ++; 则 a =3, b =2 若 a =2; b = --a; 则 a =1, b =1 若 a =2; b =a -- ; 则 a =1, b =2

运算符	符号	描述
赋值运算符	=（赋值）	若 a = 3；b = 2；则 a = 3，b = 2
	+= （加等于）、-= （减等于）	若 a = 3；b = 2；a += b；则 a = 5，b = 2 若 a = 3；b = 2；a -= b；则 a = 1，b = 2
	*= （乘等于）、/= （除等于）	若 a = 3；b = 2；a *= b；则 a = 6，b = 2 若 a = 3；b = 2；a/= b；则 a = 1，b = 2
	%= （模等于）	若 a = 3；b = 2；a%= b；则 a = 1，b = 2
比较运算符	==（等于）	5 == 3　　false
	!=（不等于）	5 != 3　　true
	<（小于）	5 < 3　　false
	>（大于）	5 > 3　　true
	<=（小于等于）	5 <= 3　　false
	>=（大于等于）	5 >= 3　　true
逻辑运算符	&（与）	true & true　　true true & false　　false false & true　　true false & false false
	|（或）	true | true　　true true | false　　true false | true　　true false | false false
	^（异或）	true^true　　false true^false　　true false^true　　true false^false false
	!（非）	! true　　false ! false　　true
	&&（逻辑与）	true && true　　true true && false　　false false && true　　false false && false false
	||（逻辑或）	true || true　　true true || false　　true false || true　　true false || false false

对一些比较复杂的表达式进行运算时，需要明确表达式中所有运算符在运算过程中的顺序，通常把这些顺序称为运算符的优先级。Java 中运算符的优先级见表 2.5。

表 2.5　Java 中运算符的优先级

运算符	优先级
.　[ ]　( )	
++　--　-!　~	
*　/　%	
+　-	
<<　>>　>>>	
==　!=	
&	
^	
&&	
?:	
=　*=　/=　%=　+=　-=　<<=　>>=　>>>=　&=　^=　|=	

例 2-7　编写一个程序，输出不同类型的两个数，执行相加、相减、相乘、相除和求余后输出结果。

参考代码如下：

```
public class Example2_7{
public static void main(String[]args){
    //TODO Auto-generated method stub
    float f1 = 9 % 4;//保存取余后浮点类型的结果
    double da = 9 + 4.5;//双精度加法
    double db = 9 - 3.0;//双精度减法
    double dc = 9 * 2.5;//双精度乘法
    double dd = 9/3.0;//双精度除法
    double de = 9 % 4;//双精度取余
    System.out.println("整数的算术运算");//整数的加、减、乘、除和取余
    System.out.printf("9 + 4 = %d \n",9 + 4);
    System.out.printf("9 - 4 = %d \n",9 - 4);
    System.out.printf("9* 4 = %d \n",9 * 4);
    System.out.printf("9/4 = %d \n",9/4);
    System.out.printf("9%%4 = %d \n",9 % 4);
    System.out.println("\n浮点数的算术运算");//浮点数的加、减、乘、除和取余
    System.out.printf("9 + 4.5f = %f \n",9 + 4.5f);
    System.out.printf("9 - 3.0f = %f \n",9 - 3.0f);
    System.out.printf("9* 2.5f = %f \n",9 * 2.5f);
    System.out.printf("9/3.0f = %f \n",9/3.0f);
```

```
        System.out.printf("9%%4 =%f \n",f1);
        System.out.println("\n 双精度数的算术运算");//双精度数的加、减、乘、除和取余
        System.out.printf("9 +4.5 =%4.16f \n",da);
        System.out.printf("9 -3.0 =%4.16f \n",db);
        System.out.printf("9 * 2.5 =%4.16f \n",dc);
        System.out.printf("9/3.0 =%4.16f \n",dd);
        System.out.printf("9%%4 =%4.16f \n",de);
        System.out.println("\n 字符的算术运算");//对字符的加法和减法
        System.out.printf("'A' +32 =%d \n",'A' +32);
        System.out.printf("'A' +32 =%c \n",'A' +32);
        System.out.printf("'a' -'B' =%d \n",'a' -'B');
    }

}
```

运行结果如图 2.7 所示。

例 2 - 8　编写一个程序，实现 2 个变量的赋值运算并输出结果。

参考代码如下：

```
public class Example2_8{
public static void main(String[]args){
    //TODO Auto - generated method stub
    int a =1;
    int b =2;
    a +=b;//相当于 a =a +b
    System.out.println(a);
    a +=b +3;//相当于 a =a +b +3
    System.out.println(a);
    a -=b;//相当于 a =a -b
    System.out.println(a);
    a * =b;//相当于 a =a * b
    System.out.println(a);
    a/=b;//相当于 a =a/b
    System.out.println(a);
    a %=b;//相当于 a =a% b
    System.out.println(a);
    }

}
```

图 2.7 中控制台输出内容：

```
Problems  Javadoc  Declaration  Console ×
terminated> Example2_7 [Java Application] D:\jdk-20\bin\javaw.exe
整数的算术运算
9+4=13
9-4=5
9*4=36
9/4=2
9%4=1

浮点数的算术运算
9+4.5f=13.500000
9-3.0f=6.000000
9*2.5f=22.500000
9/3.0f=3.000000
9%4=1.000000

双精度数的算术运算
9+4.5=13.5000000000000000
9-3.0=6.0000000000000000
9*2.5=22.5000000000000000
9/3.0=3.0000000000000000
9%4=1.0000000000000000

字符的算术运算
'A'+32=97
'A'+32=a
'a'-'B'=31
```

图 2.7　例 2 - 7 运行结果

运行结果如图 2.8 所示。

例 2 - 9　编写一个程序，使用户可以从键盘输入两个数，并判断这两个数之间的大小。

参考代码如下：

```
Problems  Javadoc  Declaration  Console ×
<terminated> Example2_8 [Java Application] D:\jdk-20\bin\javaw.exe
3
8
6
12
6
0
```

图 2.8　例 2-8 运行结果

```java
import java.util.*;
public class Example2_9{
public static void main(String[]args){
    //TODO Auto-generated method stub
    int number1,number2;//定义变量,保存输入的两个数
    System.out.print("请输入第一个整数(number1):");
    Scanner input = new Scanner(System.in);
    number1 = input.nextInt();//输入第一个数
    System.out.print("请输入第二个整数(number2):");
    input = new Scanner(System.in);
    number2 = input.nextInt();//输入第二个数
    System.out.printf("number1 =%d,number2 =%d\n",number1,number2);/* 输出这两
个数*/
    //判断用户输入的两个数是否相等
    if(number1 == number2){
        System.out.println("number1 和 number2 相等。");
    }
    //判断用户输入的两个数据是否相等
    if(number1 != number2){
        System.out.println("number1 和 number2 不相等。");
        //判断用户输入的数 1 是否大于数 2
        if(number1 > number2){
            System.out.println("number1 大于 number2。");
        }
        //判断用户输入的数 1 是否小于数 2
        if(number1 < number2){
            System.out.println("number1 小于 number2。");
        }
    }
}
}
```

运行结果如图 2.9 所示。

```
Problems  @ Javadoc  Declaration  Console ×
<terminated> Example2_9 [Java Application] D:\jdk-20\bin\javaw.exe  (2
请输入第一个整数(number1):24
请输入第二个整数(number2):12
number1=24,number2=12
number1 和 number2 不相等。
number1 大于 number2。
```

图 2.9　例 2-9 运行结果

例 2-10　编写一个程序，实现对运算符的应用。

参考代码如下：

```java
public class Example2_10{

public static void main(String[]args){
    //TODO Auto-generated method stub
    int a = 5 + 4; //a = 9
    int b = a * 2; //b = 18
    int c = b/4; //c = 4
    int d = b - c; //d = 14
    int e = - d; //e = -14
    int f = e % 4; //f = -2
    double g = 18.4;
    double h = g % 4; //h = 2.4
    int i = 3;
    int j = i++; //i = 4,j = 3
    int k = ++i; //i = 5,k = 5
    System.out.println("a = " + a);
    System.out.println("b = " + b);
    System.out.println("c = " + c);
    System.out.println("d = " + d);
    System.out.println("e = " + e);
    System.out.println("f = " + f);
    System.out.println("g = " + g);
    System.out.println("h = " + h);
    System.out.println("i = " + i);
    System.out.println("j = " + j);
    System.out.println("k = " + k);
}
}
```

运行结果如图 2.10 所示。

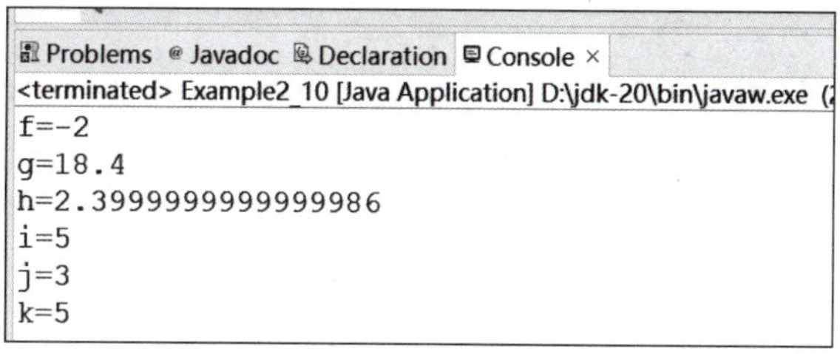

图 2.10 例 2 - 10 运行结果

任务 2.2 顺序结构

顺序结构指的是代码是按照从上到下，从左往右的顺序，依次逐行执行，中间没有判断和跳转语句，并且顺序结构是 Java 的默认结构，是最简单的程序结构，如图 2.11 所示。

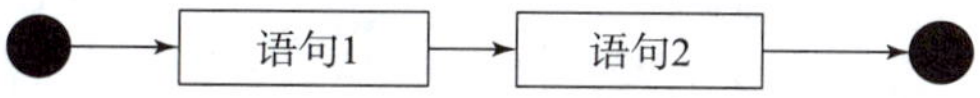

图 2.11 顺序结构图

例 2 - 11 求 $ax^2 + bx + c = 0$ 方程的根，a，b，c 由键盘输入，假设 $b^2 - 4ac > 0$。

参考代码如下：

```java
import java.util.Scanner;
public class Example2_11{
public static void main(String[]args){
    //TODO Auto - generated method stub
    System.out.println("求 ax^2 + bx + c = 0 的根");
        Scanner input = new Scanner(System.in);
        System.out.println("请输入 a 值:");
        double a = input.nextDouble();
        System.out.println("请输入 b 值:");
        double b = input.nextDouble();
        System.out.println("请输入 c 值:");
        double c = input.nextDouble();
        double x1 = (( -b + Math.sqrt(b* b - 4* a* c))/(2* a));
        double x2 = (( -b - Math.sqrt(b* b - 4* a* c))/(2* a));
        if(b* b - 4* a* c >=0){
            System.out.println("x1 = " + x1);
            System.out.println("x2 = " + x2);
        }
        else
            System.out.println("此方程无实根");
}
}
```

运行结果如图 2.12 所示。

```
Problems  @ Javadoc  Declaration  Console ×
<terminated> Example2_11 [Java Application] D:\jdk-20\bin\javaw.exe (2023年5月
求  ax^2 + bx + c = 0 的根
请输入a值:
12
请输入b值:
23
请输入c值:
10
x1 = -0.6666666666666666
x2 = -1.25
```

图 2.12　例 2-11 运行结果

任务 2.3　选择结构

在实际生活中，经常需要做出一些判断，例如，开车经过十字路口，需要根据红绿灯进行判断，若为红灯，则停车等候，若为绿灯，则直接通行。同样，在人生的十字路口，在每次重大选择时，都需要根据一些条件进行判断选择。在 Java 中，常见的选择结构有三种，主要为单分支选择结构、双分支选择结构和多分支选择结构。

2.3.1　单分支选择结构

单分支选择结构是指可以根据指定表达式的当前值，选择是否执行指定的操作。单分支语句由简单的 if 语句组成，流程如图 2.13 所示。

语句的语法格式为：

```
if(表达式){
    语句块;
}
```

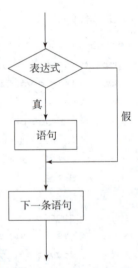

图 2.13　if 语句流程图

其中，表达式部分必须用（）括起来，是合法的逻辑表达式，可以是一个单纯的布尔变量或常量，也可以是关系表达式或逻辑表达式，但表达式的值必须是一个布尔值，不能用数值代替。如果表达式的值为真，则执行"语句块"，之后继续执行"下一条语句块"；如果表达式的值为假，则跳过"语句块"，直接执行"下一条语句块"。

例 2-12　定义一个变量 a，判断变量值是否大于 10，若大于 10，则加 1，并在控制台打印出结果。

参考代码如下：

```java
public class Example2_12{
public static void main(String[]args){
    //TODO Auto-generated method stub
    int a=15;
    if(a>10){
      a++;
    }
    System.out.println("a="+a);
}
}
```

运行结果如图 2.14 所示。

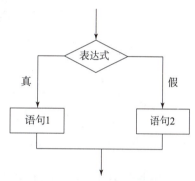

```
Problems  @ Javadoc  Declaration  Console ×
<terminated> Example2_12 [Java Application] D:\jdk-20\bin\javaw.exe (
a=16
```

图 2.14   例 2-12 运行结果

2.3.2   双分支选择结构

双分支选择结构可以根据指定表达式的当前值选择执行两个程序分支中的一个分支，即二选一。Java 中的 if…else 语句即为双分支选择结构，结构图如图 2.15 所示。

if…else 语句语法格式如下：

```
if(表达式){
        语句块1;
}
else{
    语句块2;
}
```

图 2.15   if…else 语句结构图

if…else 语句是根据表达式的真假来选择执行语句块。当表达式值为真时，执行 if 后面 {} 中的语句块 1，当表达式值为假时，执行 else 后面 {} 中的语句块 2。如果 if 与 else 之间的语句块 1 包含多于一条语句的内部语句，必须用花括号把内部语句括起来，若没有花括号，编译程序时会报错；如果 else 后面的语句块 2 包含多于一条的内部语句，也必须用花括号把内部语句括起来，如果没有花括号，系统默认 else 后面的第一条语句是 else 的内部语句，运行程序时也会发生错误。

例 2-13   编写程序，在控制台输入一个数，判断其是奇数还是偶数，并在控制台输出结果。

参考代码如下：

```java
import java.util.Scanner;
public class Example2_13{
```

```
public static void main(String[ ]args){
    //TODO Auto-generated method stub
    Scanner scanner = new Scanner(System.in);
    System.out.print("请输入一个数:");
    int num = scanner.nextInt();
    if(num % 2 ==0){
    //判断条件是否成立,num 被 2 整除
    System.out.println(num +"是一个偶数");

    }else{
    System.out.println(num +"是一个奇数");
    }
}
}
```

运行结果如图 2.16 所示。

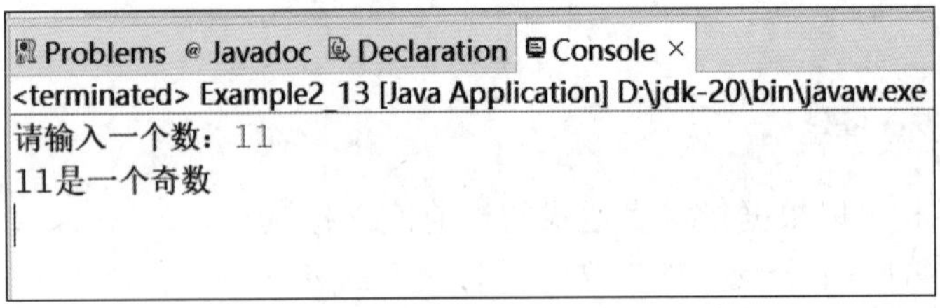

图 2.16 例 2-13 运行结果

2.3.3 多分支选择结构

在 Java 语言中要对多个条件进行判断处理，则使用多分支选择结构。多分支选择结构包括使用嵌套的 if 语句或 switch 语句实现。

1. if 嵌套语句

在 if 或 else 语句中嵌套一个或多个 if 语句。

（1）在 if 子句、else 子句中嵌套 if 语句，具体语法格式如下：

```
if(表达式1){
    if(表达式2)
        语句1;
    else:
        语句2;
}
else{
    if(表达式3)
        语句3;
    else:
```

```
            语句 4;

    }
```

该程序在执行过程中，若表达式 1 为真，则执行 if 子句判断表达式 2，如果表达式 2 为真，执行语句 1，否则，执行语句 2；若表达式 1 为假，则执行 else 子句判断表达式 3，若表达式 3 为真，则执行语句 3，否则，执行语句 4。

例 2−14　活动计划安排。如果今天是工作日，去上班；如果今天是周末，则出去游玩；同时，如果周末天气晴朗，去室外游乐场游玩，否则，去室内游乐场游玩。

参考代码如下：

```java
public class Example2_14{

public static void main(String[]args){
    //TODO Auto-generated method stub
    String today = "周末";
    String weather = "晴朗";
    if(today.equals("周末")){
        if(weather.equals("晴朗")){
            System.out.println("去室外游乐场游玩");
        }else{
            System.out.println("去室内游乐场游玩");
        }
    }else{
        System.out.println("去上班");
    }
}
}
```

运行结果如图 2.17 所示。

```
Problems  @ Javadoc  Declaration  Console ×
<terminated> Example2_14 [Java Application] D:\jdk-20\bin\javaw.exe
去室外游乐场游玩
```

图 2.17　例 2−14 运行结果

（2）if…else…if 形式是一种特殊的 if 嵌套形式，它使程序层次更加清晰，易于理解，结构图如图 2.18 所示。

在多分支结构中经常使用这种形式，语法格式如下：

```
if(表达式 1){
    语句 1;
}
```

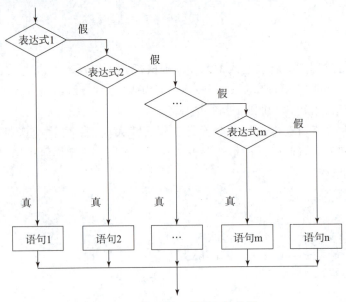

图 2.18　if…else…if 语句结构图

```
else if(表达式 2){
        语句 2
}
else if(表达式 3){
        语句 3
}
...
else if(表达式 m){
        语句 m
}
else
{
        语句 n
}
```

　　if…else…if 语句在使用时，表达式必须用括号（）括起来，在执行过程中，从上到下进行判断。当表达式 1 为真时，只执行语句 1，如果表达式 1 为假，则跳过语句 1，再判断表达式 2 的值，并根据表达式 2 的值选择是否执行语句 2，依次往下判断 if 后面的表达式的值，当某一表达式值为真时，就执行与之相关的语句，其他语句不执行；如果所有表达式的值都为假，则执行最后 else 中的语句，若没有 else，则直接执行 if 嵌套后面的语句。

　　例 2－15　某班刚刚进行期中考试，对学生的成绩进行等级划分，如果成绩不低于 90，可以评为优秀；低于 90 但不低于 80，可以评为良好；低于 80 但不低于 60，可以评为中等；否则，评为差。

　　参考代码如下：

```
import java. util. Scanner;
public class Example2_15{
public static void main(String[]args){
    //TODO Auto - generated method stub
    System. out. print("请输入考试成绩:");
    Scanner input = new Scanner(System. in);
    int score = input. nextInt();//接收键盘输入数据
    if(score >=90){//考试成绩 >=90
        System. out. println("考试成绩优秀");
    }else if(score >=80){//90 >考试成绩 >=80
        System. out. println("考试成绩为良好");
    }else if(score >=60){//80 >考试成绩 >=60
        System. out. println("考试成绩中等");
    }else{//考试成绩 <60
        System. out. println("考试成绩差");
    }
}

}
```

运行结果如图 2.19 所示。

图 2.19 例 2 - 15 运行结果

（3）if 与 else 的匹配。在使用嵌套的 if 语句时，要特别注意 if 与 else 的匹配问题。如果程序中有多个 if 和 else，当没有花括号指定匹配关系时，系统默认 else 与它前面最近的且没有与其他 else 配对的 if 配对。语句格式如下：

```
if(表达式 1)
    if(表达式 2)
        语句 1;
    else
        语句 2;
```

上述嵌套的 if 语句中，else 与第二个 if 配对。

如果在有嵌套的 if 语句中加了花括号，花括号限定了嵌套的 if 语句是处于外层 if 语句的内部语句，所以 else 与第一个 if 配对，具体格式如下：

```
if(表达式 1)
{
    if(表达式 2)
```

```
        语句1;
    }
    else
        语句2;
```

2. switch 语句

switch 语句是多分支（通常超过两个）条件判断语句，与 if 条件语句不同，它只能对某个表达式的值做出判断，从而决定执行某一段代码，具体语法格式如下：

```
    switch(表达式)
    {
        case 常量值1:
            语句1;
            break;
        case 常量值2:
            语句2;
            break;
        case 常量值3:
            语句3;
            break;
        ...
        case 常量值n:
            语句n;
            break;
        default:
            语句n+1;
            break;
    }
```

在执行 swith 语句时，需要根据 switch 关键字后的表达式的值与 case 关键字后的常量值进行匹配，如果找到了对应的匹配值，则执行对应 case 后面的语句；若没有找到对应的匹配值，则执行 default 后面的语句。switch 语句中的 break 关键字将在后面项目中做具体介绍，此处需要知道的是，break 的作用是跳出 switch 语句。

使用 switch 语句时，需要注意：

（1）switch 语句中的表达式变量的类型可以是 byte、short、int 或者 char。从 Java SE 7 开始，switch 支持字符串 String 类型了，同时，case 标签必须为字符串常量或字面量。

（2）switch 语句可以拥有多个 case 语句。每个 case 后面跟一个要比较的值和冒号。

（3）case 语句中的值的数据类型必须与表达式变量的数据类型相同，而且只能是常量或者字符常量。

（4）当变量的值与 case 语句的值相等时，case 语句之后的语句开始执行，直到 break 语句出现，才会跳出 switch 语句。

（5）当遇到 break 语句时，switch 语句终止。程序跳转到 switch 语句后面的语句执行。case 语句不必须要包含 break 语句。如果没有 break 语句出现，程序会继续执行下一条 case

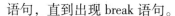

语句，直到出现 break 语句。

（6）switch 语句只能包含一个 default 分支，该分支一般是 switch 语句的最后一个分支（可以在任何位置，但建议在最后一个）。default 在没有 case 语句的值和变量值相等的时候执行。default 分支不需要 break 语句。

例 2－16　编写一个 Java 程序，根据当前的星期数字输出对应的中文格式的星期值。

参考代码如下：

```java
public class Example2_16{

public static void main(String[]args){
    //TODO Auto-generated method stub
    int weekDate = 4;
    switch(weekDate){
        case 0:
            System.out.println("星期日");
            break;
        case 1:
        System.out.println("星期一");
            break;
        case 2:
        System.out.println("星期二");
            break;
        case 3:
        System.out.println("星期三");
            break;
        case 4:
        System.out.println("星期四");
            break;
        case 5:
        System.out.println("星期五");
            break;
        case 6:
        System.out.println("星期六");
            break;
        default:
        System.out.println("输入的数字不符合要求");
            break;
    }

}

}
```

运行结果如图 2.20 所示。

图 2.20　例 2 - 16 运行结果

例 2 - 17　在控制台输入月份，根据输入的月份值判断属于哪一个季节。

参考代码如下：

```java
import java.util.Scanner;
public class Example2_17{

public static void main(String[]args){
    //TODO Auto - generated method stub
    Scanner scan = new Scanner(System.in);
    System.out.println("请输入月份:");
int month = scan.nextInt();
switch(month){
case 12:
case 1:
case 2:
        System.out.println("冬季");
break;
case 3:
case 4:
case 5:
        System.out.println("春季");
break;
case 6:
case 7:
case 8:
        System.out.println("夏季");
break;
case 9:
case 10:
case 11:
        System.out.println("秋季");
break;
default:
        System.out.println("没有这个月份！请重新输入.");
```

```
        }

    }

}
```

运行结果如图 2.21 所示。

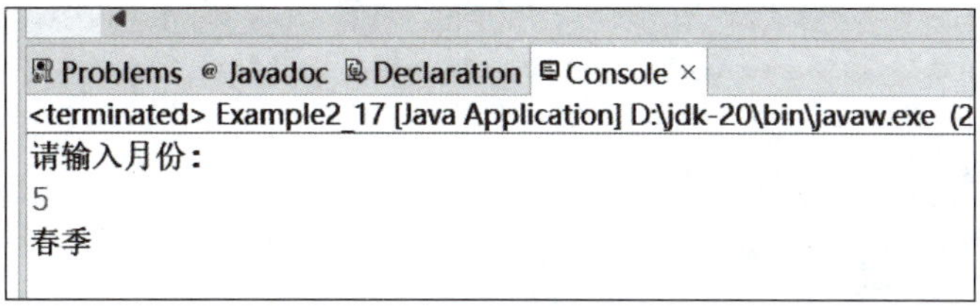

图 2.21　例 2 – 17 运行结果

2.3.4　三元运算符

Java 提供了一个三元运算符，同时可以操作 3 个表达式。三元运算符语法格式如下：

```
判断条件? 表达式 1:表达式 2
```

在语法格式中，当判断条件为真时，执行表达式 1；当判断条件为假，则执行表达式 2。

三元运算符的功能与 if…else 语法的相同，只是代码更简化。例如，判断两个数的大小，获取较大值。如果采用 if…else 语句实现，具体代码如下：

```
int x = 4;
int y = 6;
int max;
if  (x > y){
    max = x;
}
  else{
    max = y;
}
System. out. println(max);
```

若用三元运算符，代码如下：

```
int x = 4;
int y = 6;
max = x > y? x:y;
System. out. println(max);
```

例 2 – 18　使用三元运算符判断两只老虎的体重是否相等，其中一只老虎体重是 180 kg，另外一只是 200 kg。

参考代码如下：

```
public class Example2_18{

public static void main(String[]args){
    //TODO Auto-generated method stub
    //1:定义两个变量用于保存老虎的体重,单位为 kg,这里仅仅体现数值即可
    int weight1 =180;
    int weight2 =200;
    //2:用三元运算符实现老虎体重的判断,体重相同,返回 true,否则,返回 false
    boolean b =weight1 ==weight2? true:false;
    //3:输出结果
    System.out.println("b:"+b);
}
}
```

运行结果如图 2.22 所示。

```
Problems  Javadoc  Declaration  Console ×
<terminated> Example2_18 [Java Application] D:\jdk-20\bin\javaw.exe
b:false
```

图 2.22　例 2-18 运行结果

例 2-19　你准备去海南旅游,现在要订购机票。机票的价格受旺季、淡季影响,而且头等舱和经济舱的价格也不同。假设机票原价为 5 000 元,4~10 月为旺季,旺季头等舱打 9 折,经济舱打 6 折;其他月为淡季,淡季头等舱打 5 折,经济舱打 4 折。编写程序,根据出行的月份和选择的舱位输出实际的机票价格。

参考代码如下:

```
import java.util.Scanner;
public class Example2_19{
public static void main(String[]args){
    //TODO Auto-generated method stub
    Scanner input =new Scanner(System.in);
    System.out.println("请输入您要出行的月份:");
    int YueFen =input.nextInt();
    System.out.println("请问您选择头等舱还是经济舱? 头等舱输入1,经济舱输入2");
    int XuanZe =input.nextInt();
    if(XuanZe ==1 || XuanZe ==2){
    }else{
            System.out.println("请输入数字1,2");

    }
    double JiaGe;
    if(YueFen <=10 && YueFen >=4){
        if(XuanZe ==1){
```

```
        JiaGe = 5000 * 0.9;
        System.out.println("机票的价格为:" + JiaGe);
    }else if(XuanZe == 2){
        JiaGe = 5000 * 0.8;
        System.out.println("机票的价格为:" + JiaGe);
    }
}else if(YueFen >= 1 && YueFen <= 3 || YueFen == 11 || YueFen == 12){
    if(XuanZe == 1){
        JiaGe = 5000 * 0.5;
        System.out.println("机票的价格为:" + JiaGe);
    }else if(XuanZe == 2){
        JiaGe = 5000 * 0.4;
        System.out.println("机票的价格为:" + JiaGe);
    }
}

}
```

运行结果如图 2.23 所示。

```
🗏 Problems  @ Javadoc  🗎 Declaration   🖳 Console  ×
<terminated> Example2_19 [Java Application] D:\jdk-20\bin\javaw.exe  (2023年
请输入您要出行的月份:
3
请问您选择头等舱还是经济舱? 头等舱输入1，经济舱输入2
1
机票的价格为: 2500.0
```

图 2.23　例 2-19 运行结果

任务 2.4　循环结构

在日常生活中，经常会将同一件事重复很多次，例如，打乒乓球时会反复挥拍。在 Java 语言中，当程序要重复执行某一操作时，则需要使用循环结构进行。循环语句分为 while 循环语句、do…while 循环语句和 for 循环语句。

2.4.1　while 循环语句

while 循环语句也称为无限循环，是由条件控制的循环运行方式，一般用于循环次数难以提前确定的情况。它的语法格式如下：

```
while(表达式){
    循环语句;        //当表达式为真时才执行循环体
```

```
    }
    //后继语句
```

表达式是作为循环语句的循环条件，通过判断表达式是否符合条件，只要条件成立，{} 内的循环语句就会执行，直到表达式不成立，while 循环结束。

while 循环执行的过程是：

第 1 步：计算表达式的值，若值为 false，则整个 while 语句执行结束，程序继续执行 while 循环语句后面的语句，而循环体中的语句一直不会得到执行。若值为 true，则执行第 2 步。第 2 步：依次执行循环体中的循环语句，执行完成后再转到第 1 步，继续判断表达式的值。需要注意的是，循环体或表达式中至少应该有对应的操作，可以改变或影响 while 中表达式的值，否则，while 语句会永远执行下去，不能终止，陷入死循环中。while 循环语句流程图如图 2.24 所示。

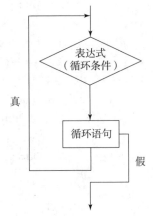

图 2.24　while 循环语句流程图

例 2–20　求整数 1~100 的累加值，但要求跳过所有个位数为 3 的数。

参考代码如下：

```java
public class Example2_20{

public static void main(String[]args){
    //TODO Auto-generated method stub
    //定义变量 n,并赋初值为 1,变量 sum 用于接收累加值
    int n =1;
    int sum =0;
    while(n <=100){
        //判断 n 的值个位数是否为 3
        if(n!=3 && n <10){
            sum +=n;
        }else if(n >=10 && n <100 && n%10!=3){
            sum +=n;
        }else if(n%100%10!=3){
            sum +=n;
        }
        n ++;
    }
    System.out.println("1~100 中除去个位数为 3 的数累加值为:"+sum);
}
}
```

运行结果如图 2.25 所示。

例 2–21　使用 while 语句计算 10 的阶乘。

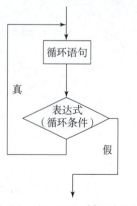

图 2.25　例 2-20 运行结果

参考代码如下：

```java
public class Example2_21{
public static void main(String[]args){
    //TODO Auto-generated method stub
    //使用 while 语句计算 10 的阶乘
    int i=1;
    int n=1;
    while(i<=10){
        n=n* i;
        i++;
    }
    System.out.println("10 的阶乘结果为:"+n);
}
}
```

运行结果如图 2.26 所示。

图 2.26　例 2-21 运行结果

2.4.2　do…while 循环语句

do…while 循环与 while 循环语句功能类似，语法格式如下：

```java
do{
    循环语句;
}while(表达式);
```

do 为关键字，必须与 while 配对使用。do 关键字后面 {} 中的循环语句是循环体。do…while 循环是将循环条件放在了循环体的后面。这就意味着，不管循环条件是否成立，循环体都至少执行一次，然后根据表达式的值判断是否继续循环。同 while 循环一样，循环体或表达式中至少应该有对应的操作，可以改变或影响 while 中表达式的值，否则，do…while 循环语句会永远执行下去，不能终止，陷入死循环中。

do…while 循环的流程图如图 2.27 所示。

例 2-22　使用 do…while 循环语句计算 10 的阶乘。

参考代码如下：

图 2.27　do…while 循环流程图

```java
public class Example2_22{
public static void main(String[]args){
    //TODO Auto-generated method stub
    //使用 do…while 循环语句计算10 的阶乘
    int number =1,result =1;
    do{
        result* =number;
        number ++;
    }while(number <=10);
    System.out.print("10 阶乘结果是:"+result);
}
}
```

运行结果如图 2.28 所示。

while 循环和 do…while 循环都是循环结构,使用 while(循环条件)表示循环条件,使用大括号将循环操作括起来。与

图 2.28　例 2-22 运行结果

while 循环相比,do…while 循环将 while 关键字和循环条件放在后面,而且前面多了 do 关键字,后面多了一个分号。同时,执行次序不同,while 循环先判断,再执行,do…while 循环先执行,再判断。一开始循环条件就不满足的情况下,while 循环一次都不会执行,do…while 循环则不管什么情况下都至少执行一次。

例 2-23　在一个图书系统的推荐图书列表中保存了 60 条信息,现在需要让它每行显示 10 条,分6 行进行显示。下面使用 do…while 循环语句来实现,具体代码如下所示。

```java
public class Example2_23{
public static void main(String[]args){
    //TODO Auto-generated method stub
    /*
    * 声明一个变量 bookIndex 用来保存图书的索引,该变量赋值为 1 表示从第一本开始
    * 当索引值为 10 时,换行输出,通过取余实现
    */
    int bookIndex =1;
    do{
        System.out.print(bookIndex + "\t");
        if(bookIndex%10 ==0){
            System.out.println();
        }
        bookIndex ++;
    }while(bookIndex <61);
}
}
```

运行结果如图 2.29 所示。

1	2	3	4	5	6	7	8	9	10
11	12	13	14	15	16	17	18	19	20
21	22	23	24	25	26	27	28	29	30
31	32	33	34	35	36	37	38	39	40
41	42	43	44	45	46	47	48	49	50
51	52	53	54	55	56	57	58	59	60

图 2.29　例 2-23 运行结果

2.4.3　for 循环语句

for 循环语句是 Java 中最常用、最灵活的循环语句，它和 while 循环一样，先判断循环条件，再执行循环体。for 循环既能够用于循环次数已知的情况，又能够用于循环次数未知的情况。它的语法格式如下：

```
for(初始化表达式1;循环条件;操作表达式2){
    循环语句;
}
```

for 循环执行的过程为：

（1）初始化表达式 1。

（2）判断表达式 1 是否符合循环条件，若符合，则执行循环体中循环语句，再执行第（3）步，若不符合，则转到第（5）步。

（3）执行操作表达式 2。

（4）转回第（2）步执行。

（5）循环结束，执行 for 循环后面的语句。

for 循环语句流程图如图 2.30 所示。

例 2-24　编写程序，输出 1~100 间的所有偶数，并要求每行输出 10 个数据。

参考代码如下：

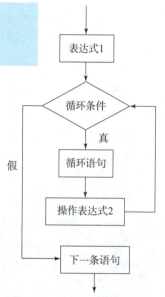

图 2.30　for 循环语句流程图

```
public class Example2_24{
public static void main(String[]args){
    //TODO Auto-generated method stub
    System.out.println("******1 至 100 间的偶数有******");
    int n=0;
    for(int i=1;i<101;i++)
    {
        if(i%2==0)
        {
            System.out.print(i+"\t");
```

```
        n ++;
        if(n%10 ==0)
        {
            System.out.println();
        }
    }
    }
    }
}
```

运行结果如图 2.31 所示。

```
🗔 Problems  @ Javadoc  🗎 Declaration  🖳 Console ×
<terminated> Example2_24 [Java Application] D:\jdk-20\bin\javaw.exe  (2023年5月14日 14:52:35 – 14:52:36) [pid: 21396]
******1至100间的偶数有******
2         4         6         8         10        12        14        16        18        20
22        24        26        28        30        32        34        36        38        40
42        44        46        48        50        52        54        56        58        60
62        64        66        68        70        72        74        76        78        80
82        84        86        88        90        92        94        96        98        100
```

图 2.31 例 2 – 24 运行结果

例 2 – 25 输出所有的水仙花数。所谓水仙花数，是指一个 3 位数，其每位数字立方和等于其本身，如 $153 = 1 \times 1 \times 1 + 3 \times 3 \times 3 + 5 \times 5 \times 5$。

参考代码如下：

```
public class Example2_25{

public static void main(String[]args){
    //TODO Auto - generated method stub
    int a,b,c;//定义三位数中的个、十、百位数
    System.out.println("三位数中所有的水仙花数为:");//输出所有的水仙花数
    for(int i =100;i <1000;i ++){//控制 100 – 999 个数
        a =i/100;//百位上的数
        b =i%100/10;//十位上的数
        c =i%10;//个位上的数
        if(i ==a* a* a +b* b* b +c* c* c){//判断是否为水仙花数
            System.out.println(i);//输出水仙花数
        }

    }
    }
}
```

运行结果如图 2.32 所示。

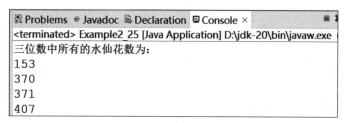

图2.32 例2-25运行结果

2.4.4 循环嵌套

循环嵌套是指在一个循环语句的循环体中嵌套一个循环语句。while循环、do…while循环和for循环之间可以进行嵌套,也可以互相嵌套,其中最常见的是在for循环中嵌套for循环。语法格式如下:

```
    for(初始化表达式1;循环条件;操作表达式2){
    …
for(初始化表达式1;循环条件;操作表达式2){
        循环语句;
…
}
    …
}
```

例2-26 通过for循环嵌套,打印九九乘法表。
参考代码如下:

```
public class Example2_26{

public static void main(String[]args){
    //TODO Auto-generated method stub
    //1.外层for循环
    System.out.println("********* 九九乘法表*******");
    for(int i=1;i<=9;i++){
        //2.内层for循环
        for(int j=1;j<=i;j++){
            //3.输出字符串条件表达式,以及计算结果的拼接字符串
            System.out.print(j+"* "+i+"="+(j * i)+" ");
        }
        //4.每打印完一行内容后,进行换行操作
        System.out.println();
    }
}
}
```

运行结果如图2.33所示。

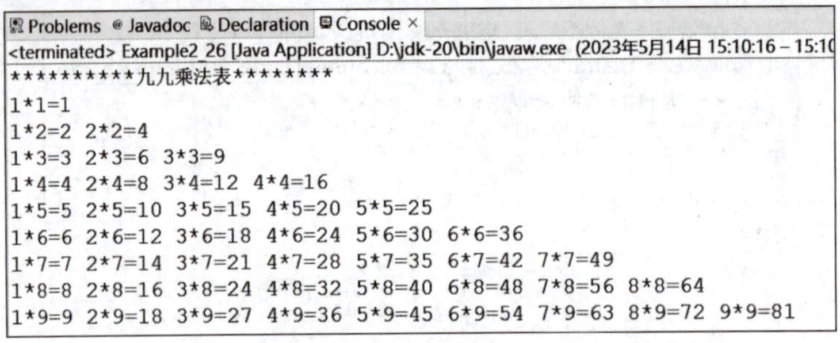

图 2.33　例 2 - 26 运行结果

任务 2.5　跳转语句

跳转语句用于实现循环执行过程中程序流程的跳转，Java 中的跳转语句有 break 语句和 continue 语句。

2.5.1　break 语句

使用 break 语句可以使流程强行退出循环，忽略循环体中的任何其他语句和循环条件的判断。当在 switch 语句中使用 break 语句时，则终止某个 case 语句，跳出 switch 语句；当在循环语句中使用 break 语句时，则跳出循环语句，执行循环后面的代码。例如：

```
for(int i =1;i <=10;i ++){
    if(i ==5){
        break;
    }
    System. out. println(i);
}
```

运行结果如图 2.34 所示。

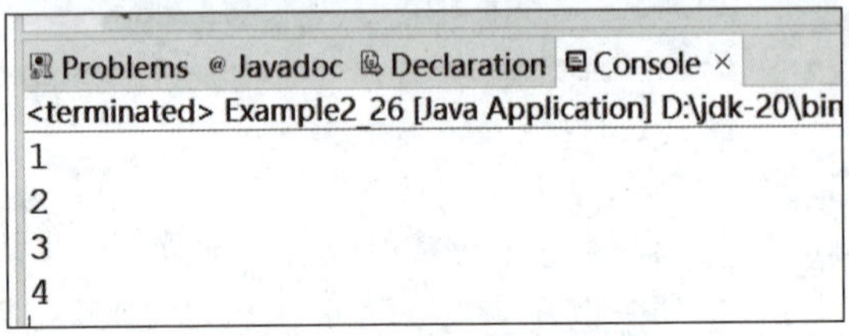

2.5.2　continue 语句

continue 语句的作用是结束本次循环，即在循环体中使用 continue 语句，当执行到 continue 语句时，结束本次循环，回到循环条件处，判断是否执行下一次循环。

图 2.34　break 语句运行结果

continue 语句一般会与 if 语句搭配使用，表示在某种条件下不执行后面的语句，直接开始下一次循环。以上面代码为例，如下所示：

```
for(int i =0;i <10;i ++){
    System. out. println(" i =" +i);
    if(i ==5){
```

```
        System.out.println("continue…");
        continue;
    }
}
```

运行结果如图 2.35 所示。

continue 语句和 break 语句的区别是：continue 语句只结束本次循环，而不是终止整个循环；break 语句是结束整个循环，开始执行循环之后的语句。

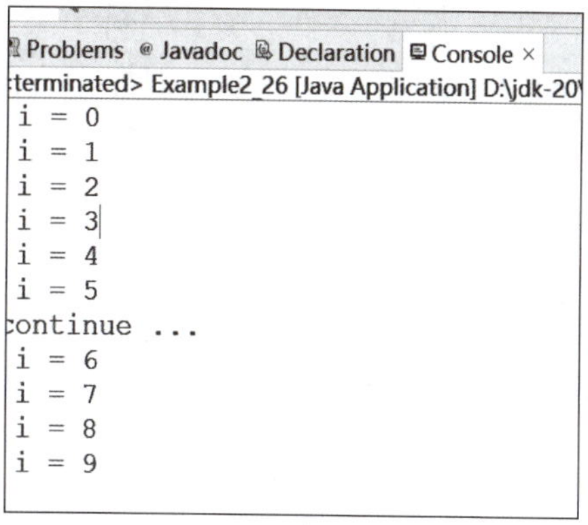

图 2.35　continue 语句

任务 2.6　案例："两弹一星"精神——家国情怀

2.6.1　案例背景

2020 年 9 月 11 日，习近平总书记在主持召开科学家座谈会时明确指出："希望广大科技工作者不忘初心、牢记使命，秉持国家利益和人民利益至上，继承和发扬老一辈科学家胸怀祖国、服务人民的优秀品质，弘扬'两弹一星'精神，主动肩负起历史重任，把自己的科学追求融入建设社会主义现代化国家的伟大事业中去。""两弹一星"精神经党中央批准第一批纳入中国共产党人精神谱系。"两弹一星"精神激励和鼓舞了一代又一代中国人，是伟大建党精神的丰富和发展，同时也是中华民族的宝贵精神财富。

"两弹一星"精神的底色是爱国。"热爱祖国、无私奉献"始终是"两弹一星"事业奋斗者的共同追求，是中华民族优秀传统和时代精神在新中国尖端技术领域的集中体现。人们常说科学没有国界，可是，科学家是有祖国的。家国情怀深刻印记在以"两弹一星"元勋为代表的老一辈科学家身上。新中国成立初期，为打破西方大国的核讹诈和核垄断，"两弹一星"的研制者高举爱国主义旗帜，自觉把个人志向与民族振兴联系在一起，他们怀着强烈的报国之志，克服千难万险，一心一意报效祖国。正是由于强烈的精神激励，一大批功成名就、才华横溢的科学家不计较个人得失，冲破重重阻挠，放弃国外优厚的条件先后回到当时条件非常艰苦的祖国，为国奉献。被誉为"中国航天之父""中国导弹之父""中国自动化控制之父"的钱学森就是其中的代表性人物。"五年归国路，十年两弹成。"1955 年，钱学森归国时，他所在的加州理工学院杜布里奇院长对他说："你可以选择离开，也可以选择留下来，完成学业。我劝你最好留下来，因为中国根本没有航空科技，一个如此优秀的科学家回到了农耕社会，能做些什么？"钱学森回答道："在我的祖国，我做什么都可以，如果种苹果树是我报效祖国唯一的方法的话，我可以去种苹果树。"正是由于这种精神的鼓舞，许多人怀着对党对国家对人民无限的忠诚，甘当无名英雄，隐姓埋名，默默奉献，有的甚至献出了宝贵的生命。邓稼先是"两弹一星"伟业的重要开拓者，为我国核武器事业的发展拼搏奋斗、默默奉献了一生，他用生命诠释了"与祖国同呼吸、共命运"的崇高境界，"他的最重要的特点是他的诚恳的态度，是他的不懈的精神，以及他对中国的赤诚的要贡献他的一切的这个观念"。郭永怀是横跨了核弹、导弹、人造卫星三个领域，迄今为止唯一以烈士身份被追授"两弹一星"奖章的科学家。他和钱学森、邓稼先一样，是美国不想轻易放走的尖端科技人才。郭永怀不仅倡导了我国高速空气动力学、电磁流体力学等新兴学科的研究，还担负国防科学研究的业务领导工作，为"两弹一星"事业作出了重要贡献。正是这些老一辈科学家付出的努力与艰辛，见证了半个多世纪前那段令人惊心动魄又充满激情的峥嵘岁月。他们的心中只有祖国，他们是真正的英雄。也正是有这种精神、这种力量，我们伟大的祖国能够挺起脊梁，人民能够挺起脊梁，中华民族能够屹立在世界民族之林。

2.6.2 案例任务

2024 年 6 月 27 日，宜宾某高校 50 名学生前往四川省绵阳市的中国两弹城考察学习，现场开展"两弹一星"精神实践活动和知识竞赛。在知识竞赛环节，设置了部分关于"两弹一星"试验成功时间点的抢答题。

案例任务：根据"两弹一星"查询编码，查询试验成功时间。预设编码为：1 代表原子弹、2 代表氢弹、3 代表人造卫星。

2.6.3 案例实现

创建 Xg 类，使用 Scanner 类在控制台输入"两弹一星"查询编码，使用 while 循环结构控制查询系统可以重复查询，使用 switch 多分支结构判断输入的"两弹一星"查询编码，给出对应的试验成功时间。案例代码如下：

```java
import java.util.Scanner;
public class Xg{
    public static void main(String[]args){
    Scanner sc = new Scanner(System.in);
    System.out.println("==="两弹一星"试验成功时间查询系统 ===");
    System.out.println("两弹一星"查询编码:1. 原子弹 \n 2. 氢弹 \n 3. 人造卫星");
    while(true){
    System.out.println("请输入"两弹一星"查询编码:");
    int num1 = sc.nextInt();
    switch (num1){
      case 1:
      System.out.println("1964 年 10 月 16 日,我国第一颗原子弹爆炸成功。");
      break;
      case 2:
      System.out.println("1967 年 06 月 17 日,我国第一颗氢弹空爆试验成功。");
      break;
      case 3:
      System.out.println("1970 年 04 月 24 日,我国第一颗人造卫星发射成功。");
      break;
      default: System.out.println("你的输入有错误,请重新输入!");
      }
    }
```

```
        }
    }
```

运行结果如图 2.36 所示。

```
Problems  @ Javadoc  Declaration  Console ☒
Xg [Java Application] C:\Program Files\Java\jre1.8.0_202\bin\javaw.exe (2024年7月4日 下午5:13:16)
==="两弹一星"试验成功时间查询系统===
 "两弹一星"查询编码：
1.原子弹
2.氢弹
3.人造卫星
请输入"两弹一星"查询编码：
1
1964年10月16日，我国第一颗原子弹爆炸成功。
请输入"两弹一星"查询编码：
2
1967年06月17日，我国第一颗氢弹空爆试验成功。
请输入"两弹一星"查询编码：
3
1970年04月24日，我国第一颗人造卫星发射成功。
请输入"两弹一星"查询编码：
```

图 2.36　"两弹一星"试验成功时间查询结果

练习题

1. 通过循环嵌套，打印杨辉三角形。

2. 计算 $1+2+3+\cdots+100$ 的和。

3. 随机产生一个五位数，并判断它是不是回文数。

4. 编写程序，根据考试成绩的等级打印出百分制分数段。设 A 为 90 分以上、B 为 80 分以上、C 为 70 分以上、D 为 60 分以上、E 为 59 分以下。要求在程序中使用 switch 语句。

5. 小明参加了一个 1 000 m 的长跑比赛，在 100 m 的跑道上，他循环地跑着，每跑一圈，剩余路程就会减少 100 m，要跑的圈数就是循环的次数。但是，在每跑完一圈时，教练会问他是否要坚持下去，如果回答 y，则继续跑，否则，表示放弃。

6. 编写程序，判断年份是否是闰年。

7. 猴子吃桃问题：猴子第一天摘下若干个桃子，当即吃了一半，还不过瘾，又多吃了一个，第二天早上又将剩下的桃子吃掉一半，又多吃了一个。以后每天早上都吃了前一天剩下的一半加一个。到第 20 天早上想再吃时，见只剩下一个桃子了。求猴子第一天共摘了多少个桃子。

8. 编写程序，输出 1~100 之间所有的奇数。

项目三
数　组

任务3.1　数组的基本概念

程序代码编写时，是通过变量存储单个数据信息，但在实际应用中，通常需要对数据进行批量处理。例如，需要存储5个学生的语文成绩，则需要定义5个变量分别存储5个学生的成绩。若需要存储50个学生的语文成绩，怎么办呢？若定义50个变量，则程序代码显得有点冗余，影响运行速度，那么，若要存储500个，或者5 000个呢？

显然，对于同一类型的批量数据，在程序中直接通过定义单个变量进行存储不能很好地解决存储大批量数据的问题，既不经济，也不实际。对于这种类型的问题，Java提供了"数组"这种引用数据类型进行解决。

3.1.1　数组的定义

数组是大部分编程语言中都支持的一种数据类型，不管是C、C++还是Java，都支持数组类型。数组是用来存储具有相同数据类型的有序的数据集合，数据通过索引值进行访问。数组中的每个数据称为一个数组元素，同一个数组中的数组元素具有相同的数据类型，并且在内存中连续存放。数组能够容纳的元素的数量称为数组的长度，数组中的每一个元素都有唯一的索引值与其相对应，数组的索引值（下标值）从0开始。Java中数组是一个对象，必须先定义才能使用。根据构成形式，数组分为一维数组和多维数组。

3.1.2　Java 语言中数组的特点

在不同的编程语言中，数组的功能和使用方法都很类似。不过Java语言中的数组有自己的几个特点：

（1）Java中的数组，既能存储原始数据类型，又能存储对象类型。

（2）数组元素的个数称为数组的长度。数组长度一旦确定，就不能改变。

（3）数组元素的下标是从0开始的，即第一个元素的下标是0。

（4）Java不支持多维数组，但是可以创建数组的数组。

（5）Java中将数组作为对象处理。数组对象含有成员变量length，用来表示数组的长度。

任务 3.2 一维数组

在编写程序时，经常用到的是一维数组。创建一维数组的步骤为：声明数组、创建数组和初始化。

3.2.1 声明一维数组

在 Java 中，声明一维数组的方式有两种，具体语法格式如下。

```
数组类型[]数组名;
数组类型 数组名[];
```

两种声明数组的方式在作用上是相同的，但通常建议采用第一种方式，更加符合数组变量的原理，即在数组名前指定保存的数据类型，但后一种更符合原始编程习惯。这里的方括号"[]"代表数组类型。

例如，声明一个 int 型、一个 boolean 型和一个 float 型的一维数组。

```
int[]numbers;        //声明一个 int 型数组
boolean[]flag;       //声明一个 boolean 型数组
float price[];       //声明一个 float 型数组
```

3.2.2 创建一维数组

声明数组变量后，就需要创建一个数组对象，并将其赋给所声明的数组变量。创建数组实际上就是在内存中为数组分配相应的存储空间。创建数组对象的方法有两种。

1. 使用 new 运算符

在 Java 中，数组是引用对象，可以使用 new 运算符直接创建一个数组对象。语法格式如下：

```
数组类型[]数组名 = new 数据类型[]{元素1,元素2,…}
int[]numbers = new int[6];       //创建一个整型数组对象,数组长度为 6
String[]Names = new String[5];   //创建一个字符串数组,数组长度为 5
```

使用 new 运算符创建数组时，需要注意必须指定数组的长度，其是在内存中为数组变量分配指定大小的空间，并没有实际存储数据。当数组被创建成功，但没有赋值时，数组中元素会自动赋予一个默认的初始值，其中：

（1）整型数组，初值是 0。

（2）浮点型数组，初始值是 0.0。

（3）字符数组，初始值是一个空字符，即 '\u0000'。

（4）布尔型数组，初始值是 false。

（5）对象数组，初始值是 null。

2. 直接初始化数组元素

在创建数组时，直接将值赋给数组，即直接将元素值放在方括号中，同时，完成数组的创建和初始化数组。语法格式如下：

```
数组类型[]数组名 = {元素1,元素2,…}
int[]numbers = {1,2,3,4,5,6};    //创建一个整型数组对象,数组长度为6,并同时赋初值
String[]Names = {"小明","小王","小黄"};    //创建一个字符串数组,数组长度为3,并初始化
```

直接初始化数组元素进行数组的创建。需要注意的是，数组中的元素类型必须与指定的数据类型保持一致，并且数组的大小与括号中包含的元素个数相同。

3.2.3 一维数组常见操作方法

1. 访问一维数组元素

当创建完成数组并赋予数组变量初值后，就可以访问一维数组中的元素了。访问一维数组的元素，需要使用数组的名字，后面跟着数组的下标值，具体如下案例所示。

例3-1 创建一个数组number，长度为6，获取数组中的第一个元素、第三个元素和最后一个元素，并将元素的值输出。

参考代码如下：

```java
public class Example3_1{

    public static void main(String[]args){
        //TODO Auto - generated method stub
        //创建一个数组 number,长度为6
        int[]numbers = {1,2,4,8,5,6};
        System.out.println("获取第一个元素:" + numbers[0]);
        System.out.println("获取第三个元素:" + numbers[2]);
        System.out.println("获取最后一个元素:" + numbers[5]);
    }
}
```

运行结果如图3.1所示。

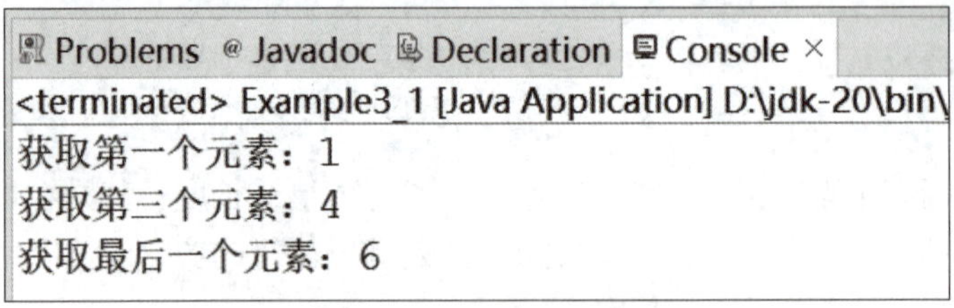

图3.1 例3-1运行结果

访问数组时需要注意，数组是一个容器，存储在数组中的每一个元素都有自己的自动编号，最小值为0，最大值为数组长度 -1，如果要访问数组存储的元素，必须依赖索引。在访问数组元素时，索引值不能超出 0 ~ length -1 的范围，否则，程序会报错。

2. 修改一维数组元素

数组声明后，大小不可以改变，但数组中的元素值是可以发生改变的。在声明一个数组变量和创建一个数组对象以后，可以通过为数组中的元素重新赋值，修改数组中任一元素的

值。具体如下案例所示。

例 3 – 2　修改数组值并输出对应的结果。

参考代码如下：

```
public class Example3_2{
public static void main(String[ ]args){
    //TODO Auto - generated method stub
    //创建一个数组 number,长度为 6
        int[ ]numbers = {1,2,4,8,5,6};
        //为数组中的第 2 个元素重新赋值为 10
        numbers[1] = 10;
        System.out.println("获取第 2 个元素:" + numbers[1]);
    }
}
```

运行结果如图 3.2 所示。

```
📇 Problems  @ Javadoc  📖 Declaration   📋 Console ×
<terminated> Example3_2 [Java Application] D:\jdk-20\bin
获取第2个元素：10
```

图 3.2　例 3 – 2 运行结果

3. 遍历一维数组

在操作数组时，经常需要依次访问数组中的所有元素，这种操作称为数组的遍历。在遍历数组时，使用 for 循环语句会更加简单。下面通过案例演示通过 for 循环语句遍历一维数组。

例 3 – 3　通过 for 循环语句遍历 numbers 数组中的全部元素，并将元素的值输出。

参考代码如下：

```
public class Example3_3{

public static void main(String[ ]args){
    //TODO Auto - generated method stub
    //创建一个数组 number,长度为 6
    int[ ]numbers = {1,2,4,8,5,6};
    //for 循环遍历数组
    for(int i = 0;i < numbers.length;i + + ){
        System.out.println("第" + (i + 1) + "个元素的值是:" + numbers[i]);
    }
  }
 }
```

运行结果如图 3.3 所示。

```
Problems  Javadoc  Declaration  Console ×
<terminated> Example3_3 [Java Application] D:\jdk-20\bin\javaw.ex
第1个元素的值是：1
第2个元素的值是：2
第3个元素的值是：4
第4个元素的值是：8
第5个元素的值是：5
第6个元素的值是：6
```

图 3.3　例 3 - 3 运行结果

例 3 - 4　编写程序，实现数组的反转。

参考代码如下：

```java
public class Example3_4{
public static void main(String[]args){
    //TODO Auto - generated method stub
    //创建数组 arr,反向输出数组的值
    int[]arr = new int[]{1,2,3,4,5,6,7,8,9};
    System.out.print("原始数组值为:");
for(int i = 0;i < arr.length;i ++){
        System.out.print(arr[i] + "\t");
    }
    System.out.println();
for(int i = 0;i < arr.length;i ++){
if(i < arr.length - 1 - i){
int a = arr[i];
arr[i] = arr[arr.length - 1 - i];
arr[arr.length - 1 - i] = a;
        }
    }
    System.out.print("反转数组值为:");
for(int i = 0;i < arr.length;i ++){
        System.out.print(arr[i] + "\t");
    }
}
}
```

运行结果如图 3.4 所示。

Problems Javadoc Declaration Console ×								
<terminated> Example3_4 [Java Application] D:\jdk-20\bin\javaw.exe (2023年5月14日 17:06:36 – 17:06:36) [pid: 6220]								
原始数组值为:1	2	3	4	5	6	7	8	9
反转数组值为:9	8	7	6	5	4	3	2	1

图 3.4　例 3 - 4 运行结果

任务3.3　多维数组

数组元素中除了可以是原始的数据类型、对象类型以外，还可以是数组，即数组的元素还是数组。虽然 Java 不支持多维数组，但是可以通过声明数组的数组来实现同样的功能。

3.3.1　声明多维数组

在实际应用中，多维数组中使用最多的是二维数组，本节以二维数组为例来讲解多维数组的声明、创建和使用，其他多维数组与二维数组类似。声明二维数组的语法格式如下：

```
数组类型[][]数组名;
数组类型 数组名[][];
```

数组类型表示二维数组的类型，数组名表示数组名称，第一个中括号表示行，第二个中括号表示列。

例如，分别声明一个 int 型和 float 型二维数组：

```
int[][]weeks;
float score[][];
```

对于二维数组是这样，对于其他多维数组是类似的，例如，声明一个三维数组：

```
int[][][]threeDimension;
```

3.3.2　创建多维数组

创建二维数组的方式与创建一维数组的方式类似，有两种方式。

1. 使用 new 运算符

在 Java 中，数组是引用对象，可以使用 new 运算符直接创建一个数组对象。创建二维数组语法格式如下：

```
数据类型[][]数组名 = new 数据类型[行的个数][列的个数];
int[][]xx = new int[3][5];
```

此代码相当于定义了一个 3×5 的二维数组，即 3 行 5 列的二维数组，如图 3.5 所示。

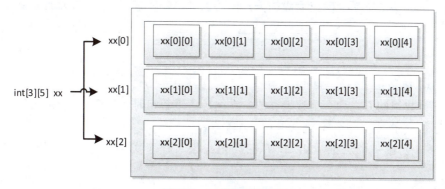

图 3.5　二维数组示意图

2. 直接初始化数组元素

在创建数组时，直接将值赋给数组，即直接将元素值放在方括号中，同时，完成数组的创建和初始化数组。语法格式如下：

```
数据类型[][]数组名 = {{第0行初始值},{第1行初始值},…,{第n行初始值}};
int[][]scores = {{67,56},{78,80},{90,87}};
```

使用这种方式创建二维数组，数组中每一行的长度可以不同，因为将二维数组看成元素为一维数组的一维数组，所以元素一维数组的长度可以不同。

3.3.3 多维数组常见操作方法

1. 访问二维数组元素

访问二维数组元素，指的是读取二维数组中指定位置的元素，要访问二维数组元素，需要使用数组的名字，后面跟两个中括号代表下标，第一个下标为行下标，第二个下标为列下标。

例 3-5 定义二维数组 score，存储 4 个学生的语文、数学、英语成绩，并输出第 2 个学生的数学成绩和第 3 个学生的语文成绩。

参考代码如下：

```
public class Example3_5{
public static void main(String[]args){
    //TODO Auto-generated method stub
    //创建二维数组score,成绩依次为语文、数学、英语
    double[][]score = {{78,80,90},{60,70,76},{80,90,78},{90,92,89}};
    System.out.println("第2个学生的数学成绩为:" + score[1][1]);
    System.out.println("第3个学生的语文成绩为:" + score[2][0]);
}
}
```

运行结果如图 3.6 所示。

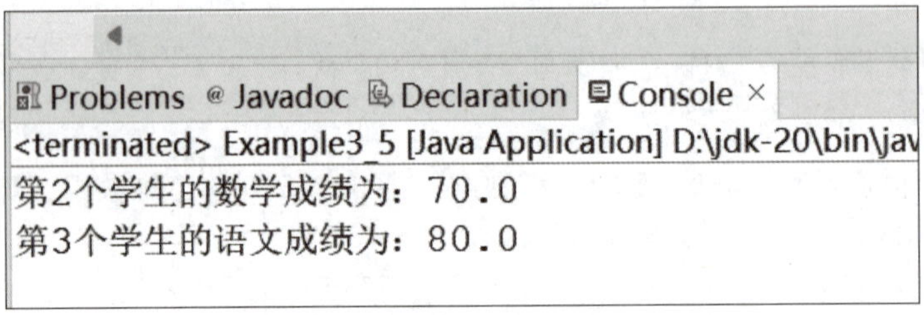

图 3.6 例 3-5 运行结果

2. 遍历二维数组

遍历二维数组的方式和一维数组类似。在遍历二维数组时，使用双重 for 循环进行处理。下面通过案例演示通过 for 循环语句遍历二维数组。

例 3-6 创建一个二维数组 arr 并赋初值，编写程序实现数组中元素的求和并输出结果。

参考代码如下：

```
public class Example3_6{
public static void main(String[]args){
    //TODO Auto-generated method stub
    //创建二维数组 num
    int[][]num=new int[][]{{1,2,3,4,5},{1,2,3,5},{8,9,7}};
        int sum=0;
        for(int i=0;i<num.length;i++){
            for(int j=0;j<num[i].length;j++){
                sum=num[i][j]+sum;
            }
        }
        System.out.println("sum="+sum);
    }
}
```

运行结果如图 3.7 所示。

例 3-7　定义一个一维数组来存储 10 个学生名字，定义一个二维数组来存储这 10 个学生的 6 门课程的成绩。实现对学生成绩的查询与统计。

参考代码如下：

```
Problems  @ Javadoc  Declaration  Console ×
<terminated> Example3_6 [Java Application] D:\jdk-20\bi
sum=50
```

图 3.7　例 3-6 运行结果

```
import java.util.Scanner;
public class Example3_7{
public static void main(String[]args){
//TODO Auto-generated method stub
Scanner input=new Scanner(System.in);
String[]name={"lily","tom","jack","susan","wendy","tommy","neil","paul","
richie","roger"};//存储学生的名字
    int[][]grade={{80,60,70,80,90,90},{60,90,80,60,40,70},{60,80,70,60,40,90},
{50,60,70,80,90,80},{60,80,70,60,40,90},
    {60,70,80,90,70,70},{60,80,70,60,40,90},{60,80,70,60,40,90},{70,80,90,70,70,
70},{60,80,70,60,40,90}};//存储学生各科成绩
System.out.println("输入要查询成绩的学生名字:");
String chioce=input.nextLine();
for(int i=0;i<10;i++){
    if(name[i].equals(chioce)){
        System.out.println("学生:"+name[i]+" 的成绩如下:");
        System.out.println("C 程序设计:"+grade[i][0]+" Java:"
    +grade[i][1]+"英语:"+grade[i][2]+"Python:"+grade[i][3]+"体育:"+grade[i]
[4]+"计算机基础:"+grade[i][5]+"\n");
        break;
    }
```

```
    }
    System. out. println("********************************************
*********** ");
    System. out. println("输入要查询不及格人数的科目序号 \n");
    System. out. println("1. C 程序设计 2. Java 3. 英语 4. Python 5. 体育 6. 计算机基础 ");
    int ch = input. nextInt();
    int time = 0;
    System. out. println("不及格的名单为:");
    for(int i = 0; i < 10; i ++){
if(grade[i][ch - 1] < 60){
    time ++;
    switch(i){
        case 0: System. out. println(name[i]); break;
        case 1: System. out. println(name[i]); break;
        case 2: System. out. println(name[i]); break;
        case 3: System. out. println(name[i]); break;
        case 4: System. out. println(name[i]); break;
        case 5: System. out. println(name[i]); break;
        case 6: System. out. println(name[i]); break;
        case 7: System. out. println(name[i]); break;
        case 8: System. out. println(name[i]); break;
        case 9: System. out. println(name[i]); break;
    }
}
    }
    System. out. println("该科目不及格人数为:" + time);
    }
    }
```

运行结果如图 3.8 所示。

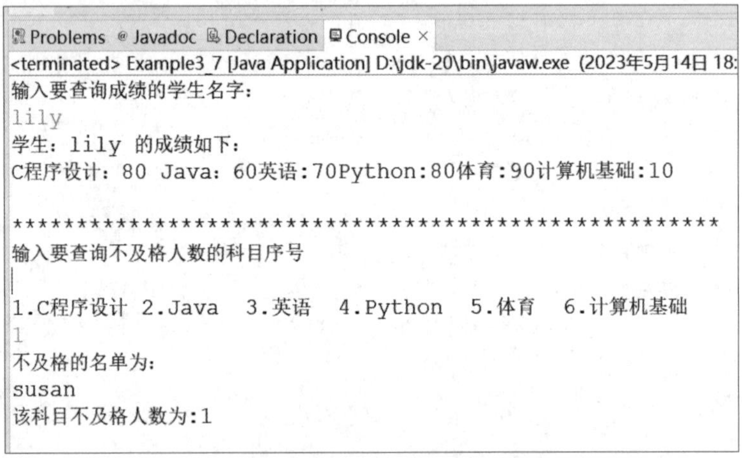

图 3.8 例 3 - 7 运行结果

任务 3.4 案例：飞机座位值机——文明守序

3.4.1 案例背景

2014 年 5 月 23 日，习近平总书记在中国商飞考察，登上 C919 大型客机展示样机，详细了解有关设计情况。"我们要做一个强国，就一定要把装备制造业搞上去，把大飞机搞上去，起带动作用、标志性作用。"总书记对闻讯赶来的科研人员、试飞员说，"我寄希望于你们。中国大飞机事业万里长征走了又一步，我们一定要有自己的大飞机！"

2015 年 11 月 2 日，我国自主研制的 C919 大型客机在中国商飞公司总装下线。习近平总书记作出重要指示，向广大参研单位和人员表示热烈的祝贺。希望大家继续弘扬航空报国精神，坚持安全第一、质量第一，脚踏实地、精益求精，扎实做好首飞前的准备工作，为进一步提升我国装备制造能力、使自己的大飞机早日翱翔蓝天再作新贡献。

2018 年 11 月 5 日，在首届中国国际进口博览会开幕式后，习近平主席和与会外方领导人员共同巡馆。在中国馆创新发展单元，中国自主研制的 C919 型飞机引起各国领导人的浓厚兴趣。驻足、体验、互动、交流，内容丰富的展览让各国领导人流连忘返，巡馆时间远远超出原定计划。

2022 年 9 月 30 日，习近平总书记在北京人民大会堂会见 C919 大型客机项目团队代表并参观项目成果展览，充分肯定 C919 大型客机研制任务取得的阶段性成就。"要聚焦关键核心技术，继续合力攻关。"总书记嘱咐道，"要把安全可靠性放在第一位，消除一切安全隐患。大飞机事业一定要办好！"

C919 大型客机是我国首次按照国际通行适航标准自行研制、具有自主知识产权的喷气式干线客机，于 2007 年立项，2017 年首飞，2022 年 9 月完成全部适航审定工作后获得中国民用航空局颁发的型号合格证，于 2022 年年底交付首架飞机。

C919 大型客机研制成功，获得型号合格证，标志着我国具备自主研制世界一流大型客机能力，是我国大飞机事业发展的重要里程碑。

3.4.2 案例任务

国内客票的舱位等级主要分为头等舱（舱位代码为 F）、公务舱（舱位代码为 C）、经济舱（舱位代码为 Y）；折扣舱里面又分不同的座位等级（舱位代码为 B、K、H、L、M、Q、X、E 不等，这种代码每个航空公司的标识都不相同，价格也不一样），折扣舱依次往下排列，这些价格虽然都属于经济舱，但是低舱位的价格享受的服务和高舱位的不大一样，最明显的就是提前预订机上座位与餐食服务（意思就是即使是提前预订好了座位与餐食，也有可能在机上遇到不能实现的状况）。此外，价格特别低的舱位不能退票。

案例任务：根据自身的需要，购买机票，并完成飞机座位值机，即在登机前完成座位的选择。

3.4.3 案例实现

创建 Zj 类，通过二维数组存放飞机座位所在的排和列数，使用 for 循环语句找到选择的位置，在对应位置显示选择该位置的名字。假设此趟飞机舱位为公务舱、经济舱和超级经济舱，其中，公务舱为第 1~5 排，超级经济舱为第 6~9 排，经济舱为第 10~36 排，每排共有 6 个座位，每排第一个位置和最后一个位置为靠窗位置。案例代码如下：

```java
import java.util.Scanner;
public class Zj{
    public static void main(String[]args){
    //TODO Auto-generated method stub
    Scanner sc = new Scanner(System.in);
    System.out.println("********* 飞机座位值机********* ");
    String[][]wz = new String[36][6];
    System.out.println("您购买的机票是公务舱、经济舱还是超级经济舱,请输入对应的
序号:");
    System.out.println("1. 公务舱 2. 经济舱 3. 超级经济舱 ");
    int num = sc.nextInt();
    System.out.println("请选择您的位置,公务舱在 1~5 排,超级经济舱在 6~9 排,经济舱在
10~36 排,每排共有 6 个座位,其中第一个位置和最后一个位置为靠窗位置");
    System.out.println("您想选第几排?");
    int i = sc.nextInt();
    System.out.println("您想选第几个位置?");
    int j = sc.nextInt();
    wz[i-1][j-1] = "小明";
    System.out.println("您所选择的位置为:");
    for(int m = 0;m < wz.length;m ++){
    for(int n = 0;n < wz[m].length;n ++){
    System.out.print(wz[m][n] + "\t");
    }
    System.out.println();
    }
    }
    }
```

运行结果如图 3.9 所示。

练习题

1. 编写一个 Java 程序，使用数组存放录入的 5 件商品价格，然后使用下标访问第 3 个元素的值。

2. 编写一个 Applet 程序，使用一维数组进行冒泡法排序。冒泡法排序（从小到大）：冒泡法排序对相邻的两个元素进行比较，并把小的元素交换到前面。

3. 采用二维数组打印出杨辉三角形。

4. 公司季度营业额求和。某公司按照季度和月份统计的数据如下：单位（万元）第一季度：22、66、44，第二季度：77、33、88，第三季度：25、45、65，第四季度：11、66、99。

```
🔲 Problems  @ Javadoc  🔖 Declaration  💬 Console  ✕
<terminated> Zj [Java Application] D:\jdk-20\bin\javaw.exe (2023年5月15日 01:50:24 - 01:50
*********飞机座位值机*********
您购买的机票是公务舱、经济舱还是超级经济舱，请输入对应的序号：
1.公务舱  2.经济舱   3.超级经济舱
2
请选择您的位置，公务舱在1~5排，超级经济舱在6~9排，经济舱在10~36排，
每排共有6个座位，其中第一个位置和最后一个位置为靠窗位置
您想选第几排？
13
您想选第几个位置？
4
您所选择的位置为：
null     null     null     null     null     null
null     null     null     null     null     null
null     null     null     null     null     null
null     null     null     null     null     null
null     null     null     null     null     null
null     null     null     null     null     null
null     null     null     null     null     null
null     null     null     null     null     null
null     null     null     null     null     null
null     null     null     null     null     null
null     null     null     null     null     null
null     null     null     null     null     null
null     null     null     小明     null     null
null     null     null     null     null     null
null     null     null     null     null     null
null     null     null     null     null     null
null     null     null     null     null     null
null     null     null     null     null     null
```

图3.9　飞机值机运行结果

5. 编写一个 Applet 程序，使用二维数组编写两个矩阵乘法。

6. 编写一个 Applet 程序，练习数组的综合应用实现 Fibonacci 数列。

Fibonacci 数列的定义为：$F1 = F2 = 1$，$Fn = Fn - 1 + Fn - 2 (n \geqslant 3)$。

7. 编写程序，对数组元素进行查询，如果找到，返回数组元素的位置。

第二部分　面向对象

项目四

面向对象程序设计

任务4.1 面向对象

4.1.1 面向对象的定义

面向对象编程（Object Oriented Programming，OOP）是一种创建计算机程序的方法，是新一代的程序开发模式。面向对象，顾名思义，就是把现实中的事务都抽象成程序设计中的"对象"，其基本思想是一切皆对象，是一种"自下而上"的设计语言，先设计组件，再完成拼装。在面向对象的世界中，并不需要考虑数据结构和功能函数，只需要关注对象就可以了。

4.1.2 面向对象的特点

面向对象和面向过程是程序编程中经常用到的两种思想，面向过程是提出解决问题的具体步骤，然后依次实现解决问题的每一步骤，使用的时候依次调用即可，注重的是程序执行的过程。面向对象是把构成问题的事务分解为各个独立的对象，然后通过调用对象的方法来解决问题，注重的是程序执行的结果。一个应用程序会包含多个对象，通过多个对象的相互配合来实现应用程序的功能，这样当程序功能发生改变时，只需要修改个别的对象就可以了，从而使代码更容易维护。Java 语言是一种面向对象语言，面向对象的特点主要有封装性、继承性和多态性。

1. 封装性

封装是面向对象的核心思想，一是将对象的属性和方法看成一个整体，将两者封装在一起，即封装在对象中，用户知道并使用对象提供的属性和方法，但不知道具体实现的过程；二是将"信息隐藏"，即将不想让外界知道的信息隐藏起来。

封装性一定程度上降低了程序各部分之间的依赖性，降低了程序的复杂性，由于隐藏了其内部信息的细节，使数据不容易被破坏，有一定的安全性。

2. 继承性

继承性主要是在已有类的基础上拓展出一个新的类，实现已有类的复用，即子类继承父类，子类获得父类拥有的属性和方法，同时，子类可以在父类基础上创建其特有的属性和方法。例如，有一个汽车类，该类描述了汽车的普通特性和功能，要想对某一特定的小汽车进行描述，则产生了小汽车类。若需要在普通汽车的特性和功能基础上增加新的功能，就可以让小汽车类继承汽车类，在小汽车类中单独添加小汽车的特性和方法就可以了。继承不仅增强了代码的复用性，提高了开发效率，还大大减少了程序错误的产生，为程序的维护和扩展提供了便利。

3. 多态性

多态性是指在父类中定义的属性和方法被子类继承之后，可以具有不同的数据类型或表现出不同的行为，这使得同一属性或方法在父类及各个子类中具有不同的语义，即一个类中不同的方法具有相同的名字。Java 通过方法重载和方法覆盖实现多态性。方法重载是指多个方法具有相同的名字，但参数个数或类型不同，调用重载方法时，根据传递的参数个数和类型决定调用哪一种方法；方法覆盖指在继承过程中，子类重修定义父类的方法，实现子类中所需的功能。多态性使程序具有良好的可扩展性，使程序更易于编写维护、易于理解。

任务 4.2　类与对象

在面向对象中，类与对象是整个面向对象中最基础的组成单元。不同的物体可能具有相同的特征，例如两只猫都有猫的特征，两辆汽车都有汽车的特征。类是对某些具有共同特征的实体的集合，它是一种抽象的数据类型，是对具有相同特征实体的抽象。在面向对象的程序设计语言中，类是对一类"事物"的属性与行为的抽象，即对事物进行描述。世界万物皆对象，对象是一个真实世界中的实体，对象与实体是一一对应关系的，意思就是现实世界的每一个实体都是一个对象，所以对象是一个具体的概念。对象是一种个性的表示，表示一个独立的个体，每个对象拥有自己独立的属性，依靠属性来区分不同对象。即是该类事物的实例。

类是一个抽象的概念，不存在于现实中，只是为所有的对象定义了抽象的属性与行为。对象是类的一个具体实现，是实实在在存在的。

4.2.1　类的定义

类是创建对象的模板，对象是类的实例。类只有通过对象才可以使用，而在实际应用开发过程中，需要先创建类，再创建对象，类中包含被创建对象的属性和方法的定义。

1. 类的创建

类是对象的抽象，用于描述一组对象的共同特征和行为。类的定义包含两部分：类声明和类体。

类的定义格式如下：

```
[类的修饰符]class<类名>[extends 父类名][implements 接口列表]{
    <类体>
}
```

类的修饰符：可选，用于指定类的访问权限。主要有 public、abstract 和 final。

类名：必选，用于对类进行命名，严格区分大小写，类名必须严格按照标识符命名规则进行确定，一般要求首字母大写。

extends 父类名：可选，用于指定要定义的类继承于哪个父类。当属于 extends 关键字时，父类名必选。

implements 接口列表：可选，用于指定该类实现的是哪些接口。

类体主要由两部分组成：

（1）成员变量；

（2）成员方法。

成员变量是用于描述对象的特征，也称为对象的属性；成员方法是用于描述对象的行为，可简称为方法。

例 4 - 1 定义一个 Dog 类，成员变量包括品种、大小、颜色和年龄；成员方法包括吃 eat( )、跑 run( )。

参考代码如下：

```java
public class Example4_1{
public class Dog{
    String breed;//品种
    int size;//大小
    String color;//颜色
    int age;//年龄
    public void eat(){
    //定义吃的方法
    System.out.println("小狗最爱吃骨头");
    }
  public void run(){
  System.out.println("小狗跑得很快");
  }
}
    }
```

2. 成员变量和局部变量

1）声明成员变量

Java 中有很多类型的变量，在程序中位置不同，所起的作用也不同。在一个类中定义的变量称为成员变量，也称为字段，具体声明的格式如下：

```
[修饰符][static][final]<变量类型><变量名>;
```

修饰符：可选参数，指定访问控制权限，包括 public、private 和 protected。

static：可选，指定该成员变量为静态变量，可以直接通过类名访问。若省略，则表示该成员变量为实例变量。

final：可选，指定该成员变量为值不会改变的常量。

变量类型：必选，指定成员变量的变量类型。

变量名：必选，指定成员变量的名称，需为合法的 Java 标识符。

例如，在类中声明两个成员变量：

```
public class Dog{
    public String breed;  //声明公共变量 breed
    public static int size;  //声明静态变量 size
    public static void main(String[]args){
        //TODO Auto-generated method stub
        System.out.println(Dog.size);
    }
}
```

注意：类变量和实例变量的区别主要是内存分配的不同，Java 虚拟机只为类变量分配一次内存，而实例变量是每创建一个实例，就为该实例的变量分配一次内存。

2）声明局部变量

定义在方法中的变量称为局部变量，在某一个方法中定义的局部变量名与成员变量名同名是可以的，此时，在方法中通过变量名访问到的是局部变量而不是成员变量，若想使用成员变量，则需要在该变量前加上修饰符 this。声明局部变量的格式如下：

```
final <变量类型> <变量名>；
```

final：可选，指定局部变量为常量。

变量类型：必选，指定局部变量的变量类型。

变量名：必选，指定局部变量的名称，需为合法的 Java 标识符。

例如，在成员方法 eat 中声明两个局部变量。

```
public void eat(){
        //定义吃的方法
        final boolean STATE;  //声明常量 STATE
        int age;      //声明局部变量 age
}
```

3. 成员方法

Java 中类的行为通过成员方法实现。类的成员方法包括方法的声明和方法体，具体格式如下：

```
[修饰符] <方法返回的类型> <方法名>([参数列表]){
    [方法体]
}
```

修饰符：可选，指定访问控制权限，包括 public、private 和其他修饰符。

方法返回的类型：必选，指方法所返回的数据值的数据类型。如果方法无返回值，用 void。

方法名：必选，指定方法的名称，需为合法的 Java 标识符。

参数列表：可选，用于指定方法中所需的参数，当存在多个参数时，用逗号进行分隔；若没有参数，则使用空的圆括号。

方法体：可选，方法体是实现方法的具体部分，包括局部变量的声明和所有合法的 Java 语句。

例 4 - 2　编写一个程序，创建一个 Rectangle 类，计算矩形的周长和面积。

参考代码如下：

```java
public class Rectangle{
double width,height;
public double zhouchang(double w,double h){
    width = w;
    height = h;
    double s = 2*(width + height);
    return s;
}
public double area(double w,double h){
    double s = w* h;
    return s;
}
public static void main(String[]args){
    //TODO Auto - generated method stub
    Rectangle rectangle = new Rectangle();//创建对象
    System.out.println("矩形的周长:" + rectangle.zhouchang(10,20));
    System.out.println("矩形的面积:" + rectangle.area(10,20));

}
}
```

运行结果如图 4.1 所示。

```
🖿 Problems  @ Javadoc  📖 Declaration  🖳 Console ×
<terminated> Rectangle [Java Application] D:\jdk-20\bin\java
矩形的周长: 60.0
矩形的面积: 200.0
```

图 4.1　例 4 - 2 运行结果

4.2.2　对象的创建与使用

1. 对象的创建

对象是类的实例，是一种个性的表示，表示一个独立的个体，每个对象拥有自己独立的属性，依靠属性来区分不同对象。一个类定义完成后，无法直接使用，需要依靠对象才可以使用。类不能直接使用，对象可以直接使用。在 Java 中创建对象的方法有两种，具体如下：

（1）声明并实例化对象。

```
类名称 对象名称 = new 类名称();
```

（2）先声明对象，然后实例化对象。

```
类名称 对象名称 = null;
```

```
对象名称 = new 类名称();
```

例如，下面是一个创建对象的例子：

```java
public class Puppy{
  public Puppy(String name){
      //这个构造器仅有一个参数:name
      System.out.println("小狗的名字是 : " + name);
  }
  public static void main(String[]args){
      //TODO Auto - generated method stub
      //下面的语句将创建一个 Puppy 对象
      Puppy myPuppy = new Puppy("tommy");
  }
}
```

2. 对象的使用

对象一旦创建完成后，就可以通过对象访问成员变量，并改变成员变量的值，而且可以调用成员方法。通过使用运算符 "." 可以完成对成员变量的访问和成员方法的使用。

具体语法格式如下：

```
对象. 成员变量
对象. 成员方法()
```

例 4 - 3   定义一个人类，给这个类定义一个从身份证号获取生日的方法，即输入身份证号，获取到出生年月日。

参考代码如下：

```java
import java.util.* ;
public class Person{
//定义成员变量
    public String name;
    public String sex;
    public int age;
    public String sfz;
    //定义类方法
    public String showBir(String sfz){
        System.out.println("用户的生日是:" + sfz.substring(6,14));
        return sfz;
    }
public static void main(String[]args){
    //TODO Auto - generated method stub
    Person per = new Person();  //实例化对象
        per.name = "Tom";
        System.out.println("请输入身份证号来获取生日");
        Scanner scanner = new Scanner(System.in);
```

```
        String str = scanner.nextLine();
        per.showBir(str);


    }
}
```

运行结果如图4.2所示。

图4.2 例4-3运行结果

任务4.3 构造方法

4.3.1 构造方法的定义

构造方法是指在类实例化过程中自动执行的方法，不需要手动调用。构造方法用于对对象中的所有成员变量进行初始化。

构造方法是一种特殊的方法，每个类都有构造方法。如果没有显式地为类定义构造方法，Java编译器将会为该类提供一个默认的构造方法。构造方法的名称必须与类的名称相同，并且没有返回值。

```
public class Dog{
    public Dog(){}//默认无参构造方法
    public Dog(String name,int age){//定义有参构造方法
    //类主体
    }
}
```

例4-4 定义一个员工类Employee，包含两个构造方法。
参考代码如下：
（1）创建员工类Employee。

```
public class Employee{
public String name;     //姓名
    private int age;     //年龄
    //定义带有一个参数的构造方法
    public Employee(String name){
```

```
        this. name = name;
    }
    //定义带有两个参数的构造方法
    public Employee(String name, int age){
        this. name = name;
        this. age = age;
    }
    public String toString(){
        return "大家好！我是新来的员工,我叫" + name + ",今年" + age + "岁。";
    }
}
```

（2）实例化对象，对对象中的属性进行初始化。

```
public class Example4_4{
public static void main(String[]args){
    //TODO Auto - generated method stub
    System. out. println(" ----------带有一个参数的构造方法----------- ");
        //调用带有一个参数的构造方法
        Employee employee1 = new Employee("李华");
        System. out. println(employee1);
        System. out. println(" ---------- 带有两个参数的构造方法------------ ");
        //调用带有两个参数的构造方法
        Employee employee2 = new Employee("王梅",25);
        System. out. println(employee2);
    }
}
```

运行结果如图 4.3 所示。

```
Problems  @ Javadoc  Declaration  Console ×
<terminated> Example4_4 [Java Application] D:\jdk-20\bin\javaw.exe
-----------带有一个参数的构造方法------------
大家好！我是新来的员工，我叫李华，今年0岁。
-----------带有两个参数的构造方法------------
大家好！我是新来的员工，我叫王梅，今年25岁。
```

图 4.3　例 4-4 运行结果

4.3.2　构造方法重载

与普通方法一样，构造方法也可以进行重载，即在一个类中可以定义多个构造方法，只要每个构造方法的参数或参数个数不同即可。

例 4-5　定义一个 Student 类，对构造方法进行重载。

参考代码如下:

(1) 定义 Student 类, 实现构造方法重载。

```java
public class Student{
private String name;
private int age;

public Student(){
    System.out.println("这是默认的构造方法");
}
//构造方法重载
public Student(String name){
    this.name = name;
}
public Student(int age){
    this.age = age;
}
public Student(String name,int age){
    this.age = age;
    this.name = name;
}
public void show(){
    System.out.println("name: " + name + " ---- age: " + age);
}

}
```

(2) 定义 Example4_5 类, 使用构造方法。

```java
public class Example4_5{

public static void main(String[]args){
    //TODO Auto-generated method stub
        Student s1 = new Student();
    Student s2 = new Student("王强");
    s2.show();
    Student s3 = new Student(18);
    s3.show();
    Student s4 = new Student("王强",18);
    s4.show();
    }

}
```

运行结果如图 4.4 所示。

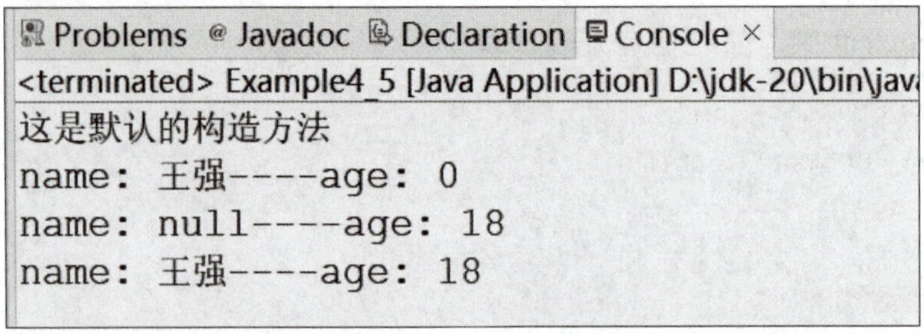

图4.4　例4-5运行结果

任务4.4　匿名对象

匿名对象是指没有名字的对象，是在创建一个对象时，只有创建的语句，没有将其地址赋给某个变量。

例如：

```
//将 new 出的 Dog 赋给了 dog 变量
Dog dog = new Dog();
//创建一个匿名对象:
new Dog();  //没有赋给某个变量
```

匿名对象作为对象，也具有普通对象所有的功能，但每一次使用匿名对象，都是 new 出的新对象，即每一次调用都是新分配的地址空间，都是默认初始值。匿名对象执行完毕后，由于没有其他引用，会被 Java 的垃圾回收机制判断为垃圾，进行自动回收。

例4-6　匿名对象示例。

参考代码如下：

```java
public class Persons{
public String name;//姓名
    public int age;//年龄
    //定义构造方法,为属性初始化
    public Persons(String name,int age){
        this. name = name;
        this. age = age;
    }
    //获取信息的方法
    public void tell(){
        System. out. println("姓名:" + name + ",年龄:" + age);
    }
public static void main(String[ ]args){
    //TODO Auto - generated method stub
    new Persons("张三",18). tell();//匿名对象
```

```
    }
}
```

运行结果为：

姓名：张三，年龄：18

任务4.5　包

在编写 Java 程序时，随着程序架构越来越大，类的个数也越来越多，这时就会发现管理程序中维护类名称也是一件很麻烦的事，尤其是一些同名问题的产生。有时，开发人员还可能需要将处理同一方面的问题的类放在同一个目录下，以便于管理。为了解决上述问题，Java 引入了包（package）机制，提供了类的多层命名空间，用于解决类的命名冲突、类文件管理等问题。

4.5.1　声明包

Java 中使用 package 语句定义包，package 语句应该放在源文件的第一行，在每个源文件中只能有一个包定义语句，并且 package 语句适用于所有类型（类、接口、枚举和注释）的文件。定义包语法格式如下：

```
package 包名;
```

Java 包的命名规则如下：

（1）包名全部为小写字母（多个单词也全部小写）。

（2）如果包名包含多个层次，每个层次用“.”分割。

（3）包名一般由倒置的域名开头，比如 com. baidu，不要有 www。

（4）自定义包不能以 java 开头。

注意：如果在源文件中没有定义包，那么类、接口、枚举和注释类型文件将会被放进一个无名的包中，也称为默认包。在实际企业开发中，通常不会把类定义在默认包下。

例如，声明一个名为 cn. cast. test 的包，代码如下：

```
package cn. cast. test;
```

4.5.2　导入包

为了简化编程，Java 可通过 import 关键字向某个 Java 文件中导入指定包层次下的某个类或全部类。import 声明需要放在源文件第一个类声明之前、包声明之后。一个 Java 源文件只能包含一个包语句，但可以包含多个 import 语句。

使用 import 导入单个类的语法格式如下：

```
import 包名 + 类名;
```

例如，导入日期类，具体如下：

```
import java. sql. Date;
```

同时，可以使用通配符导入一个包的所有类：

```
import java.util.*;
```

任务 4.6 权限访问控制符

针对 Java 中的类、成员变量和方法提供了 4 种权限访问控制符，主要用于控制其他类是否可以访问某一类中的属性或方法，从而实现数据的封装，主要为 public、private、protected 和 default。

1. public（公共）

public，具有公共访问权限。如果类中的属性或方法被 public 修饰，则此类中的属性或方法可以被任何类调用。

2. private（私有）

private，当类中的属性或方法被 private 修饰时，表示此成员或方法只能被自己类中的方法使用，而不能被外部类或对象直接使用。

3. protected（受保护）

protected，具有子类访问权限。如果类中属性或方法被 protected 修饰符修饰，则此类中属性或方法可以被同一包下的类使用，也可以被不同包下的子类使用，但不能被不同包下的其他类使用。

4. default（默认的）

default，具有包访问权限，如果类中属性或方法不使用 public、protected、private 修饰符修饰，则说明其具有包访问权限。具有包访问权限的属性或方法既可以被自己类中的方法使用，也可以被同一包下的其他类使用，但不能被其他包中的类使用。访问控制权限见表 4.1。

表 4.1 访问控制权限

访问范围	public	private	protected	default
同一类中	√	√	√	√
同一包中的类		√	√	√
不同包的子类			√	√
全局范围				√

任务 4.7 继　承

4.7.1 继承的概念

继承是面向对象最显著的一个特性，它是从已有的类（父类）中派生出新的类（子类），新的类能吸收已有类的属性和行为，并能扩展新的能力。Java 继承是使用已存在的类的定义作为基础建立新类的技术，新类的定义可以增加新的数据或新的功能，也可以使用父类的功能，但不能选择性地继承父类，即子类继承父类的属性和方法，使得子类对象具有父类的特征和行为。继承可以使得复用以前的代码非常容易，能够大大缩短开发周期，降低开发费用。比如，可以先定义一个类——车，车有以下属性：车体大小，颜色，转向盘，轮胎，而又由车这个类派生出轿车和卡车两个类，为轿车添加一个小后备厢，而为卡车添加一个大货箱。

继承需要使用关键字 extends，继承定义的语法格式如下：

```
[修饰符]class 子类名 extends 父类名{
    …
}
```

例如：

```
public class Student extends Person{}
```

在类的继承中，需要注意一些问题：

①在 Java 中，继承只支持单继承。

②多个类可以继承一个父类，也可以多层继承，即一个类的父类可以再继承另外的父类。

例 4-7　定义一个动物类 Animal 和子类 Dog。

（1）创建动物类 Animal，在该类中包含成员变量、成员方法和构造方法。

```
public class Animal{
private String name;
private int month;
private String species;
//初始化属性值
public Animal(){

}
//定义方法
public String getName()
{
    return name;
}
public int getMonth()
{
    return month;
}
public String getSpecies()
{
    return species;
}
```

```
//有参数构造函数方法
public void setName(String name)
{
    this. name = name;
}
public void setMonth(int month)
{
    this. month = month;
}
public void setSpecies(String species)
{
    this. species = species;
}
public void eat(){
    System. out. println("它在吃东西");
}
public void month(){
    System. out. println("它" + this. getMonth() + "个月大了");
}
}
```

（2）创建子类 Dog 类，在该类中定义属于 Dog 类的特有属性和方法，同时覆盖成员方法 eat()。

```
public class Dog extends Animal{
private double weight;/* 定义属于 Dog 类的特有属性,即除了可以继承父类中含有的属性外,还
可以定义专属于 Dog 的属性*/
private String tile;
public Dog(){

}
//定义得到和设置 weight 的方法
public double getWeight()
{
    return weight;
}
public void setWeight(double weight)
{
    this. weight = weight;
}
//定义得到和设置 tile 的方法
public String getTile()
{
    return tile;
```

```java
    }
    public void setTile(String tile)
    {
        this.tile = tile;
    }
    //覆盖eat()方法
    public void eat(){
        System.out.println("小狗在啃骨头");
    }
    //定义尾巴形状的方法
    public void tile(){
        System.out.println("它尾巴的形状是:" + getTile());
    }
    public void species(){
        System.out.println(this.getName() + "是一只" + getSpecies());
    }
    public void weight(){
        System.out.println("它有足足" + getWeight() + "kg重");
        //System.out.println("它有足足" + weight + "kg重");
    }
}
```

（3）创建名称为 Example4_7 的类，在该类的 main（）方法中创建子类 Dog 的对象并对该对象分配内存，然后对象调用该类的成员方法和成员变量。

```java
public class Example4_7{
public static void main(String[]args){
    //TODO Auto - generated method stub
        Dogs two = new Dog();//定义一只狗

    //给方法赋值
    two.setName("哈士奇");
    two.setSpecies("傻狗");
    two.setWeight(12);
    two.setTile("毛绒状");
    two.setMonth(12);

    //输出方法
    two.species();
    two.eat();
    two.month();
    two.tile();
    two.weight();
```

```
}
}
```

运行结果如图4.5所示。

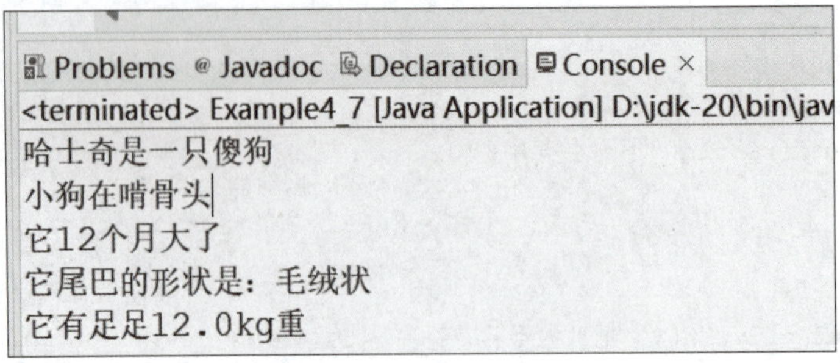

图4.5　例4-7运行结果

4.7.2　初始化基类

继承并不仅仅是类的复用，当创建了一个派生类的对象时，该类包含了一个基类的子对象。这个基类子对象和用基类直接创建的对象是一样的。二者的区别在于，后者来自外部，而基类的子对象来自派生类对象的内部。对基类的子对象初始化是至关重要的，而且只有一种方法来保证这一点，那就是在派生类的构造器中调用基类的构造器，而基类的构造器具有执行基类初始化所需的所有能力和知识。

例4-8　子类构造器 Example4_8 调用基类的构造器 A 来初始化基类。

参考代码如下：

```java
class A{
private int i;
A(){
  System.out.println("invoke A constructor,i = " + i);
}
}
class B extends A{
private String s;
B(){
    System.out.println("invoke B constructor,s = " + s);
  }
}
public class Example4_8 extends B{
    public Example4_8(){
    System.out.println("invoke C constructor");
    }
    public static void main(String[]args){
    //TODO Auto-generated method stub
```

```
    new Example4_8();
    }

}
```

运行结果如图4.6所示。

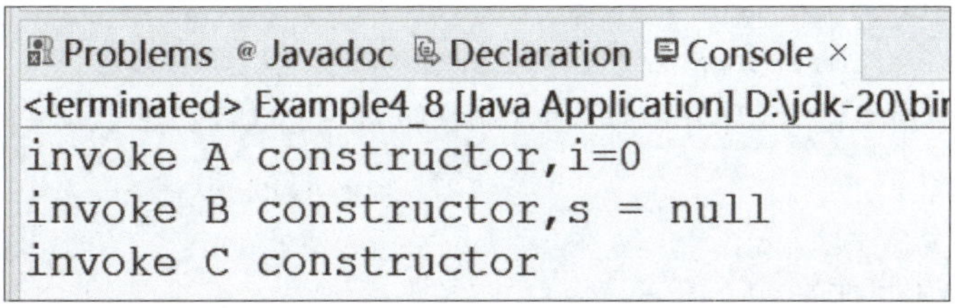

图4.6 例4-8运行结果

4.7.3 方法的重写

在继承关系中,子类继承了父类的属性和方法后,有时子类需要根据实际情况对继承的方法进行修改,即对方法进行重写。子类重写(或覆盖)父类的方法时,需保持和父类一致的方法名、参数列表和返回值,同时,子类重写的方法不能比父类中被重写的方法拥有更严格的访问权限,父类的静态方法不能被子类重写为非静态的方法。

例4-9 每种动物都有名字和年龄属性,但是喜欢吃的食物是不同的,比如狗喜欢吃骨头、猫喜欢吃鱼等,因此,每种动物的介绍方式是不一样的。编写程序,在父类 Animal 中定义 getInfo() 方法,并在子类 Cat 中重写该方法,实现猫的介绍方式。

(1)父类 Animal 的代码如下:

```java
public class Animal{
public String name;//名字
    public int age;//年龄
    public Animal(String name,int age){
        this.name = name;
        this.age = age;
    }
    public String getInfo(){
        return"我叫" + name + ",今年" + age + "岁了。";
    }
}
```

(2)子类 Cat 类的代码如下:

```java
public class Cat extends Animal{
private String hobby;
    public Cat(String name,int age,String hobby){
        super(name,age);
        this.hobby = hobby;
```

```
    }
    public String getInfo(){
        return "喵！大家好！我叫" + this. name + ",我今年" + this. age + "岁了,我爱吃" +
hobby + "。";
    }

    public static void main(String[]args){
        Animals animal = new Cat("小花",1,"鱼");
        System. out. println(animal. getInfo());
    }
}
```

运行结果如图 4.7 所示。

```
🗏 Problems  @ Javadoc  🗏 Declaration  🖳 Console  ×
<terminated> Cat [Java Application] D:\jdk-20\bin\javaw.exe
喵！大家好！我叫小花，我今年1岁了，我爱吃鱼。
```

图 4.7　例 4 - 9 运行结果

4.7.4　super 关键字

当子类重写父类的方法后，方法名、参数列表和返回值一致，子类的方法会覆盖父类的方法，导致子类对象无法访问父类被重写的方法。为解决这一问题，Java 提供了 super 关键字。

（1）super 关键字可以调用父类的构造方法。

例 4 - 10　声明父类 Person，类中定义两个构造方法。子类 Teacher 继承 Person 类，使用 super 语句定义 Teacher 类中的构造方法。

①创建父类 Person，代码如下：

```
public class Person{
public Person(String name,int age){
    }
    public Person(String name,int age,String sex){
    }
}
```

②创建子类 Teacher，代码如下：

```
public class Teacher extends Person{
public Teacher(String name,int age,String birth){
        super(name,age);//调用父类中含有 2 个参数的构造方法
    }
    public Teacher(String name,int age,String sex,String birth){
        super(name,age,sex);//调用父类中含有 3 个参数的构造方法
```

```
        }
    }
```

（2）可以访问父类的成员变量和成员方法。当子类的成员变量或方法与父类同名时，可以使用 super 关键字来访问。如果子类重写了父类的某一个方法，即子类和父类有相同的方法定义，但是有不同的方法体，此时，可以通过 super 来调用父类里面的这个方法。

例 4 −11　super 调用成员属性。

参考代码如下：

```
class Person{
    int age = 35;
}
class Teacher extends Person{
    int age = 28;
    void display(){
        System.out.println("老师年龄:" + super.age);
    }
}
public class Example4_11{

    public static void main(String[]args){
        //TODO Auto - generated method stub
        Teacher teacher = new Teacher();
        teacher.display();
    }

}
```

运行结果如图 4.8 所示。

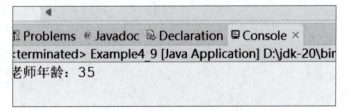

图 4.8　例 4 −11 运行结果

任务 4.8　重　载

在 Java 中，重载是面向对象的一个基本特性。同一个类中的多个方法可以有相同的方法名称，但是有不同的参数列表，这就称为方法重载（method overloading）。重载的特点是只看参数列表，和返回值类型无关。

例 4 -12   在比较数值时，数值的个数和类型是不固定的，可能是两个 int 类型的数值，也可能是两个 double 类型的数值，或者是两个 double 类型、一个 int 类型的数值，在这种情况下，就可以使用方法的重载来实现数值之间的比较功能。

参考代码如下：

```java
public class Example4_12{
public void max(int a,int b){
        //含有两个 int 类型参数的方法
        System.out.println(a>b? a : b);
    }
    public void max(double a,double b){
        //含有两个 double 类型参数的方法
        System.out.println(a>b? a : b);
    }
    public void max(double a,double b,int c){
        //含有两个 double 类型参数和一个 int 类型参数的方法
        double max =(double)(a>b? a : b);
        System.out.println(c>max? c : max);
    }
public static void main(String[]args){
    //TODO Auto-generated method stub
    Example4_12 e_12 =new Example4_12();
        System.out.println("3 与 8 比较,较大的是:");
        e_12.max(3,8);
        System.out.println("3.321 与 2.7 比较,较大的是:");
        e_12.max(3.321,2.7);
        System.out.println("2.3、0.1、58 中,较大的是:");
        e_12.max(2.3,0.1,58);
}

}
```

运行结果如图4.9所示。

```
Problems  @ Javadoc  Declaration  Console ×
<terminated> Example4_12 [Java Application] D:\jdk-20
3 与 8 比较, 较大的是:
8
3.321 与 2.7 比较, 较大的是:
3.321
2.3、0.1、58 中, 较大的是:
58
```

图4.9 例4 -12 运行结果

任务4.9　转　　型

Java 转型主要用于继承和接口实现的场景。Java 转型可分为向上转型和向下转型，向上转型是通过子类对象实例化父类对象，属于自动转换；向下转型是通过父类对象实例化子类对象，属于强制转换。对象类型的转换格式如下：

父类类型 父类对象 = 子类实例；
父类类型 父类对象 = 子类实例；
子类类型 子类对象 = (子类)父类对象；

例 4-13　向下转型示例。

参考代码如下：

```java
public class Animal{
public String name = "Animal:动物";
    public static String staticName = "Animal:可爱的动物";
    public void eat(){
        System.out.println("Animal:吃饭");
    }
    public static void staticEat(){
        System.out.println("Animal:动物在吃饭");
    }
}
public class Example4_13 extends Animal{
public String name = "Cat:猫";
public String str = "Cat:可爱的小猫";
public static String staticName = "Dog:我是喵星人";
public void eat(){
        System.out.println("Cat:吃饭");
    }
    public static void staticEat(){
        System.out.println("Cat:猫在吃饭");
    }
public void eatMethod(){
        System.out.println("Cat:猫喜欢吃鱼");
    }
public static void main(String[]args){
    //TODO Auto-generated method stub
    Animal animal = new Example4_13();
    Example4_13 cat = (Example4_13)animal;//向下转型
        System.out.println(animal.name);//输出 Animal 类的 name 变量
        System.out.println(animal.staticName);//输出 Animal 类的 staticName 变量
```

```
            animal.eat();//输出 Cat 类的 eat()方法
            animal.staticEat();//输出 Animal 类的 staticEat()方法
            System.out.println(cat.str);//调用 Cat 类的 str 变量
            cat.eatMethod();//调用 Cat 类的 eatMethod()方法
    }

    }
```

运行结果如图 4.10 所示。

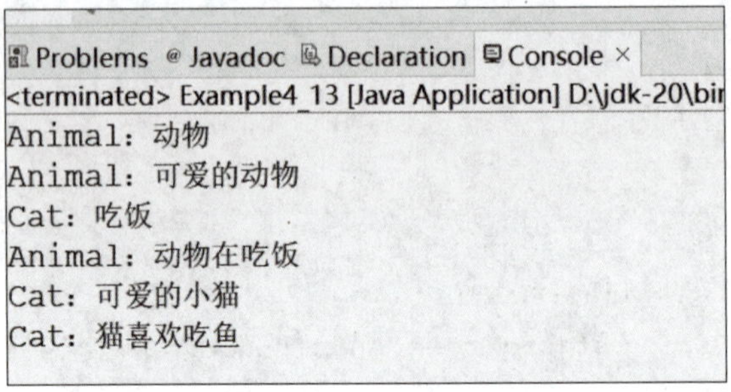

图 4.10　例 4 –13 运行结果

需要注意，向上转型对象不能操作子类新增的成员属性和方法，可以操作子类继承或隐藏的成员变量；向下转型前，必须发生对象向上转型，否则，将出现对象转换异常。

instanceof 关键字可以判断一个引用变量所指向的对象是否属于某个类，语法格式如下：

```
对象 instanceof 类(或接口)
```

其中，如果对象是指定类的实例对象，则返回 true，否则，返回 false。

任务 4.10　内部类与匿名类

内部类指的是在一个类内部定义的类，也称作内置类。内部类所在的类称为外部类。内部类分为成员内部类、局部内部类、静态内部类和匿名内部类。

1. 成员内部类

成员内部类，是一种可以访问外部类的私有成员或属性。同时，在一个类中除了可以定义成员变量、成员方法外，还可以定义类。

例 4 –14　成员内部类示例。

参考代码如下：

```
class Outter{
//成员变量
private int age =19;
private String name = "Tom";
//外部类成员方法
```

```
    public void fun(){
        //创建内部类对象
        Inner inner = new Inner();
        System.out.println(inner.msg);
    }
//成员内部类
class Inner{
    private String msg = "hello Inner Class";
    public void test(){
        System.out.println(msg);
        //可以访问外部类的私有域
        System.out.println("访问外部类的私有域 age:" + age);
    }
}
}
public class Example4_14{

public static void main(String[]args){
    //TODO Auto-generated method stub
    Outter outer = new Outter();
    Outter.Inner inner = outer.new Inner();
    inner.test();
    outer.fun();

}
}
```

运行结果如图 4.11 所示。

```
Problems  @ Javadoc  Declaration  Console ×
<terminated> Example4_14 [Java Application] D:\jdk-20\bin\ja
hello Inner Class
访问外部类的私有域age:19
hello Inner Class
```

图 4.11 例 4-14 运行结果

2. 局部内部类

局部内部类也称为方法内部类，指的是在方法中定义的内部类，有效范围只限于方法内部。与局部变量类似，在局部内部类前不允许加访问修饰符；局部内部类不仅可以访问外部类实例变量，还可以访问外部类的局部变量，但外部类的局部变量必须声明为 final，JDK1.8 + 可以省略。在类外不可以直接生成局部内部类（保证局部内部类对外是不可见的）。要想使用局部内部类时，必须先实例化外部类对象，并通过外部类对象调用方法来实现对局部内部类的调用。

例4-15 局部内部类示例。

参考代码如下：

```java
class Outer{
    int a = 0;
    int d = 0;
    public void method(){
        int b = 10;
        int d = 15;
        System.out.println("外部类成员方法");
        class Inner{
            int a2 = a;//访问外部类中的成员
            int d2 = d;//访问方法中的成员
            int d3 = Outer.this.d;//访问外部类中的成员
        }
        Inner inner = new Inner();
        System.out.println("访问方法中的成员 d = " + inner.d2);//输出 15
        System.out.println("访问外部类中的成员 d = " + inner.d3);//输出 0
    }
}
public class Example4_15{

    public static void main(String[]args){
        //TODO Auto-generated method stub
        Outer outer = new Outer();
        outer.method();

    }

}
```

运行结果如图4.12所示。

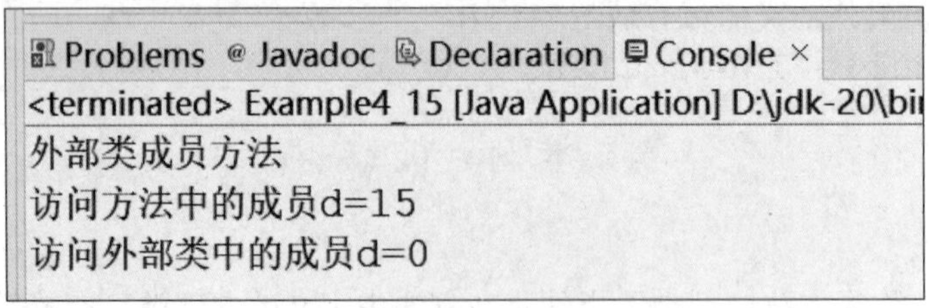

图4.12 例4-15运行结果

3. 静态内部类

静态内部类就是用 static 关键字修饰的内部类，是与类共享的，所以静态内部类的对象不依赖外部类的对象，可直接创建。静态内部类可以直接调用外部类的静态方法或者静态属性，在调用非静态的方法和属性时，需要通过对象实例来调用：new 外部类( ).属性名。

例 4 - 16　静态内部类示例。

参考代码如下：

```
class Outer{
static int a = 0;//定义类的成员变量
//定义静态内部类
static class Inner{
    int b = 1;
    void show(){
        //静态内部类 Inner 中的方法,访问外部类 Outer 中的成员变量a
        System.out.println("外部静态变量 a = " + a);
    }
}
}
public class Example4_16{

public static void main(String[]args){
    //TODO Auto - generated method stub
    Outer.Inner inner = new Outer.Inner();
    inner.show();
}
}
```

运行结果如图 4.13 所示。

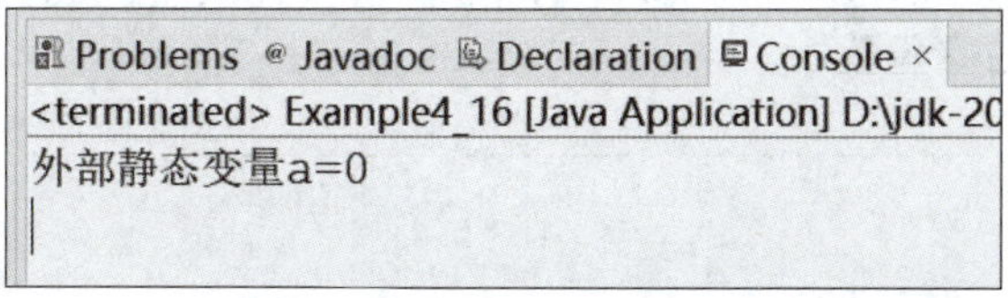

图 4.13　例 4 - 16 运行结果

4. 匿名内部类

匿名内部类是指没有名称的类，其名称由 Java 编译器给出，一般形式为外部类名称 + $ + 匿名类顺序。如果没有名称，则其他地方就不能引用，不能实例化，其只用一次，当然，也就不能有构造器。匿名内部类就是利用父类的构造函数和自身类体构造成一个类，可以访问外部类的成员变量和方法，匿名类的类体不可以声明成 static 成员变量和 static 方法，具体格式如下：

```
new 父类(){
    //匿名内部类实现部分
}
```

例 4 - 17　匿名内部类示例。

参考代码如下：

```
interface Anim{
void eat();
}
public class Example4_17{

public static void main(String[ ]args){
    //TODO Auto - generated method stub
    String name = "小白";
    animalEat(new Animal(){
        @ Override
        public void eat(){
            System. out. println(name + "吃鱼鱼。。。。");
        }
    });
}
public static void animalEat(Animal an){
    an. eat();
}


}
```

运行结果如图 4.14 所示。

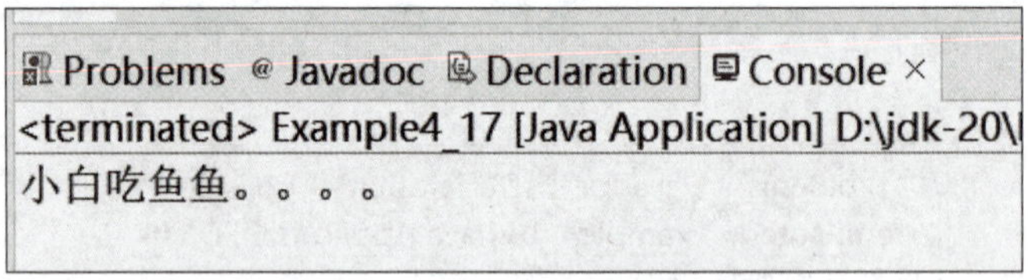

图 4.14   例 4 – 17 运行结果

任务 4.11   抽　象　类

Java 类中可以定义一些不含方法体的方法,其方法体的实现将交给该类的子类根据自己的情况去实现,这样的方法就是抽象方法,包含抽象方法的类称为抽象类。抽象类和抽象方法都必须使用 abstract 关键字进行声明。

抽象方法的定义格式如下:

```
abstract void 方法名称(参数);
```

当一个类中包含了抽象方法时,该类必须是抽象类。

抽象类的定义格式如下:

```
abstract class 抽象类名称(参数){
  访问权限 返回值类型 方法名称(参数){
  return[返回值];
}
访问权限 abstract 返回值类型 抽象方法名称(参数);
}
```

注意：

（1）抽象类中所包含的不一定都是抽象方法，可以有实例变量、构造方法和具体方法。

（2）抽象类和抽象方法都必须使用 abstract 关键字。

（3）抽象类可以有构造方法，但构造方法不能被声明为抽象方法。

（4）如果一个类继承于一个抽象类，则子类必须实现父类的抽象方法。如果子类没有实现父类的抽象方法，则必须将子类也定义为 abstract 类。

（5）包含一个以上抽象方法的类必须是抽象类。

例 4-18　抽象类示例。

参考代码如下：

```java
abstract class Stud{
//成员变量
private String name;
private int age;
private int grand;
//无参构造方法
    public Stud(){}
    //带参构造方法
    public Stud(String name,int age,int grand){
        this.name=name;
        this.age=age;
        this.grand=grand;
    }

    public void setname(String name){
        this.name=name;
    }
    public String getname(){
        return name;
    }
    public void setage(int age){
        this.age=age;
    }
    public int getage(){
        return age;
    }
```

```java
    public void setgrand(int grand){
        this.grand = grand;
    }
    public int getgrand(){
        return grand;
    }
    //抽象方法
    abstract public void study();
    //成员方法
    public void eat(){
        System.out.println("该睡觉了");
    }
}
class Basicstudent extends Stud{
    //构造方法
    public Basicstudent(){}
    public Basicstudent(String name,int age,int grand){
        super(name,age,grand);
    }
    public void study(){
        System.out.println("Basicstudent: study");
    }

}
class Goodstudent extends Stud{

    public Goodstudent(){}
    public Goodstudent(String name,int age,int grand){
        super(name,age,grand);
    }

    public void study(){
        System.out.println("Goodstudent: study");
    }
}
public class Example4_18{

public static void main(String[]args){
//TODO Auto-generated method stub
Stud s = new Basicstudent();
        s.setname("Basicstudent1");
        s.setage(18);
        s.setgrand(3333);
```

```
            System.out.println(s.getname() + "----" + s.getage() + "----" +
s.getgrand());
        s.eat();
        s.study();


        s = new Basicstudent("Basicstudent1",20,2222);
            System.out.println(s.getname() + "----" + s.getage() + "----" +
s.getgrand());
        s.eat();
        s.study();
    }


    }
```

运行结果如图 4.15 所示。

图 4.15　例 4-18 运行结果

任务 4.12　接　　口

4.12.1　接口的定义

接口，英文为 interface，在软件工程中，接口泛指供别人调用的方法或者函数。在 Java 语言中，它是对行为的抽象，是一个特殊的抽象类，接口中所有方法都没有方法体。若一个抽象类中所有方法都是抽象的，则可以将这个类定义为接口。在 JDK8 之前，接口是由全局常量和抽象方法组成的，并且接口中的抽象方法不允许有方法体。在 JDK8 之后，接口除了抽象方法外，还可以有静态方法和默认方法。定义一个接口的语法格式如下：

```
    [修饰符]interface 接口名[extends 接口 1,接口 2,…]{
        [public][static][final]数据类型 常量名 = 常量值;
    [public][default]返回值类型 方法名(参数列表);
        [public][abstratct]返回值类型 方法名(参数列表){
```

```
        //默认方法的方法体
}
[public][abstratct]返回值类型 方法名(参数列表){
        //类方法的方法体
    }
}
```

接口可以被继承，但是接口的继承与类的继承不一样，接口可以实现多继承，即一个接口可以有多个父接口，父接口之间用逗号进行分隔。接口中的变量默认使用"public static final"进行修饰，即全局变量。接口中定义的方法默认使用"public abstratct"进行修饰，即抽象方法。需要注意，接口中方法的访问权限永远是"public"，接口文件的文件名必须与接口名相同。

例 4-19 接口继承示例。

参考代码如下：

```
public interface A{
int a =1;
void tellA();
}
public interface B{
int b =1;
void tellB();
}
public interface C extends A,B{
    //接口 StudentInterface 继承 PeopleInterface
    int c =25;
    void tellc();
}
public class Example4_19{

public static void main(String[]args){
    //TODO Auto - generated method stub
    System.out.println(C. a);
    System.out.println(C. b);
    System.out.println(C. c);
    }
}
```

4.12.2 接口的实现

接口可以被类实现，也可以被其他接口继承。在类中，接口的实现需要使用关键字 implements，一个类可以有多个接口，接口之间通过逗号进行分隔。定义接口的实现类，语法格式如下：

```
[修饰符]class <类名>[extengds 父类名][implements 接口列表]{
}
```

在类实现接口时，方法的名字、返回值类型、参数的个数及类型必须与接口中的完全一致，并且必须实现接口中的所有方法。

例 4-20　通过接口实现两个数求和，并获得较大数。

参考代码如下：

（1）创建接口 Number。

```
public interface Number{
public int sum();//完成两个数相加
public int maxNum(int m,int n);//获取较大值
}
```

（2）定义一个 MathNumber 类并实现 Number 接口。

```
public class MathNumber implements Number{
private int num1;      //第 1 个操作数
    private int num2;     //第 2 个操作数
    public MathNumber(int num1,int num2){
        //构造方法
        this.num1 = num1;
        this.num2 = num2;
    }
    //实现接口中的求和方法
    public int sum(){
        return num1 + num2;
    }
    //实现接口中的获取较大数的方法
    public int maxNum(int a,int b){
        if(a >= b){
            return a;
        }else{
            return b;
        }
    }
}
```

（3）创建 Example4_20，实例化接口的实现类 MathNumber，调用该类中的方法并输出结果。

```
public class Example4_20{

public static void main(String[]args){
    //TODO Auto-generated method stub
    //创建实现类的对象
```

```
    MathNumber mathnum = new MathNumber(20,50);
    System.out.println("20 和 50 相加结果是:" + mathnum.sum());
    System.out.println("20 和 50 比较,哪个大:" + mathnum.maxNum(20,50));
  }
}
```

运行结果如图 4.16 所示。

```
Problems  Javadoc  Declaration  Console ×
<terminated> Example4_20 [Java Application] D:\jdk-2(
20 和 50 相加结果是: 70
20 和50比较, 哪个大: 50
```

图 4.16   例 4 - 20 运行结果

任务 4.13　字　符　串

在 Java 中,由许多个单个字符连接的,被双引号引起来的字符称为字符串,如"abc"。使用字符串时,需注意其与字符的区别,字符是由单引号引起来的一个字符,字符串是由双引号引起来的一连串字符。

4.13.1　创建字符串

在使用字符串之前,需要创建字符串对象,然后对其进行初始化操作。创建字符串的方式有两种:使用字符串常量直接初始化一个 String 对象,使用 String 类构造方法初始化字符串对象。

1. 使用字符串常量直接初始化一个 String 对象

```
String str1 = "Hello World!";
```

2. 使用 String 类构造方法初始化字符串对象
例如:

```
String str2 = new String("Hello World");
```

在 Java 中,String 类常见的构造方法主要有以下几种:
(1) String(),创建一个内容为空的字符串。
(2) String(String value),根据指定的字符串内容创建对象。
(3) String(char[]value),根据指定的字符数组创建对象。
(4) String(byte[]bytes),根据指定的字节数组创建对象。
例 4 - 21　利用 new 方法创建 String 类字符串示例。
参考代码如下:

```
public class Example4_21{
```

```
public static void main(String[]args){
    //TODO Auto-generated method stub
    char chars1[]={'a','b','c','d'};
    String s1 = new String();//创建空字符串 s1
    String s2 = new String("abcd");//创建一个内容为 abcd 的字符串
    String s3 = new String(chars1);//由字符数组 chars1 创建字符串 s3
    String s4 = new String(chars1,1,2);//由数组 chars1 的指定部分创建字符串 s3
    byte[]arr = {45,67,89};
    String s5 = new String(arr);//由字节数组创建字符串
    System. out. println("a" + s1 +"b");
    System. out. println(s2);
    System. out. println(s3);
    System. out. println(s4);
    System. out. println(s5);
}
}
```

运行结果如图 4.17 所示。

图 4.17　例 4 – 21 运行结果

4.13.2　字符串常见操作

1. 获取字符串长度和指定位置

在 Java 程序中，可以获取字符串的长度和获得指定位置的字符。String 类中提供了 length() 方法获取字符串的长度，charAt(int index) 方法返回字符串中 index 位置上的字符，indexOf() 方法获取指定字符在字符串中第一次出现位置的索引，lastIndexOf() 方法获取指定字符在字符串中最后一次出现位置的索引。

例 4 – 22　字符串长度和指定位置获取。

参考代码如下：

```
public class Example4_22{
public static void main(String[]args){
    //TODO Auto-generated method stub
    String s = "arhbccabbbfdbab";//定义字符串 s
    //获取字符串长度,即字符串个数
```

```
    System.out.println("字符串的长度为:" + s.length());
    System.out.println("字符串中第一个字符为:" + s.charAt(0));
    System.out.println("字符串中 c 第一次出现的位置为:" + s.indexOf('c'));
    System.out.println("字符串中 c 最后一次出现的位置为:" + s.lastIndexOf('c'));
    System.out.println("字符串中子字符 ab 第一次出现的位置为:" + s.indexOf("ab"));
    System.out.println("字符串中子字符 ab 最后一次出现的位置为:" + s.lastIndexOf("ab"));
    }
    }
```

运行结果如图 4.18 所示。

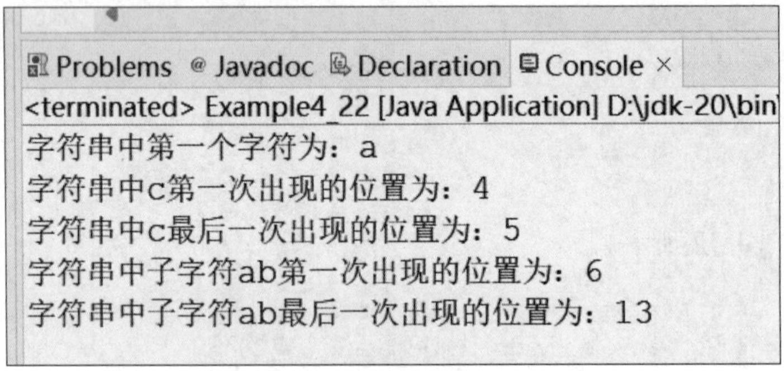

图 4.18　例 4 - 22 运行结果

2. 字符串的转换

在程序开发中，经常需要对字符串进行转换操作，例如，可以使用 toCharArray() 方法将一个字符串转换为一个字符数组，可以使用 valueOf() 方法将 int 类型转换为字符串，toUpperCase() 方法将字符串中的字符都转换为大写字母，toLowerCase() 方法将字符串中的字符都转换为小写字母。float、double、char 等基本类型的数据都可以通过 valueOf() 方法转换为字符串类型。

例 4 - 23　字符串转换操作。

参考代码如下：

```
public class Example4_23{
public static void main(String[]args){
    //TODO Auto - generated method stub
    String s = "abABc";//定义字符串 s
    System.out.println("将字符串转换为字符数组后的结果:");
    char[]arr = s.toCharArray();//将字符串转换为字符数组
    for(int i = 0;i < arr.length;i ++){
        if(i!= arr.length - 1){
            //如果不是数组的最后一个元素,在元素后面加逗号
            System.out.print(arr[i] + ",");
        }else{
            //如果是数组的最后一个元素,在元素后面不加逗号
```

```
        System.out.println(arr[i]);
        }
    }
    System.out.println("将 int 值转换为 String 类型之后的结果" + s.valueOf(15));
    System.out.println("将字符串转换成大写字母后的结果:" + s.toUpperCase());
    System.out.println("将字符串转换成小写字母后的结果:" + s.toLowerCase());

    }


}
```

运行结果如图 4.19 所示。

```
Problems  @ Javadoc  Declaration  Console  ×
<terminated> Example4_23 [Java Application] D:\jdk-20\bin\java
将字符串转换为字符数组后的结果:
a,b,A,B,c
将int值转换为String类型之后的结果15
将字符串转换成大写字母后的结果: ABABC
将字符串转换成小写字母后的结果: ababc
```

图 4.19 例 4 -23 运行结果

3. 字符串的替换和去除空格

在代码编写过程中,用户输入数据时,经常会有一些错误或者空格,可以使用 String 类中的 replace( ) 替换错误数据,使用 trim( ) 去除字符串中不需要的空格。

例 4 -24 字符串的替换和去除空格。

参考代码如下:

```
public class Example4_24{
public static void main(String[ ]args){
    //TODO Auto-generated method stub
    String s = "abcds";
    System.out.println("将 cd 替换为 bf:" + s.replace("cd","bf"));
    //字符串去除空格操作
    String s1 = "    itcast    ";
    System.out.println("去除字符串两端的空格:" + s1.trim());
    System.out.println("去除字符串中所有的空格:" + s1.replace(" ",""));

    }

}
```

运行结果如图 4.20 所示。

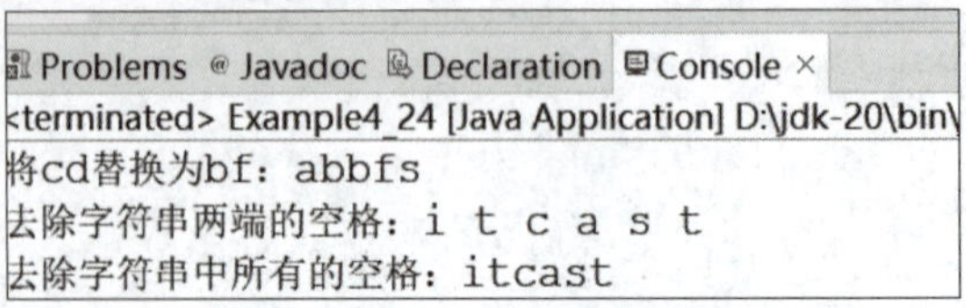

图 4.20　例 4 - 24 运行结果

4. 字符串的截取和分割

在 String 类中，通过 substring( ) 方法对字符串进行截取，通过 split( ) 方法将字符串按照某个字符进行分割。

例 4 - 25　字符串截取和分割示例。

参考代码如下：

```java
public class Example4_25{

public static void main(String[]args){
    //TODO Auto-generated method stub
    String s = "中国 - 四川 - 宜宾 - 翠屏区";
    //截取字符串操作
    System.out.println("从第3个字符截取到第8个字符的结果为:" + s.substring(4,9));
    //分割字符串操作
    System.out.println("分割后的字符串数组中的元素依次为:");
    String[]strArr = s.split(" - ");
    for(int i = 0;i < strArr.length;i ++){
        if(i != s.length() - 1){
            //如果不是数组的最后一个元素,在元素后面加逗号
            System.out.print(strArr[i] + ",");

        }else{
            System.out.println(strArr[i]);
        }
    }

}
}
```

运行结果如图 4.21 所示。

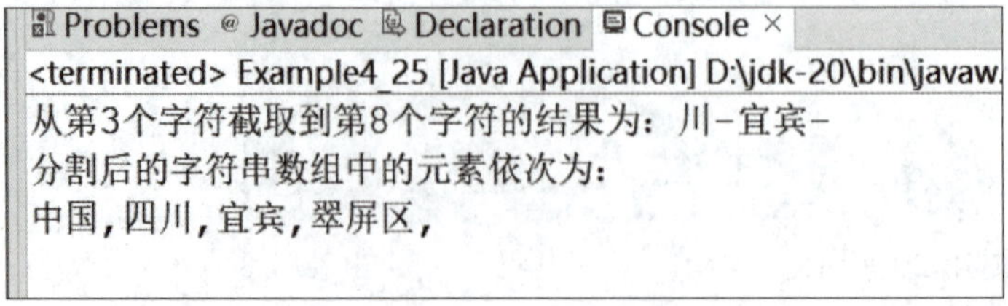

图 4.21　例 4 - 25 运行结果

任务 4.14 案例：嫦娥探月——科技兴国

4.14.1 案例背景

中国探月工程（China Lunar Exploration Project，CLEP）是中国国家航天局启动的第一个探月工程。

第一期绕月工程在 2007 年发射探月卫星"嫦娥一号"，对月球表面环境、地貌、地形、地质构造与物理场进行探测。

第二期工程时间为 2007—2010 年，用安全降落在月面上的巡视车、自动机器人探测着陆区岩石与矿物成分，测定着陆点的热流和周围环境，进行高分辨率摄影和月岩的现场探测或采样分析，为以后建立月球基地的选址提供月面的化学与物理参数。

第三期工程时间为 2011—2020 年。前期主要是研制和发射新型软着陆月球巡视车，对着陆区进行巡视勘察。后期即 2015 年以后，研制和发射小型采样返回舱、月表钻岩机、月表采样器、机器人操作臂等，采集关键性样品返回地球，对着陆区进行考察，为下一步载人登月探测、建立月球前哨站的选址提供数据资料。此段工程的结束使我国航天技术迈上一个新的台阶。

2022 年 4 月 24 日上午 10 时，2022 年"中国航天日"启动仪式线上举办。国家航天局公布的信息显示，探月工程四期、小行星探测重大任务正式启动工程研制，中国航天行星际探测不断拓展新征程。2022 年 9 月，据国家航天局消息，探月工程四期任务已获国家批复，将建立国际月球科研站基本型。2022 年 11 月，国家航天局表示，我国探月工程四期包括"嫦娥六号""嫦娥七号"和"嫦娥八号"任务，其中，"嫦娥六号"计划于 2025 年前后发射，将执行月球背面采样返回任务。"嫦娥七号"计划着陆于月球南极，开展飞跃探测。"嫦娥八号"任务将与"嫦娥七号"组成月球科研站的基本型。

2023 年，我国全面推进探月工程四期，规划包括"嫦娥六号""嫦娥七号"和"嫦娥八号"任务。"嫦娥六号"将从月球背面采集更多样品，争取实现 2 000 g 的目标。"嫦娥七号"准备在月球南极着陆，主要任务是开展飞跃探测，争取能找到水。"嫦娥八号"准备在 2028 年前后实施发射，"嫦娥七号"和"嫦娥八号"将会组成月球南极科研站的基本型，有月球轨道器、着陆器、月球车、飞跃器以及若干科学探测仪器。

4.14.2 案例任务

我国探月工程"绕、落、回"三步走发展规划：由"嫦娥一号"任务实现绕月探测、"嫦娥三号"任务实现落月探测之后，"嫦娥五号"任务实现月球表面无人采样返回。"嫦娥五号"任务既是收官之作，又是我国未来月球探测的奠基之作，将为我国未来开展载人登月与深空探测积累重要的人才、技术和物质基础，是我国航天技术的一次重大跨越。"嫦娥五号"探测器由四部分组成，从上到下依次是上升器、着陆器、返回器和轨道器。

  "嫦娥五号"飞行的四个组成部分要完成 11 个飞行阶段,从任务的操作来看,包括两次发射——地面发射与月面发射,两次着陆——月面着陆与地球着陆,两次封装——月面封装与月轨封装,一次交会对接——月轨对接。这其中,专家划出了重点:月面采样、月面上升、交会对接、高速再入返回地球是最新、最关键的技术环节。如果将"嫦娥五号"看成一个类,四个组成部分可以看成这个类的四个成员。每个成员具有不一样的功能(即成员函数)。其中,返回器外围还有一个器间支撑舱。在登月行动中,轨道器与返回器组成"轨返组合体"在环月轨道待命,着陆器与上升器组成"着上组合体"执行月面软着陆与月面采样任务。着陆器负责着陆器与上升器组合体的月面软着陆,以及月面采样任务。"嫦娥五号"天团成员在登月、返回的过程中,一环扣一环,互相扶持帮助,分工合作,在"离别"时,虽不舍却坚定,对应表达了整个登月取土中的航天知识,也体现了中国"航天人"十年青春磨一剑的无悔精神。

  案例任务:通过类和对象完成"嫦娥五号"探月过程的实现。

4.14.3 案例实现

  创建 Moon5 类,定义 shangshengqi、zhuoluqi、fanhuiqi 和 guidaoqi 四个成员变量,定义 4 个成员方法展示"嫦娥五号"升空的过程和成员变量对应的功能方法,具体代码如下:

```java
public class Moon5 {
//定义成员变量
    String shangshengqi;
    String zhuoluqi;
    String fanhuiqi;
    String guidaoqi;
    //构造方法
    public Moon5(){

    }
    //定义方法实现探月过程
    public void one(){
        System.out.println("第一阶段:运载火箭发射至地月转移轨道");
        System.out.println("第二阶段:地月转移");
        System.out.println("第三阶段:近月制动");
        System.out.println("第四阶段:着陆器携上升器分离,轨道器携返回器留轨");
        System.out.println("第五阶段:动力下降");
        System.out.println("第六阶段:月面工作");
        System.out.println("第七阶段:上升器月面上升");
        System.out.println("第八阶段:环月轨道对接样品转移");
        System.out.println("第九阶段:上升器与轨道器分离");
        System.out.println("第十阶段:轨道器携返回器月地转移");
        System.out.println("第十一阶段:轨道器释放返回器,返回器再入回收");

    }
```

```java
    public void two(){
        System.out.println("执行月面软着陆和月面采用工作");
    }
    public void three(){
        System.out.println("着陆器与上升器组合体执行月面软着陆,以及月面采样任务");

    }
    public void four(){
        System.out.println("返回器外围还有一个器间支撑舱");

    }
    public void five(){
        System.out.println("环月轨道待命");


    }

}
public class Moon{

    public static void main(String[]args){
        //TODO Auto-generated method stub
        Moon5 moon = new Moon5();
        String moon1 = moon.guidaoqi = "轨道器";
        String moon2 = moon.fanhuiqi = "返回器";
        String moon3 = moon.shangshenqi = "上升器";
        System.out.println("********************* ");
        System.out.println("着陆器与上升器组成着上组合体作用为:");
        moon.two();
        System.out.println("********************* ");
        System.out.println("轨道器与返回器组成轨返组合体作用为:");
        moon.five();
        System.out.println("********************* ");
        System.out.println("着陆器的作用为:");
        moon.three();
        System.out.println("********************* ");
        System.out.println("返回器的作用为:");
        moon.four();
        System.out.println("********************* ");
        System.out.println("嫦娥五号升空的 11 个阶段为:");
```

```
            moon.one();

    }


}
```

运行结果如图 4.22 所示。

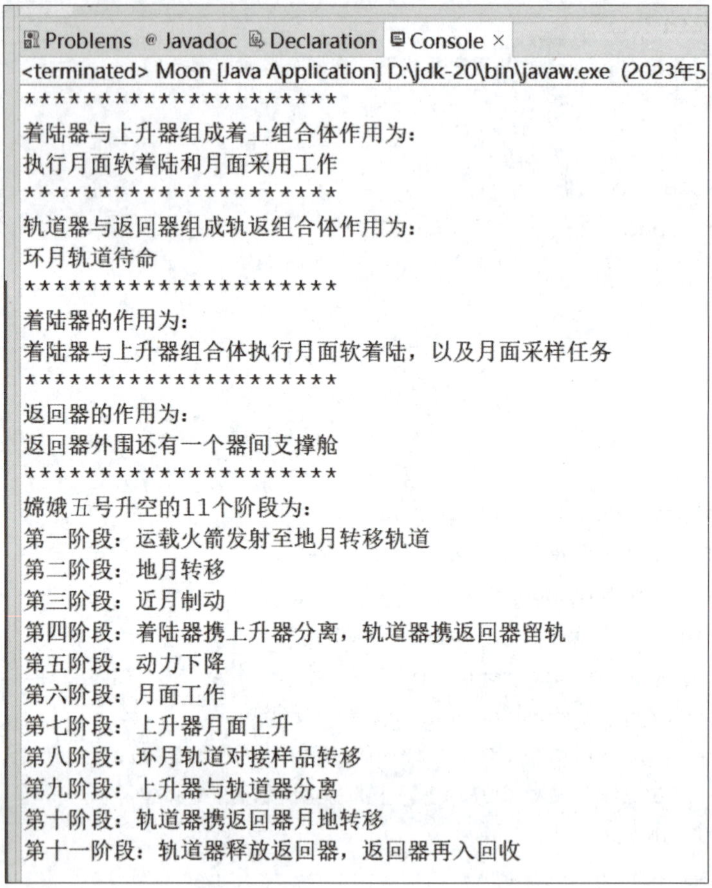

图 4.22 嫦娥奔月案例实现运行结果

练习题

1. 写一个名为 Account 的类模拟账户，该类包括的属性：账号 id、余额 balance、年利率 annualInterRate；包含的方法：访问器方法（getter 和 setter）、返回月利率方法 getMonthly-Interest()、取款方法 withdraw()、存款方法 deposit()。写一个用户程序测试 Account 类。在用户程序中，创建一个账户为 1122、余额为 20 000、年利率为 4.5% 的 Account 对象，使用 withdraw() 方法提款 30 000，并打印余额。再使用 withdraw() 方法提款 2 500，使用 deposit() 存款 3 000，然后打印余额和月利率。

2. 教师和学生都属于人，他们具有共同的属性：姓名、年龄、性别和身份证号，而学生还具有学号和所学专业两个属性，教师还具有教龄和所教专业两个属性。下面编写 Java 程序代码，使教师（Teacher）类和学生（Student）类都继承于人（People）类。

3. 定义一个圆柱体 cyclinder 类，具有半径和高度两个属性，同时还具有体积方法；再定义一个继承 cyclinder 类的子类 wcyclinder，在其中增加一个圆柱体质量属性；通过主类输出圆柱体的体积和质量。

4. 定义一个表示学生信息的类 Student，要求如下：

（1）类 Student 的成员变量：

sNO 表示学号；sName 表示姓名；sSex 表示性别；sAge 表示年龄；sJava：表示 Java 课程成绩。

（2）类 Student 带参数的构造方法：

在构造方法中，通过形参完成对成员变量的赋值操作。

（3）类 Student 的方法成员：

getNo( )：获得学号；

getName( )：获得姓名；

getSex( )：获得性别；

getAge( )　获得年龄；

getJava( )：获得 Java 课程成绩。

（4）根据类 Student 的定义，创建 5 个该类的对象，输出每个学生的信息，计算并输出这 5 个学生 Java 语言成绩的平均值，以及计算并输出他们的 Java 语言成绩的最大值和最小值。

5. 编写一个 Application 程序。

（1）创建一个水果类，添加一个颜色属性；

（2）定义构造方法，实现对颜色进行赋初值；

（3）创建水果收获方法。

6. 编写一个 Application 程序。

（1）创建一个 cyclinder 类，添加 radius、high 两个属性；

（2）在 cyclinder 类中添加两个方法，计算圆柱体的表面积和体积；

（3）利用 cyclinder 类输出一个圆柱体的表面积和体积。

7. 模仿电影信息展示。需求：使用面向对象编程，模仿电影信息的展示。

分析：

（1）一部电影是一个 java 对象，需要先设计电影类，再创建电影对象。

（2）三部电影对象可以采用数组存储起来。

（3）依次遍历数组中的每个电影对象，取出其信息进行展示。

8. 使用抽象类或接口，实现银行账户的概念。

银行账户包括的属性有"账号""储户姓名""存款余额"，包括的方法有"存款""取款""显示余额""计算利息""累加利息""打印账户信息"等。

要求分别实现银行定期存款账户、银行活期存款账户和国债账户（3 种账户的利率不同，并且定期和活期存款的利息要征 20% 的个人所得税（累加利息时收取）。具体每种账户的利率可自己定义。）

当其他类都有相同属性和方法（实现过程也一样）时，把属性方法放在父类中。

（1）建立 Accout 账户类，包含"账号""储户姓名""存款余额"，创建"存款""取款""显示余额"方法。

方法名称一样，实现过程不一样，用接口。

（2）建立 Bank 接口及"计算利息""累加利息""打印账户信息"方法。

（3）创建子类定期、活期、国债。继承 Accout，实现 Bank 接口，重写"计算利息""累加利息""打印账户信息"方法。

项目五
常用类

在 Java 的庞大体系中，其实有很多不错的小工具，即常用工具类。工具类是为了提供一些通用的、某一非业务领域内的公共方法，不需要配套的成员变量，仅仅是作为工具方法被使用。所以，将它作成静态方法最合适，不需要实例化，能够获取到方法的定义并调用即可。

任务 5.1　Object 类

5.1.1　Object 类概述

Object 类位于 java. lang 包中，编译时会自动导入，它是所有 Java 类中的顶层父类，如果一个类没有使用 extends 继承某个父类，那么这个类就默认继承了 Object 类。所以，Object 类将被任何类直接或间接地继承，任何类中都拥有 Object 类中的方法，即任何类的对象都可以调用 Object 类中的方法。如果某类需要修改 Object 类的方法，直接进行方法覆盖即可。

例 5 - 1　创建一个诗词类。

```
//诗词类
public class Poem{
}
    等价于
//诗词类
public class Poem extends Object{
}
```

Object 类常用的方法包括 clone( )、equals( )、hashCode( )、toString( ) 等。

5.1.2　clone( ) 方法

clone( ) 方法是对一个已经存在的对象创建克隆的新对象。clone( ) 方法是浅拷贝，对象内属性引用的对象只会拷贝引用地址，而不会将引用的对象重新分配内存。相对应的，深拷贝则会将引用的对象也重新创建。其方法为 protected Object clone( ) throws CloneNotSup-
portedException，如果要创建一个克隆对象，语法格式如下。

```
aCloneableObject.clone();
```

其中，aCloneableObject 是一个实现了 clone( ) 方法的对象。在执行这个方法时，会先
检查对象是否实现了 Cloneable 接口，如果实现了该接口，则会创建一个与原对象相同类型
的新对象，并将原始对象的成员变量值赋给新对象相应的成员变量；如果这个对象没有实现
该接口，那么就会抛出一个 CloneNotSupportedException 异常。

　　例 5 - 2　创建一个诗歌类，拥有诗歌类型和作者两个属性。再创建两个对象，对象 1
为李白的唐诗，对象 2 通过对象 1 克隆得到，请完成该类的设计并编写代码测试。

　　参考代码如下：

```java
//诗歌类,先通过 implements 实现 Cloneable 接口
public class Poem implements Cloneable{
//声明变量
String type;//诗歌类型
String author;//作者
public static void main(String[ ]args){
    //创建对象1
    Poem poem1 = new Poem();
    //初始化变量
    poem1.type = "唐诗";
    poem1.author = "李白";
    //输出 poem1 对象测试
    System.out.println("poem1 对象的属性值");
    System.out.println(poem1.type);
    System.out.println(poem1.author);
    try{
        //通过拷贝 poem1 创建 poem2 对象
        Poem poem2 = (Poem)poem1.clone();
        //输出 poem2 对象测试
        System.out.println("poem2 对象的属性值");
        System.out.println(poem2.type);
        System.out.println(poem2.author);
    }catch(CloneNotSupportedException e){
        //TODO Auto - generated catch block
        System.out.println(e);;
    }
}
}
```

运行结果如图 5.1 所示。

```
poem1对象的属性值
唐诗
李白
poem2对象的属性值
唐诗
李白
```

图 5.1　例 5 - 2 运行结果

5.1.3　equals() 方法

equals() 方法是比较两个对象是否相等，判断两个对象引用指向的是否是同一个对象，即比较两个对象的内存地址是否相等，如果两个对象指引相同，则返回 true，否则，返回 false。其方法为 boolean equals(Object obj)。

但在实际应用中，比较的通常是两个引用所指向的对象的状态（或属性）是否相同。如果需要比较其他逻辑是否相同，则重写该方法即可。

注意：equals() 方法和运算符" =="的区别：" =="是比较操作符，比较基本数据类型时，是比较两个基本数据类型的二进制值；比较引用类型时，是比较是否为同一个对象，即比较引用的虚拟地址。equals() 方法默认是比较引用的虚拟地址，但该方法可重写，即重新定义比较的逻辑，" =="则不可以。

例 5-3　综合运用" =="和 equals() 方法。

参考代码如下：

```java
public class Example5_3{
public static void main(String[]args){
    String s1 ="王维";
    String s2 ="王维";
    System.out.println(s1 ==s2);
    System.out.println(s1.equals(s2));
    String s3 =new String("王维");
    String s4 =new String("王维");
    System.out.println(s3 ==s4);
    System.out.println(s3.equals(s4));
    Poem p1 =new Poem("唐诗","李白");
    Poem p2 =new Poem("唐诗","李白");
    System.out.println(p1 ==p2);
    System.out.println(p1.equals(p2));
    Poem p3 =new Poem("唐诗","李白");
    Poem p4 =new Poem("唐诗","王维");
    System.out.println(p3 ==p4);
    System.out.println(p3.equals(p4));
}
}
class Poem{
//声明变量
String type;//诗歌类型
String author;//作者
public Poem(String type,String author){
    //TODO Auto - generated constructor stub
    this.type =type;
    this.author =author;
```

```
    }
    @ Override
    public boolean equals(Object obj){ //重写 equals 方法
        //TODO Auto - generated method stub
        Poem p = null;
        if(obj instanceof Poem)
            p = (Poem)obj;
        else
            return false;
        if(p. type == this. type && p. author == this. author)
            return true;
        else
            return false;
    }
}
```

运行结果如图 5.2 所示。

5.1.4 hashCode() 方法

hashCode() 方法是获取对象的哈希值，返回对象哈希值，是一个整数，表示在哈希表中的位置，是对象以十六进制表示的内存地址。根据定义，如果两个对象是相等的，那么它们的哈希值也必须相等。其方法为 int hashCode()。

如果用户在自己写的类中覆盖了 equals() 方法，就改变了两个对象被换算的方式，并且 Object 的 hashCode() 方法的实现就不再有效了。因此，如果重写了 equals() 方法，就必须重写 hashCode() 方法。

例 5 - 4 获取对象的哈希值，并比较两个相同对象的哈希值。

参考代码如下：

```
public class Example5_4{
public static void main(String[]args){
    String s1 = new String("李白");
    System. out. println(s1. hashCode());
    String s2 = new String("李白");
    System. out. println(s2. hashCode());
    System. out. println(s1. equals(s2));
    System. out. println(s1. hashCode() == s2. hashCode());
    }
}
```

运行结果如图 5.3 所示。

```
true
true
false
true
false
true
false
false
```

图 5.2 例 5 - 3
运行结果

```
850159
850159
true
true
```

图 5.3 例 5 - 4 运行
结果

5.1.5 toString() 方法

toString() 方法是返回对象的字符串表示形式。默认返回格式：对象的 class 名称 + @ + hashCode 的十六进制字符串。其方法为 String toString()。toString 方法被很多方法自动调用，如 System. out. println 方法，打印一个引用类型对象时，将默认调用该对象的 toString() 方法，打印 toString() 方法的返回值。API 中很多类覆盖了 toString 方法，如 Date、String、StringBuffer 和包装类都重写了 toString() 方法，返回有实际意义的内容。

例 5 - 5 一般对象和 String 对象调用 toString() 方法的区别。

参考代码如下：

```java
public class Example5_5{
public static void main(String[ ]args){
    Poem poem = new Poem("唐诗","李白");
    String s = "王维";
    System. out. println("调用 toString 方法:" + poem. toString());
    System. out. println("直接打印对象:" + poem);
    System. out. println("调用 toString 方法:" + s. toString());
    System. out. println("直接打印对象:" + s);
}
}
```

运行结果如图 5.4 所示。

```
调用toString方法:教材5_1.Poem@15db9742
直接打印对象:教材5_1.Poem@15db9742
调用toString方法:王维
直接打印对象:王维
```

图 5.4 例 5 - 5 运行结果

任务 5.2 Date 类

java. util 包提供了 Date 类来封装当前的日期和时间。Date 表示特定的瞬间，精确到毫秒，在计算机中的表示和实际生活中的时间类似，但需要注意以下几点：

● 年份由整数表示，但是 Date 类的年份由 1900 开始算，也就是 Date 类的年份为 y，那么现实世界就是 y + 1900 表示。

● 月份由 0 ~ 11 整数表示，也就是 0 是一月、1 是二月等，因此，11 是十二月。

● 日期（一月中的某天），按通常方式，由整数 1 ~ 31 表示。

● 小时由 0 ~ 23 整数表示。因此，从午夜到 1 a. m 的时间是 0 点，从中午到 1 p. m 的时间是 12 点。

● 分钟按通常方式由 0 ~ 59 整数表示。

● 秒由 0~61 的整数表示。值 60 和 61 只对闰秒发生，尽管这样，也只用在实际正确跟踪闰秒的 Java 实现中。按当前引入闰秒的方式，两个闰秒在同一分钟内发生是极不可能的，但此规范遵循 ISOC 的日期和时间约定。

● Date 精确到毫秒，数值为从 1970 年 1 月 1 日 0 时 0 分 0 秒到当前时间的毫秒数。

5.2.1 Date 类中的构造方法

要使用日期和时间，需要先实例化对象，Date 类提供两个构造函数来实例化 Date 对象。

1. Date( )

无参构造方法，表示使用当前日期和时间来初始化对象。例如，创建当前系统时间对应的日期对象：

```
Date date = new Date();
```

2. Date(long millisec)

接收一个参数的构造方法，该参数是从 1970 年 1 月 1 日起的毫秒数。例如，创建以标准基准时间为基准的日期对象，指定偏移 1 000 ms：

```
Date date1 = new Date(1000);
```

5.2.2 Date 类常用方法

Date 类中包含了许多常用的方法，见表 5.1。

表 5.1　Date 类常用方法

方法	描述
public long getTime( )	获取当前日期对象距离标准基准时间的毫秒值
public void setTime(long time)	设置当前日期对象距离标准基准时间的毫秒值，意味着改变了当前日期对象
public boolean after(Date when)	测试此日期是否在指定日期之后
public boolean before(Date when)	测试此日期是否在指定日期之前

例 5 − 6　Date 类常用方法使用。
参考代码如下：

```
import java.util.Date;

public class Example5_6{
public static void main(String[]args){
    //创建当前系统时间对应的日期对象
    Date date = new Date();
    System.out.println(date);
    //创建以标准基准时间为基准的日期对象,指定偏移 1 000 ms
    Date date1 = new Date(1000);
```

```
        System.out.println(date1);
        //获取当前日期对象距离标准基准时间的毫秒值
        System.out.println(date.getTime());
        System.out.println(date1.getTime());
        //修改 date1 距离标准基准时间的毫秒值为 2 000
        long time = date.getTime();
        date.setTime(time + 2000);
        System.out.println(date);
        long time1 = date1.getTime();
        System.out.println(time1);
        date1.setTime(time1 + 2000);
        System.out.println(date1);
        //创建当前时间对应的日期对象
        Date date2 = new Date();
        System.out.println(date2.getTime());
        System.out.println("date3 表示的日期是否在 date1 之前:" + date2.before(date));
        System.out.println("date3 表示的日期是否在 date1 之后:" + date2.after(date));
    }
}
```

运行结果如图 5.5 所示。

```
Tue May 23 16:20:05 CST 2023
Thu Jan 01 08:00:01 CST 1970
1684830005484
1000
Tue May 23 16:20:07 CST 2023
1000
Thu Jan 01 08:00:03 CST 1970
1684830005497
date3表示的日期是否在date1之前：true
date3表示的日期是否在date1之后：false
```

图 5.5　例 5-6 运行结果

5.2.3　格式化日期类

java.util.Date 类虽然能获取一个非常正确的时间，但其显示格式不理想，不太符合中国人的习惯，因此常需要对其进行格式化操作。Java 中常用于时间格式化操作的是 DateFormat 和 SimpleDateFormat 类。

1. DateFormat 类

DateFormat 类是日期/时间格式化子类的抽象类，无法直接实例化，但在此抽象类中提供了一些静态方法，可以直接取得本类的实例，常用的方法是 getDateInstance() 和 getDateTimeInstance()。

DateFormat 类的 parse（String text） 方法可以实现按照特定的格式把字符串解析为日期对象。它支持的格式化风格包括 FULL、LONG、MEDIUM 和 SHORT 4 种：

（1） DateFormat. SHORT 完全为数字，显示日期、时间（精确到分）。

（2） DateFormat. MEDIUM 较长，显示日期、时间（精确到秒）。

（3） DateFormat. LONG 更长，显示日期、时间（精确到秒）、上午或下午。

（4） DateFormat. FULL 完全指定，显示日期、周、时间（精确到秒）、上午或下午。

2. SimpleDateFormat 类

SimpleDateFormat 是 DateFormat 的子类，它允许用户更具体地定制日期和时间的格式。通过构造方法 public SimpleDateFormat（String pattern） 来创建日期格式化对象，并且通过参数指定日期格式，指定的日期格式不同字母对应的格式如下：

y --> 年 year

M --> 月 mouth

d --> 日 day

H --> 时 hour

m --> 分 minute

s --> 秒 second

根据创建的日期格式化对象，将日期转换成相应格式化的字符串还需用到 public String format（Date date） 的成员方法。

例 5 - 7　获取当前时间并对其进行格式化操作。

参考代码如下：

```java
import java.text.DateFormat;
import java.text.SimpleDateFormat;
import java.util.Date;

public class Example5_7{

public static void main(String[]args){
    Date date =new Date();
    System.out.println(date);
    //1970 年 1 月 1 日 8 点后的 6 分钟
    Date date2 =new Date(6000);
    System.out.println(date2);
    //使用 DateFormat 对 date 进行格式化操作
    DateFormat df = DateFormat.getDateTimeInstance( DateFormat.SHORT, DateFormat.
SHORT);
    System.out.println("SHORT 风格输出:"+df.format(date));
    df = DateFormat.getDateTimeInstance(DateFormat.MEDIUM,DateFormat.MEDIUM);
    System.out.println("MEDIUM 风格输出:"+df.format(date));
    df = DateFormat.getDateTimeInstance(DateFormat.LONG,DateFormat.LONG);
    System.out.println("LONG 风格输出:"+df.format(date));
    df = DateFormat.getDateTimeInstance(DateFormat.FULL,DateFormat.FULL);
```

```
    System.out.println("FULL 风格输出:" + df.format(date));
    //使用 SimpleDateFormat 对 date 进行格式化操作
    SimpleDateFormat sf = new SimpleDateFormat("yyyy - MM - dd HH:mm:ss");
    String dString = sf.format(date);
    System.out.println(dString);


    }
}
```

运行结果如图 5.6 所示。

```
Sun May 14 10:00:09 CST 2023
Thu Jan 01 08:00:06 CST 1970
SHORT风格输出：23-5-14 上午10:00
MEDIUM风格输出：2023-5-14 10:00:09
LONG风格输出：2023年5月14日 上午10时00分09秒
FULL风格输出：2023年5月14日 星期日 上午10时00分09秒 CST
2023-05-14 10:00:09
```

图 5.6　例 5 - 7 运行结果

任务 5.3　Calendar 类

Date 类不允许单独获得日期或时间分量。Java 类库为完善此功能，定义了抽象类 Calendar。Calendar 类是 Java 标准库提供的日历工具类，提供了一组方法允许将以毫秒为单位的时间转换为一组有意义的分量，它是一个抽象类，在实际使用时实现特定的子类的对象，创建对象的过程对程序员来说是透明的，只需要使用 getInstance 方法创建即可。例如，创建一个代表系统当前日期的 Calendar 对象：

```
Calendar c = Calendar.getInstance(); //默认是当前日期
```

在 Calendar 类中把日期分为年、月、日、时、分、秒、微秒、星期八个部分，每个部分又有一个或多个域（Field）与之对应，如 YEAR、MONTH 等。值得注意的是，MONTH 从 0 开始编号。要想获取 Calendar 对象中的信息，则使用 get 方法，指定获取的字段类型即可。但 Calendar 类中有多种字段类型，表示不同的意义，见表 5.2。

表 5.2　Calendar 类常用字段

常量	描述
Calendar. YEAR	年份
Calendar. MONTH	月份
Calendar. DATE	日期

续表

常量	描述
Calendar. DAY_OF_MONTH	日期，和上面的字段意义完全相同
Calendar. HOUR	12 小时制的小时
Calendar. HOUR_OF_DAY	24 小时制的小时
Calendar. MINUTE	分钟
Calendar. SECOND	秒
Calendar. WEEK	星期几

Calendar 类中常用的方法还有 set 方法和 add 方法。

set 方法用于设置时间字段，常见的设置年月日的方法为 public final void set(int year，int month，int date)，其中 year 表示年，month 表示月，date 表示日。

add 方法是根据日历规则，将指定的时间量添加到给定的日历字段中，方法格式为 void add(int field，int amount)，其中，field 为日历字段，amount 为添加的时间量。

例 5 - 8　打印出从当前年当前月开始后的每个月的 13 号是星期五的日期，输出 10 个星期五为止。

参考代码如下：

```java
import java.text.SimpleDateFormat;
import java.util.Calendar;
import java.util.Date;

public class Example5_8{
public static void main(String[ ]args){
    Calendar cal = Calendar.getInstance();//获取实例
    SimpleDateFormat sdf = new SimpleDateFormat("yyyy/MM/dd");//设置日期格式
    //打印出从当前年当前月开始后的每个月的 13 号是星期五的日期,当输出 10 个星期五为止
    cal.set(Calendar.DAY_OF_MONTH,13);//设置日期为 13 号
    int n = 1;
    while(n <=10){
        //cal.get(Calendar.DAY_OF_WEEK)获取指定号数是星期几
        if(cal.get(Calendar.DAY_OF_WEEK) == Calendar.FRIDAY){//如果是星期五
            Date date = cal.getTime();
            System.out.println(sdf.format(date));//按照格式打印黑色星期五
            n ++;
        }
        cal.add(Calendar.MONTH,1);//月份增加 1 个月
    }
}
}
```

运行结果如图 5.7 所示。

```
2023/10/13
2024/09/13
2024/12/13
2025/06/13
2026/02/13
2026/03/13
2026/11/13
2027/08/13
2028/10/13
2029/04/13
```

图 5.7　例 5-8 运行结果

例 5-9　输入你的生日的年月日，判断今后 10 年，你生日当天是星期几。

参考代码如下：

```java
import java.text.SimpleDateFormat;
import java.util.Calendar;
import java.util.Date;
import java.util.Scanner;

public class Example5_9{
public static void main(String[]args){
    //TODO Auto-generated method stub
    Scanner s = new Scanner(System.in);
    System.out.println("请输入你的出生年份:");
    int yourYear = s.nextInt();
    System.out.println("请输入你的出生月份:");
    int yourMonth = s.nextInt();
    System.out.println("请输入你的出生日期:");
    int yourtDate = s.nextInt();
    Calendar cal = Calendar.getInstance();
    int y = yourYear + 1;
    int m = yourMonth - 1;
    SimpleDateFormat sdf = new SimpleDateFormat("出生日期:yyyy 年 MM 月 dd 日,那天是 EEEE");
    SimpleDateFormat sd = new SimpleDateFormat("每年生日:yyyy 年 MM 月 dd 日,那天是 EEEE");
    cal.set(yourYear,m,yourtDate);
    Date dat = cal.getTime();
    System.out.println(sdf.format(dat));
    cal.set(cal.YEAR,y);
    int n = 1;
    while(n <= 10){
```

```
        if(cal.get(Calendar.MONTH) == m && cal.get(Calendar.DAY_OF_MONTH) ==
yourtDate){
            Date date = cal.getTime();
            System.out.println(sd.format(date));
            n++;
        }
        cal.add(Calendar.YEAR,1);
    }
  }
}
```

运行结果如图 5.8 所示。

```
请输入你的出生年份：
2000
请输入你的出生月份：
5
请输入你的出生日期：
20
出生日期：2000年05月20日,那天是星期六
每年生日：2001年05月20日,那天是星期日
每年生日：2002年05月20日,那天是星期一
每年生日：2003年05月20日,那天是星期二
每年生日：2004年05月20日,那天是星期四
每年生日：2005年05月20日,那天是星期五
每年生日：2006年05月20日,那天是星期六
每年生日：2007年05月20日,那天是星期日
每年生日：2008年05月20日,那天是星期二
每年生日：2009年05月20日,那天是星期三
每年生日：2010年05月20日,那天是星期四
```

图 5.8　例 5-9 运行结果

在 Java 中，GregorianCalendar 类也实现了公历日历，提供了世界上大多数国家/地区使用的标准日历系统，它是 Calendar 类的一个具体子类，可以结合 Calendar 抽象类使用。

例 5-10　使用 GregorianCalendar 类获取当前日期。

参考代码如下：

```
import java.util.Calendar;
import java.util.GregorianCalendar;


public class Example5_10{
public static void main(String[]args){
    GregorianCalendar gre = new GregorianCalendar();//获得实例
    String now = gre.get(Calendar.YEAR) + " - " + (gre.get(Calendar.MONTH) + 1)
            + " - " + gre.get(Calendar.DATE) + " "
            + gre.get(Calendar.HOUR_OF_DAY) + ":"
            + gre.get(Calendar.MINUTE) + ":" + gre.get(Calendar.SECOND);
```

```
        System.out.println(now);//显示当前日期时间
    }
}
```

运行结果：

```
2023 - 5 - 23 16:51:1
```

任务 5.4　Random 类

在 Java 中，可以使用 java.util.Random 类来产生一个随机数发生器。它有两种形式的构造函数，分别是 Random( ) 和 Random(long seed)。Random( ) 是使用一个与当前系统时间对应的相对时间有关的数字作为种子数创建对象，Random(long seed) 可以制定一个种子数创建对象。相同种子数的 Random 对象，相同次数生成的随机数字是完全相同的。注意：种子数只是随机算法的起源数字，和生成的随机数字的区间无关。

Random 类中各方法生成的随机数字都是均匀分布的，也就是说，区间内部的数字生成的概率是均等的。常见的获取随机数的方法见表 5.3。

表 5.3　常见的获取随机数的方法

方法	描述
public boolean nextBoolean( )	生成一个随机的 boolean 值，生成 true 和 false 的值概率相等，也就是都是 50% 的概率
public double nextDouble( )	生成一个随机的 double 值，数值介于 [0, 1.0) 之间
public int nextInt( )	生成一个随机的 int 值，该值介于 int 的区间，也就是 $-2^{31} \sim 2^{31}-1$ 之间
public int nextInt(int n)	生成一个随机的 int 值，该值介于 [0,n) 的区间，也就是 0~n 之间的随机 int 值，包含 0 而不包含 n
public void setSeed(long seed)	重新设置 Random 对象中的种子数。设置完种子数以后的 Random 对象和相同种子数使用 new 关键字创建出的 Random 对象相同

例 5 - 11　古诗是我国文学的重要组成部分，历史悠久，影响深远。从《诗经》《楚辞》到唐诗、宋词，再到元曲、近现代诗歌，都是我国古代文学的瑰宝。为了考验大家对古诗的掌握程度，随机给出一句古诗，猜测该诗的题目及作者。

参考代码如下：

```
import java.util.Random;
import java.util.Scanner;

public class Example5_11{
public static void main(String[]args){
    String[]poem = {"欲穷千里目,更上一层楼","竹外桃花三两枝,春江水暖鸭先知","旧时王谢
堂前燕,飞入寻常百姓家","海日生残夜,江春入旧年","野火烧不尽,春风吹又生","问渠哪得清如许,为有
```

源头活水来","会当凌绝顶,一览众山小","山重水复疑无路,柳暗花明又一村","春蚕到死丝方尽,蜡炬成挥泪始干","落红不是无情物,化作春泥更护花"};

```java
        String[]title = {"登鹳雀楼","惠崇春江晚景","乌衣巷","次北固山下","赋得古原草离别","观书有感","望岳","游山西村","无题","己亥杂诗"};
        String[]auther = {"王之涣","苏轼","刘禹锡","王湾","白居易","朱熹","杜甫","陆游","李商隐","龚自珍"};
        Random random = new Random();
        int score = 0;//统计分数
        Scanner scanner = new Scanner(System.in);
        for(int i = 0;i < 5;i ++){
            int index = random.nextInt(poem.length);//生成一个随机的数组索引
            System.out.println("请说出 \"" + poem[index] + "\"诗句的题目和作者");
            String t = scanner.nextLine();
            String a = scanner.nextLine();
            if(t.equals(title[index])&&a.equals(auther[index]))//判断回答是否正确
                score ++;
        }
        System.out.println("您的分数为" + score);
    }
}
```

运行结果如图 5.9 所示。

```
请说出"春蚕到死丝方尽,蜡炬成挥泪始干"诗句的题目和作者
无题
李商隐
请说出"问渠哪得清如许,为有源头活水来"诗句的题目和作者
观书有感
朱熹
请说出"落红不是无情物,化作春泥更护花"诗句的题目和作者
己亥杂诗
龚自珍
请说出"欲穷千里目,更上一层楼"诗句的题目和作者
登鹳雀楼
王之涣
请说出"问渠哪得清如许,为有源头活水来"诗句的题目和作者
观书有感
朱熹
您的分数为5
```

图 5.9　例 5-11 运行结果

例 5-12　模拟微信抢红包功能。

参考代码如下:

```java
import java.util.Random;
import java.util.Scanner;
```

```java
public class Example5_12{
public static void main(String[]args){
    System.out.println("———————模拟微信抢红包——————— \n");
    Scanner sc = new Scanner(System.in);
    System.out.print("请输入要装入红包的总金额(元):");
    double total = sc.nextDouble();
    System.out.print("请输入红包的个数(个):");
    int bagsnum = sc.nextInt();
    double min = 0.01;//初始化"红包的最小金额"
    Random random = new Random();
    if(total/bagsnum == 0.01)//红包总金额与个数的商为 0.01 时
    {
    for(int i = 1;i < bagsnum;i ++)
    {
    double money = min;
    total -= money;//total = total - money
    System.out.println("第" + i + "个红包:" + String.format("%.2f",money) + "元");
    }
    }
    else if(total/bagsnum < 0.01)//红包总金额与个数的商小于 0.01 时
    {
    System.out.println("要保证每个人都能分到 1 分钱哦!");
    return;
    }
    else{
    for(int i = 1;i < bagsnum;i ++)/* 本次红包可用最大金额 = 可分配金额 - (红包总数 * 已
发出的红包数) *  红包的最小金额*/
    {
        //(bagsnum - i) *  min 代表第 i 个抢红包后,保证每个人都能抢到 1 分钱的最小金额
    double max = total - (bagsnum - i) *  min;//最大可能产生的红包金额
    double bound = max - min;//设置随机金额的取值范围
    double safe = (double)random.nextInt((int)(bound *  100))/100;
    double money = safe + min;//最后加上红包的最小金额,以防 safe 出现 0 值
    total = total - money;
    System.out.println("第" + i + "个红包:" + String.format("%.2f",money) + "元");
    }
    }
    System.out.println("第" + bagsnum + "个红包:" + String.format("%.2f",total) + "元");
    sc.close();
}
}
```

运行结果如图 5.10 所示。

```
————模拟微信抢红包————

请输入要装入红包的总金额（元）：10
请输入红包的个数（个）：5
第1个红包：2.42元
第2个红包：6.54元
第3个红包：0.31元
第4个红包：0.67元
第5个红包：0.06元
```

图 5.10　例 5 - 12 运行结果

任务 5.5　Math 类

Java 程序设计语言中，除了使用基本的算术运算进行运算外，还提供了 Math 类来执行一些高级的数学运算，如绝对值、指数、对数、三角函数等。Java. lang. Math 类提供了两个静态常量：E（自然对数）和 PI（圆周率），也提供了许多用于数学运算的静态方法，由于这些方法都是静态的，因此可以直接通过类来进行调用。

5.5.1　Math 类基本方法

Math 类常用基本方法见表 5.4。

表 5.4　Math 类常用基本方法

方法	描述
abs( )	返回绝对值
floor(double d)	返回最大的 double 值，该值小于等于参数，并等于某个整数
int round(float a)	返回最接近参数的 int
long round(double a)	返回最接近参数的 long
min(a,b)	返回两者中较小的一个
max(a,b)	返回两者中较大的一个
random( )	返回带正号的 double 值，该值大于等于 0. 0 且小于 1. 0

例 5 - 13　Math 类基本方法的使用。
参考代码如下：

```java
public class Example5_13{
public static void main(String[ ]args){
    double d1 =7. 684;
    double d2 =6. 254;
```

```
int i = -8;
System.out.println("-8 的绝对值是" + Math.abs(i));
System.out.println("对 d1 使用 floor 方法" + Math.floor(d1));
System.out.println("对 d2 使用 floor 方法" + Math.floor(d2));
System.out.println("对 d1 使用 round 方法" + Math.round(d1));
System.out.println("对 d2 使用 round 方法" + Math.round(d2));
System.out.println("求 d1 与 i 的绝对值中最大值" + Math.max(d1,Math.abs(i)));
System.out.println("求 d1 与 i 的绝对值中最小值" + Math.min(d1,Math.abs(i)));
System.out.println("随机产生一个 0~1 之间的数" + Math.random());
    }
}
```

运行结果如图 5.11 所示。

```
-8的绝对值是8
对d1使用floor方法7.0
对d2使用floor方法6.0
对d1使用round方法8
对d2使用round方法6
求d1与i的绝对值中最大值8.0
求d1与i的绝对值中最小值7.684
随机产生一个0~1之间的数0.7926033275385799
```

图 5.11 例 5-13 运行结果

5.5.2 指数和对数方法

指数和对数方法见表 5.5。

表 5.5 指数和对数方法

方法	描述
double exp(double d)	返回参数的自然对数的基数 e 次幂
double log(double d)	返回参数的自然对数
pow(double a,double b)	返回第一个参数的第二个参数次幂的值
sqrt(double a)	返回正确舍入的一个 double 值的正平方根

例 5-14 输入参数，根据以下公式计算结果。

$$y = \begin{cases} e^x & 0 \le x < 2 \\ \log x & 2 \le x < 6 \\ 3^x & 6 \le x < 8 \\ \sqrt{|x|} & x < 0\ 或\ x \ge 8 \end{cases}$$

参考代码如下：

```
import java.text.DecimalFormat;
```

```
import java.util.Scanner;

public class Example5_14{
public static void main(String[]args){
    Scanner scanner = new Scanner(System.in);
    System.out.println("请输入 x 的值:");
    double x = scanner.nextDouble();
    double y;
    if(x>=0 && x<2)
        y = Math.exp(x);
    else if(x>=2 && x<6)
        y = Math.log(x);
    else if(x>=6 && x<8)
        y = Math.pow(3,x);
    else
        y = Math.sqrt(Math.abs(x));
    DecimalFormat df = new DecimalFormat("0.00");
    System.out.println("y 的值为" + df.format(y));
    }
    }
```

运行结果如图 5.12 所示。

```
请输入x的值:
-4
y的值为2.00
```

图 5.12 例 5 - 14 运行结果

5.5.3 三角方法

三角方法见表 5.6。

表 5.6 三角方法

方法	描述
cos(double a)	计算余弦,返回的是 -1.0 ~ 1.0 之间的数,如果想要将余弦的值转成角度,可以用 Math. acos( )
sin(double a)	计算正弦,返回的是 -1.0 ~ 1.0 之间的数,如果想要将正弦转换成角度,可以用 Math. asin( )
tan(double a)	计算正切,如果要计算反正切,用 Math. atan( )
toDegrees(double a)	将参数转换为角度
toRadians(double a)	将参数转换为弧度

例 5 - 15 计算 30°角的各种三角函数值。
参考代码如下:

```
public class Example5_15{
public static void main(String[]args){
    double degrees = 30.0;//定义角度
    double radians = Math.toRadians(degrees);//将角度转换为弧度
```

```
        System.out.format("圆周率 pi 的值是%.4f%n",Math.PI);//输出 PI 的值
        System.out.format("%.1f 度的正弦值是%.4f%n",degrees,Math.sin(radians));/*
输出正弦值*/
        System.out.format("%.1f 度的余弦值是%.4f%n",degrees,Math.cos(radians));/*
输出余弦值*/
        System.out.format("%.1f 度的正切值是%.4f%n",degrees,Math.tan(radians));/*
输出正切值*/
        System.out.format("%.4f 的反正弦值是%.4f 度%n",Math.sin(radians),
Math.toDegrees(Math.asin(Math.sin(radians))));//输出反正弦值
        System.out.format("%.4f 的反余弦值是%.4f 度%n",Math.cos(radians),
Math.toDegrees(Math.acos(Math.cos(radians))));//输出反余弦值
        System.out.format("%.4f 的反正切值是%.4f 度%n",Math.tan(radians),
Math.toDegrees(Math.atan(Math.tan(radians))));//输出反正弦值
    }
}
```

运行结果如图 5.13 所示。

```
圆周率 pi 的值是3.1416
30.0 度的正弦值是0.5000
30.0 度的余弦值是0.8660
30.0 度的正切值是0.5774
0.5000 的反正弦值是30.0000 度
0.8660 的反余弦值是30.0000 度
0.5774 的反正切值是30.0000 度
```

图 5.13　例 5 – 15 运行结果

任务 5.6　其 他 类

在 Java 中还有很多常用类，如 System 类、Enum 类、数组类等。

5.6.1　System 类

System 系统类，主要用于获取系统的属性数据和其他操作，常用方法见表 5.7。

表 5.7　System 常用方法

方法	说明
arraycopy (Object src, int srcPos, Object dest, int destPos, int length)	将数组中指定的数据复制到另一个数组中。src 为源数组，srcPos 为源数组索引起始位置，dest 为目标数组，destPos 为目标数组索引起始位置，length 为复制元素个数
currentTimeMillis ( )	获取当前系统时间，返回的是毫秒值

续表

方法	说明
gc( )	建议 JVM 赶快启动垃圾回收器回收垃圾
exit(int status)	退出 JVM, 如果参数是 0, 表示正常, 非 0 则表示异常退出 JVM

例 5 – 16　完成以下任务：

（1）定义一个数组，从数组的第四位复制 4 个元素到新数组。

（2）计算双层循环 20 000 000 次的用时。

参考代码如下：

```java
import java.util.Arrays;

public class Example5_16{
public static void main(String[]args){
    //1. arraycopy 数组复制
    //原数组,开始索引,目标数组,开始索引,复制长度
    int[]arr = {9,3,54,6,7,56,34,8,4};
    int[]arrCopy = new int[4];
    System.arraycopy(arr,3,arrCopy,0,4);
    System.out.println(Arrays.toString(arrCopy));
    //2. 计算双层循环 20000000 次的用时
    long start = System.currentTimeMillis();
    for(int i = 0;i < 20000000;i ++){
        for(int j = 0;j < 20000000;j ++){
            int result = i + j;
        }
    }
    long end = System.currentTimeMillis();
    System.out.println("用时: " + (end - start));
    //3. System.gc();告诉垃圾回收器回收垃圾
    Poem poem = new Poem("唐诗","李白");//不回收
    new Poem("唐诗","刘禹锡");//不一定回收
    new Poem("宋诗","苏轼");//不一定回收
    System.gc();
    //4. 退出 JVM
    System.exit(0);//退出 JVM,程序结束
    System.out.println("程序结束了…");//不执行
}
}
```

运行结果如图 5.14 所示。

```
[6, 7, 56, 34]
用时: 3
```

图 5.14　例 5 – 16 运行结果

5.6.2　枚举类

Java 中的枚举是一种类型。枚举，顾名思义，就是一个一个列举出来。所以它一般都是表示一个有限的集合类型。枚举在日常生活中很常见，例如，一个人的性别只能是"男"或者"女"，一周的星期只能是 7 天中的一天等。类似这种，当一个变量有几种固定可能的取值时，就可以将它定义为枚举类型。

Java 中的每一个枚举都继承自 java.lang.Enum 类。当定义一个枚举类型时，每一个枚举类型成员都可以看作 Enum 类的实例，这些枚举成员默认都被 final、public、static 修饰，当使用枚举类型成员时，直接使用枚举名称调用成员即可。所有枚举实例都可以调用 Enum 类的方法，常用方法见表5.8。

表5.8　枚举类常用方法

方法	描述
values( )	以数组形式返回枚举类型的所有成员
valueOf( )	将普通字符串转换为枚举实例
compareTo( )	比较两个枚举成员在定义时的顺序
ordinal( )	获取枚举成员的索引位置

例 5-17　彩虹有 7 种颜色，请使用枚举类定义这 7 种颜色，并完成以下操作。

（1）调用 values( ) 方法输出该枚举中的所有成员；

（2）调用 valueOf( ) 方法获取枚举的一个成员，再调用 compareTo( ) 方法进行比较，并输出结果；

（3）调用 ordinal( ) 方法输出所有成员及对应索引位置。

参考代码如下：

```java
public class Example5_17{
enum Rainbow{
    red,orange,yellow,green,blue,cyan,purple
};

public static void main(String[]args){
    //调用 values()方法输出该枚举中的所有成员
    System.out.println("彩虹有以下七种颜色:");
    for(int i=0;i<Rainbow.values().length;i++){
        if(i==Rainbow.values().length-1)
        System.out.println(Rainbow.values()[i]);
    else
        System.out.print(Rainbow.values()[i]+"、");
    }
    //调用 valueOf()方法获取枚举的一个成员,再调用 compareTo()方法进行比较,并输出结果
    Rainbow r1=Rainbow.valueOf("yellow");
    Rainbow r2=Rainbow.valueOf("purple");
    Rainbow r3=Rainbow.valueOf("red");
```

```
        System. out. println(r1 +"与" + r2 +"的比较结果是:" + r1. compareTo(r2));
        System. out. println(r1 +"与" + r3 +"的比较结果是:" + r1. compareTo(r3));
        System. out. println(r1 +"与" + r1 +"的比较结果是:" + r1. compareTo(r1));
        //调用 ordinal()方法输出所有成员及对应索引位置
        for(int i = 0; i < Rainbow. values(). length; i ++){
            System. out. println("索引" + Rainbow. values()[i]. ordinal() + ",值:" + Rain-
bow. values()[i]);
        }
    }
}
```

运行结果如图 5.15 所示。

```
彩虹有以下七种颜色:
red、orange、yellow、green、blue、cyan、purple
yellow与purple的比较结果是: -4
yellow与red的比较结果是: 2
yellow与yellow的比较结果是: 0
索引0,值: red
索引1,值: orange
索引2,值: yellow
索引3,值: green
索引4,值: blue
索引5,值: cyan
索引6,值: purple
```

图 5.15　例 5 –17 运行结果

任务 5.7　案例：诗书中华——诗礼传家

5.7.1　案例背景

全新原创文化类节目《诗书中华》曾在东方卫视周五播出。该节目通过"曲水流觞"的方式从 42 组参赛家庭里随机选择一组家庭，进行家有诗书挑战赛。顺利通过挑战赛的家庭将进入"君子之争"对战赛，若双方比分打平，则进入"旗鼓相当"的主观题比赛，其余家庭为其"落花"点赞，获得点赞数最多的一方将在这一轮胜出。节目中，对战家庭虽互相礼让，却也碰撞出不少激烈的"火花"。"旗鼓相当"环节也首次出现在节目中，有两组家庭打成 3∶3 平局后，进入主观题的比拼。双方需要用一句中国的古诗文对挪威画家爱德华·蒙克的名作《呐喊》进行描述。两组家庭的表现各有千秋，评委张大春老师鼓励选手在主观题部分不要过于严肃，要大胆"离题"，真正做到活学活用："我一直很期待好玩的，曲解的，或者是离奇的回答。诗人不能锁在一个宗旨或主题里面，有些时候你离题，可能更容易更激发你的想象力和读者的想象力。"

5.7.2　案例任务

《诗书中华》是每周五播放的节目，回看最近的《诗书中华》节目中两个家庭的诗句比

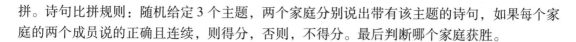

拼。诗句比拼规则：随机给定 3 个主题，两个家庭分别说出带有该主题的诗句，如果每个家庭的两个成员说的正确且连续，则得分，否则，不得分。最后判断哪个家庭获胜。

5.7.3 案例实现

（1）创建 Family 类，包含家庭名称、选手 1 和选手 2 的名称，用于获取家庭信息及选手回答情况。

（2）节目中需要随机给定主题，因此，需要将设置的主题存放在一维数组中，并随机显示出来。同时，要判断选手回答的诗句是否符合主题且连续，需要将对应诗句存放在二维数组中，二维数组中的元素为主题中的每首诗句，每首诗句中的第一个元素为符合该主题连续诗句的前半句，第二个元素为后半句。

（3）模拟《诗书中华》节目，获取离当前时间最近的周五，根据随机出现的主题，两个家庭分别回答带有该主题的诗句，回答正确积一分，共三题，三题结束后，高分者获胜。

参考代码如下：

```
public class Family{
String name;//家庭名称
String member1;//选手 1 的名称
String member2;//选手 2 的名称

public Family(String name,String member1,String member2){
    //TODO Auto-generated constructor stub
    this.name = name;
    this.member1 = member1;
    this.member2 = member2;
}
}
public class Poetry{
//存放主题的数组
final String title[] = {"月","雪","梅","春","雨","山"};

//存放关于月的诗句的数组
final String[][] moon = {{"人有悲欢离合","月有阴晴圆缺"},{"床前明月光","疑是地上霜"},
{"春江潮水连海平","海上明月共潮生"},
    {"举杯邀明月","对影成三人"},{"笙歌散后酒初醒","深院月斜人静"},{"野旷天低树","江清月近人"},{"明月松间照","清泉石上流"},
    {"月黑雁飞高","单于夜遁逃"},{"举杯邀明月","对影成三人"},{"小时不识月","呼做白玉盘"}};
//存放关于雪的诗句的数组
final String[][] snow = {{"孤舟蓑笠翁","独钓寒江雪"},{"遥知不是雪","为有暗香来"},{"千里黄云白日","北风吹雁雪纷纷"},{"晚来天欲雪","能饮一杯无"},
    {"北风卷地百草折","胡天八月即飞雪"},{"柴门闻犬吠","风雪夜归人"},{"窗含西岭千秋雪","门泊东吴万里船"},{"寒川消积雪","冻浦渐通流"},
```

```
            {"大雪纷纷何所有","明月与我何相见"},{"草枯鹰眼疾","雪尽马蹄轻"}});
    //存放关于梅的诗句的数组
    final String[][]plum = {{"窗间梅熟落蒂","墙下笋成出林"},{"相思一夜梅花发","忽到窗前疑
是君"},{"淡淡梅花香欲染","丝丝柳带露初干"},
            {"姑苏城外一茅屋","万树梅花月满天"},{"起来搔首","梅影横窗瘦"},{"闻道梅花坼晓
风","雪堆遍满四山中"},{"梅花散彩向空山","雪花随意穿帘幕"},
            {"云锁嫩黄烟柳细","风吹红蒂雪梅残"},{"步转回廊","半落梅花婉娩香"},{"候馆梅
残","溪桥柳细"}};
    //存放关于春的诗句的数组
    final String[][]spring = {{"爆竹声中一岁除","春风送暖入屠苏"},{"不知细叶谁裁出","二月
春风似剪刀"},{"春潮带雨晚来急","野渡无人舟自横"},
            {"春草如有情","山中尚含绿"},{"春蚕到死丝方尽","蜡炬成灰泪始干"},{"初春小雨润如
酥","草色遥看近却无"},{"春风如醇酒","著物物不知"},
            {"春风贺喜无言语","排比花枝满杏园"},{"春风春雨花经眼","江北江南水拍天"},{"池塘
生春草","园柳变鸣禽"}};
    //存放关于雨的诗句的数组
    final String[][]rain = {{"好雨知时节","当春乃发生"},{"天街小雨润如酥","龟遥看近却
无"},{"粉蝶双双穿槛舞","帘卷晚天疏雨"},
            {"黑云翻墨未遮山","白雨跳珠乱入船"},{"山河破碎风飘絮","身世浮沉雨打萍"},{"黄梅
时节家家雨","青草池塘处处蛙"},{"夜来风雨声","花落知多少"},
            {"夜阑卧听风吹雨","铁马冰河入梦来"},{"一雁下投天尽处","仙浮动雨来初"},{"风如拔
山怒","雨如决河倾"}};
    //存放关于山的诗句的数组
    final String[][]montain = {{"空山不见人","但闻人语响"},{"绿树村边合","青山郭外斜"},
{"山中兰叶径","城外李桃园"},{"不向东山去","日令春草深"},
            {"飞鸟去不穷","连山复秋色"},{"百川沸腾","山冢崒崩"},{"山光物态弄春晖","莫为轻
阴便拟归"},{"山路元无雨","空翠湿人衣"},
            {"君问归期未有期","巴山夜雨涨秋池"},{"同作逐臣君更远","青山万里一孤舟"}};
    }
import java.text.SimpleDateFormat;
import java.util.Calendar;
import java.util.Date;
import java.util.Random;
import java.util.Scanner;

public class PoetryChina{
public static void main(String[]args){
    getFriday();
    //创建两个家庭
    Family familys[] = new Family[2];
    familys[0] = new Family("和谐家庭","哥哥","妹妹");
    familys[1] = new Family("友爱家庭","姐姐","弟弟");
    Poetry poetry = new Poetry();
```

```java
        Random random = new Random();
        Scanner scanner = new Scanner(System.in);
        //存储两个家庭的成绩
        int[] score = {0,0};
        //随机显示3个主题
        for(int i = 0;i < 3;i ++){
            String title = poetry.title[random.nextInt(poetry.title.length)];
            System.out.println("请说出带有""+title+""的诗句");
            //第一个家庭回答
            System.out.println(familys[0].name + "回答:");
            System.out.println(familys[0].member1 + ":");
            String answer1 = scanner.next();
            System.out.println(familys[0].member2 + ":");
            String answer2 = scanner.next();
            //判断第一个家庭是否回答正确
            if(findPoetryArr(title,answer1,answer2)){
                score[0] +=1;
            }
            //第二个家庭回答
            System.out.println(familys[1].name + "回答:");
            System.out.println(familys[1].member1 + ":");
            String answer21 = scanner.next();
            System.out.println(familys[1].member2 + ":");
            String answer22 = scanner.next();
            //判断第一个家庭是否回答正确
            if(findPoetryArr(title,answer21,answer22)){
                score[1] +=1;
            }
        }
        //比较两个家庭分数
        if(score[0] > score[1])
            System.out.println(familys[0].name + "获胜,得分为" + score[0]);
        else if(score[0] < score[1]){
            System.out.println(familys[1].name + "获胜,得分为" + score[1]);
        }else{
            System.out.println(familys[0].name + "和" + familys[1].name + "打平,得分均
为:" + score[1]);
        }
    }

    //获取距离当前时间最近的周五
    public static void getFriday(){
```

```
        Calendar cal = Calendar. getInstance();
        SimpleDateFormat sdf = new SimpleDateFormat("今天是 yyy 年 MM 月 dd 日,EEEE");
        Date dat = cal. getTime();
        System. out. println(sdf. format(dat));
        int day = cal. get(cal. DAY_OF_MONTH);
        SimpleDateFormat sdf1 = new SimpleDateFormat("离现在最近的周五是 yyy 年 MM 月 dd
日 \n 现在回放 yyy 年 MM 月 dd 日的节目:");
        if(cal. get(cal. DAY_OF_WEEK) ==6){//如果当天是周五,观看当天节目
            System. out. println(sdf1. format(dat));
        }else{//如果当天不是周五,定位到上一个周五的日期
            for(int i =1;i <7;i ++){
                cal. set(cal. DAY_OF_MONTH,day - i);
                if(cal. get(cal. DAY_OF_WEEK) ==6){
                    Date date = cal. getTime();
                    System. out. println(sdf1. format(date));
                    break;
                }
            }
        }
    }


    //根据给出的主题去对比对应的数组
    public static boolean findPoetryArr(String title,String answer1,String answer2){
        Poetry poetry = new Poetry();
        boolean isRight = false;
        switch(title){
        case "月":
            isRight = judge(poetry. moon,answer1,answer2);
            break;
        case "雪":
            isRight = judge(poetry. snow,answer1,answer2);
            break;
        case "梅":
            isRight = judge(poetry. plum,answer1,answer2);
            break;
        case "春":
            isRight = judge(poetry. spring,answer1,answer2);
            break;
        case "雨":
            isRight = judge(poetry. rain,answer1,answer2);
            break;
        case "山":
            isRight = judge(poetry. mountain,answer1,answer2);
```

```
            break;
        default:
            break;
        }
        return isRight;
    }
```

/* 判断输入的诗句是否在对应主题数组中,并判断两个成员说的诗句是否连续*/

```
public static boolean judge(String[][]titlePoe-
try,String answer1,String answer2){
        for(int i=0;i<titlePoetry. length;i++){
            if(answer1. equals(titlePoetry[i][0])
&& answer2. equals(titlePoetry[i][1]))
                return true;
        }
        return false;
    }

}
```

运行结果如图 5.16 所示。

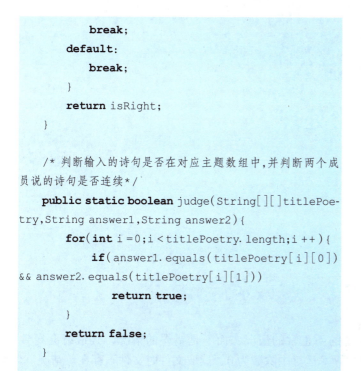

```
今天是2023年05月14日,星期日
离现在最近的周五是2023年05月12日
现在回放2023年05月12日的节目:
请说出带有"月"的诗句
和谐家庭回答:
哥哥:
人有悲欢离合
妹妹:
月有阴晴圆缺
友爱家庭回答:
姐姐:
举杯邀明月
弟弟:
对影成三人
请说出带有"山"的诗句
和谐家庭回答:
哥哥:
姑苏城外一茅屋
妹妹:
万树梅花月满天
友爱家庭回答:
姐姐:
空山不见人
弟弟:
但闻人语响
请说出带有"月"的诗句
和谐家庭回答:
哥哥:
月黑雁飞高
妹妹:
单于夜遁逃
友爱家庭回答:
姐姐:
举杯邀明月
弟弟:
对影成三人
友爱家庭获胜,得分为3
```

图 5.16　《诗书中华》案例运行结果

练习题

1. 请根据控制台输入的特定日期格式拆分日期。如请输入一个日期（格式如××月××日××××年），经过处理得到：××××年××月××日。

2. 根据输入的年份、产品类型和随机数产生固定资产编号，即，固定资产编号＝年份＋0＋产品类型＋3位随机数。

3. 利用 Math 类获取 5 个随机整数，范围为（15，30），不能重复，放在数组中，冒泡排序后遍历输出。

4. 获取当前对象的日期的 100 天前的日期。

5. 计算在 $-10.8 \sim 5.9$ 之间，绝对值大于 6 或者小于 2.1 的整数有多少个。

项目六

异常处理

异常是指程序在运行过程中出现的不正常的情况，而不是错误的情况，其最终会导致
Java 虚拟机（JVM）非正常停止，如算术运算中除数为 0、读取文件时文件不存在等情况。

例 6 - 1　编写一个简单的具有加、减、乘、除功能的计算器。

参考代码如下：

```java
import java.util.Scanner;

public class Example6_1{
public static void main(String[]args){
    System.out.println("简单计算器");
    Scanner scanner = new Scanner(System.in);
    System.out.println("请输入第一个数");
    int a = scanner.nextInt();
    System.out.println("请输入第二个数");
    int b = scanner.nextInt();
    System.out.println("请输入操作符");
    String op = scanner.next();
    double result = 0;
    //加法运算
    if(op.equals("+"))
    result = a + b;
    else if(op.equals("-")){
        result = a - b;
    }else if(op.equals("* ")){
        result = a* b;
    }else if(op.equals("/")){
        result = a/b;
```

```
      }
        System.out.println("运算结果为:"+String.format("%.2f",result));
   }
  }
```

如果仅仅考虑功能的实现,该代码可以完成加、减、乘、除的操作,但在实际运行中会出现很多问题。比如,当第二个数输入 0,操作符为/时,运行时就会发生图 6.1 所示的异常,即不正常的事件。但异常并不是错误,错误往往是与源代码的 Bug 或者内部环境有关,如内存泄露等。

```
简单计算器
请输入第一个数
4
请输入第二个数
0
请输入操作符
/
Exception in thread "main" java.lang.ArithmeticException: / by zero
       at 教材5_4.Calculator.main(Calculator.java:24)
```

图 6.1　例 6-1 运行结果

任务 6.2　Java 异常体系结构

Java API 中提供了很多异常类及错误类,所有的异常类和错误类都继承于 Java。如 Lang 包中的 Throwable 类,该类的所有子类对象都可以被当作异常抛出。Java 异常体系结构如图 6.2 所示。

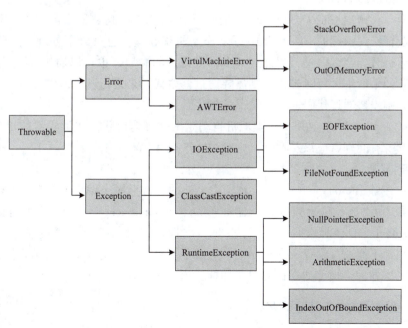

图 6.2　Java 异常体系结构

Throwable 包含两个子类：Error（错误）和 Exception（异常），它们通常用于指示发生了异常情况。

Throwable 包含了其线程创建时线程执行堆栈的快照，它提供了 printStackTrace() 等接口用于获取堆栈跟踪数据等信息。

6.2.1　Error（错误）

Error 类及其子类表示程序中无法处理的错误，表示运行应用程序中出现了严重的错误。此类错误一般表示代码运行时 JVM 出现问题。通常有 Virtual MachineError（虚拟机运行错误）、NoClassDefFoundError（类定义错误）等。比如 OutOfMemoryError：内存不足错误；StackOverflowError：栈溢出错误。此类错误发生时，JVM 将终止线程。

这些错误是不受检异常，非代码性错误。因此，当此类错误发生时，应用程序不应该去处理此类错误。按照 Java 惯例，我们是不应该实现任何新的 Error 子类的！

6.2.2　Exception（异常）

程序本身可以捕获并且可以处理的异常。Exception 这种异常又分为两类：运行时异常和编译时异常。

1. 运行时异常

RuntimeException 类及其子类，表示 JVM 在运行期间可能出现的异常，这些异常都是由 Java 虚拟机自动抛出。Java 编译器不会检查它。也就是说，当程序中可能出现这类异常时，倘若既"没有通过 throws 声明抛出它"，也"没有用 try - catch 语句捕获它"，还是会编译通过。比如除数为 0 时，在程序运行期间，虚拟机会抛出 ArithmeticExecption 算术异常；在创建对象时没有实例化，则会抛出 NullPointerException 空指针异常；数组索引越界时，会抛出 ArrayIndexOutBoundException 数组下标越界异常；父类引用指向的对象类型不是子类时进行强制类型转换，会抛出 ClassCastException 类型转换异常等。此类异常属于不受检异常，一般是由程序逻辑错误引起的，在程序中可以选择捕获处理，也可以不处理。虽然 Java 编译器不会检查运行时异常，但是可以通过 throws 进行声明抛出，也可以通过 try - catch 对它进行捕获处理。如果产生运行时异常，则需要通过修改代码来进行避免。例如，若会发生除数为零的情况，则需要通过代码避免该情况的发生。

RuntimeException 异常会由 Java 虚拟机自动抛出并自动捕获，此类异常的出现绝大多数情况是代码本身有问题，应该从逻辑上去解决并改进代码。

2. 编译时异常

Exception 中除 RuntimeException 及其子类之外的异常都属于编译时异常。Java 编译器会检查它。如果程序中出现此类异常，比如 ClassNotFoundException（没有找到指定的类异常）、IOException（IO 流异常），要么通过 throws 进行声明抛出，要么通过 try - catch 进行捕获处理，否则，不能通过编译。在程序中，通常不会自定义该类异常，而是直接使用系统提供的异常类。该异常必须手动在代码里添加捕获语句来处理。

6.2.3　受检异常与非受检异常

Java 的所有异常可以分为受检异常（checked exception）和非受检异常（unchecked exception）。

1. 受检异常

编译器要求必须处理的异常。正确的程序在运行过程中，经常容易出现的、符合预期的异常情况。一旦发生此类异常，就必须采用某种方式进行处理。Exception 中除 RuntimeException 及其子类之外的异常也属于受检异常。编译器会检查此类异常，也就是说，当编译器检查到应用中的某处可能会此类异常时，将会提示你处理本异常——要么使用 try – catch 捕获，要么使用方法签名中的 throws 关键字抛出，否则，编译不通过。

2. 非受检异常

编译器不会进行检查并且不要求必须处理的异常，也就是说，当程序中出现此类异常时，即使没有 try – catch 捕获它，也没有使用 throws 抛出该异常，编译也会正常通过。此类异常包括运行时异常（RuntimeException 及其子类）和错误（Error）。

任务 6.3　异常处理

Java 通过面向对象的方法进行异常处理，一旦方法抛出异常，系统自动根据该异常对象寻找合适的异常处理器（Exception Handler）来处理该异常，把各种不同的异常进行分类，并提供了良好的接口。在 Java 中，每个异常都是一个对象，它是 Throwable 类或其子类的实例。当一个方法出现异常后，便抛出一个异常对象，该对象中包含有异常信息，调用这个对象的方法可以捕获到这个异常并可以对其进行处理。Java 的异常处理是通过 5 个关键词来实现的：try、catch、throw、throws 和 finally。

在 Java 应用中，异常的处理机制分为声明异常、抛出异常和捕获异常，如图 6.3 所示。

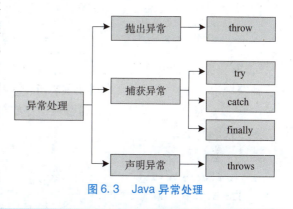

图 6.3　Java 异常处理

1. try

try 语句块包含了可能会发生异常的代码，即不正常的代码。语法格式：

```
try{
    可能会发生异常的代码
}
```

如果 try 语句块中有语句发生了异常，则该语句后的代码将不再执行，程序会跳转到异常处理代码块 catch 中。所以，为了避免程序随时中断执行，不相关的代码尽量不要放到 try 块中。

2. catch

catch 语句必须紧跟在 try 语句之后，称为捕获异常，也就是异常处理函数。语法如下：

```
catch(异常类型 引用名){
```

```
异常处理代码
}
```

其中，异常类型可以是 Throwable 类以及任何子类，常见的是 Exception 类及其子类，一般不会捕获 Error。当有不同类型的异常需要捕获时，可以使用多个 catch 块。如果 try 块中的代码发生异常，在没有 finally 配合时，每个 try 子句后面必须跟随一个或多个 catch 子句，用于捕获与 catch 块声明的异常类型相同的异常，只要类型匹配（类型相同，或者抛出异常是 catch 语句异常的子类），则异常被捕获，程序将正常运行；如果没有找到与抛出的异常类型相匹配的 catch 语句，异常就没有被捕获，程序将中断，不正常退出。

在例 6 - 1 中，计算器进行除法运算时，如果除数为 0，则会出现 ArithmeticExecption 算术异常，在编写代码时，则可以使用 try - catch 捕捉异常，如下代码所示：

```
try{
        result = a/b;
    }catch(ArithmeticException e){
        //TODO:handle exception
    System. out. println("除数不能为 0");
    }
```

3. finally

finally 是异常处理中用来强制执行某些代码的语句。语法格式：

```
finally{
    必须执行的重要功能
}
```

finally 一般搭配 try 使用，在 try 块后面可以没有 catch 块，只有 finally 块，这种情况下不会捕获抛出的异常，程序会在退出前将 finally 中的语句块强制执行，最终中断程序。

例 6 - 2   定义一个长度为 10 的数组，存放 1 ~ 10 所有元素。

参考代码如下：

```
public class Example6_2{
public static void main(String[]args){
    int arr[] = new int[10];
    for(int i = 0;i <=10;i ++){//数组下标会取到 10,会造成数组越界异常
        try{
            arr[i] = i;
        }catch(ArrayIndexOutOfBoundsException e){
            //TODO: handle exception
            System. out. println("数组下标超过了长度 -1 的值");
        }finally{
            System. out. println("必须执行的部分");
        }
```

```
        }
    }
}
```

运行结果如图6.4所示。

在例6-2中，"必须执行的部分"输出了共11次，该输出语句是在finally块中，也就是说，不管是否抛出异常，finally语句块中都会被强制执行。因此，一般finally用于关闭数据库资源，或者文件读写时关闭读写。

4. throw

Java异常主要分运行期异常和检测异常两种。运行期异常在运行时JVM自动抛出，检测异常都必须在编译期抛出，前面使用的异常都是运行期异常。Java语言使用throw关键字抛出异常，语法如下：

```
必须执行的部分
必须执行的部分
必须执行的部分
必须执行的部分
必须执行的部分
必须执行的部分
必须执行的部分
必须执行的部分
必须执行的部分
必须执行的部分
数组下标超过了长度-1的值
必须执行的部分
```

图6.4 例6-2运行结果

```
throw new 异常类构造方法；
```

只要是Throwable及其子类对象，都可以使用throw关键字抛出。实际应用中，往往抛出的是Exception及其子类对象，而不会抛出Error。运行throw语句后，即抛出异常。代码如下：

```
throw new Exception();
```

例6-3 模拟银行取钱功能。

（1）创建账户信息Acount类，包含账号、密码、金额属性和取款功能，其中，取款功能能判断取款是否合理。

```
public class Acount{
String id;//账号
String password;//密码
float money;//金额

public Acount(String id,String password,float money){
    //TODO Auto-generated constructor stub
    this. id = id;
    this. password = password;
    this. money = money;
}

public String getId(){
    return id;
}

public String getPassword(){
```

```java
        return password;
    }

    public float getMoney(){
        return money;
    }

    public void setId(String id){
        this.id = id;
    }

    public void setPassword(String password){
        this.password = password;
    }

    public void setMoney(float money){
        this.money = money;
    }

    //取款功能方法
    public void withdraw(float withdraw_money)throws Exception{
        try{
            if(withdraw_money < money){
                System.out.println("成功取出" + withdraw_money + "元钱");
                money -= withdraw_money;
            }else{

                throw new Exception();

            }
        }catch(Exception e){
            //TODO:handle exception
            System.out.println("余额不足");
        }finally{
            System.out.println("余额为" + money);
        }
    }
}
```

（2）创建 Example6_3 类来测试取款功能的实现。

```java
import java.util.Scanner;
```

```java
public class Example6_3{
public static void main(String[]args){
    //创建一个账户
    Acount acount = new Acount("0001","123456",5000);
    System.out.println("请输入账号和密码");
    Scanner scanner = new Scanner(System.in);
    while(true){

        String id = scanner.next();
        String passwrod = scanner.next();
        float withdraw_money;
        if(id.equals(acount.getId())&& passwrod.equals(acount.getPassword())){
            System.out.println("登录成功,请输入取钱金额");
            try{
                withdraw_money = scanner.nextFloat();
                acount.withdraw(withdraw_money);
            }catch(Exception e){
                System.out.println("输入的金额格式不对");
            }
            break;
        }else{
            System.out.println("账号或密码不正确,请重新输入");
        }
    }
}
}
```

运行结果如图6.5所示。

上述代码在输入取钱金额时，会抛出 Exception
类型的异常，但包含两种情况：一种是输入的不是数
字的情况，会提示"输入金额格式不对"；另一种是
输入的取钱金额比余额大，则会提示"余额不足"，
但后面这种异常不管输入的金额是否比余额大，均会
执行 finally 块中的内容，即显示余额。在整个程序
中，抛出异常后，如果不进行处理，程序将中断。

```
请输入账号和密码
0001
123456
登录成功，请输入取钱金额
6000
余额不足
余额为5000.0
```

图6.5 例6-3运行结果

5. throws

当某方法抛出了检测异常时，可以使用 try catch 捕获异常，以避免编译错误，但实际应
用中大多是需要在调用方法时就处理抛出的异常，因此，就需要在方法声明处使用 throws 语
句声明异常。一般 throws 出现在方法头，表示出现异常的一种可能性，并不一定会发生这些
异常。

在上述案例中，就是在方法 withraw 声明处使用 throws 声明异常，表示 withraw 方法可能
会抛出 Exception 类型异常。当一个方法使用了 throws 关键字声明异常类型后，那么调用方

法时，必须处理声明的异常。处理的方式依然有两种：使用 try catch 处理，或者继续使用 throws 进行声明。

任务6.4 自定义异常

Java 的内置异常虽然能够处理大多数常见错误，但实际情况复杂，可能还会出现系统不能满足的异常，因此需要编写适合自己预期的异常类型，来处理所遇到的特殊情况，即自定义异常。自定义异常主要通过继承 Exception 类或它的子类，必须显示指明异常类的基类。对于自定义异常，必须采用 throw 语句抛出异常，这种类型的异常不会自行产生。

自定义异常的基本形式如下所示。

```
class 自定义异常 extends 父异常类名{
类体;
}
```

例 6-4 一般人的年龄范围是 0 ~ 120 岁，性别只能是男或女。请自定义年龄异常类和性别异常类，在创建人物时，如果年龄和性别不符合要求，请输出相应异常提示信息。

参考代码如下：

（1）创建年龄异常类 AgeException。

```
public class AgeException extends RuntimeException{
public AgeException(String s){
    //TODO Auto-generated constructor stub
    super(s);
}
}
```

（2）创建性别异常类 SexException。

```
public class SexException extends RuntimeException{
public SexException(String s){
    //TODO Auto-generated constructor stub
    super(s);
}
}
```

（3）创建 Person 类，包含姓名、性别、年龄属性，同时，需要判断性别和年龄是否异常。

```
public class Person{
String name;
char sex;
int age;

public String getName(){
    return name;
```

```
        }

        public int getAge(){
            return age;
        }

        public char getSex(){
            return sex;
        }

        public void setName(String name){
            this.name = name;
        }

        public void setAge(int age){
            if(age >=0 && age <=120){
                this.age = age;
            }else{
                try{
                    throw new AgeException("年龄不符合正常人类");
                }catch(AgeException e){
                    System.out.println(e.getMessage());
                }
            }
        }

        public void setSex(char sex){
            if(sex == '男' || sex == '女'){
                this.sex = sex;
            }else{
                try{
                    throw new SexException("性别不匹配");
                }catch(SexException e){
                    System.out.println(e.getMessage());
                }
            }
        }
    }
```

（4）创建测试类，根据实例化 Person 对象来判断该对象的性别和年龄是否异常。

```
public class Example6_4{
public static void main(String[]args){
    Person person = new Person();
```

```
        person.setName("张三");
        person.setAge(130);
        person.setSex('W');
    }
}
```

运行结果如图 6.6 所示。

```
年龄不符合正常人类
性别不匹配
```

图 6.6　例 6-4 运行结果

任务6.5　案例：光盘行动——勤俭节约

6.5.1　案例背景

2017 年 8 月，各地响应中央号召，掀起新一轮"光盘行动"热潮。自 2013 年全国开展"光盘行动"以来，"舌尖上的浪费"明显好转，然而，不少消费者的消费理念以及讲排场的心理还未从根本扭转。商务部、中央文明办联合发出通知，推动餐饮行业厉行勤俭节约，引导全社会大力倡导绿色生活、反对铺张浪费。人民网记者通过多地走访发现，各地餐饮业联合倡议绿色餐饮，"光盘行动"在各地得到进一步落实。

2018 年 10 月世界粮食日，光盘打卡应用在清华大学正式发布。参与者用餐后，使用手机拍照打卡，经由 AI 智能识别是否光盘并给予奖励，以倡导与奖励的方式督促人们养成节约粮食的习惯，让勤俭节约的中华民族传统美德在新时代获得新的生机。

2019 年，共青团中央《"美丽中国·青春行动"实施方案（2019—2023 年）》提出："深化光盘行动，开展光盘打卡等线上网络公益活动。"2020 年 4 月世界地球日，共青团中央联合中华环保基金会和光盘打卡推出"2020 重启从光盘做起"光盘接力挑战赛。4 月22—28 日，参与者用餐后通过光盘打卡小程序，AI 识别光盘，成功光盘即可获得食光认证卡。除了高校的接力，活动也受到了环保、公益领域的关注与支持。据统计，活动微博话题阅读量超过 1.1 亿，覆盖高校上千所，直接参与打卡人数达 50 万。活动期间累计光盘打卡次数超过 100 万，据估算，相当于减少食物浪费 55 吨、减少碳排放 196 吨。

2020 年 12 月 4 日，"光盘行动"入选国家语言资源监测与研究中心发布的 2020 年度十大流行语。

2021 年 4 月 29 日，十三届全国人大常委会第二十八次会议表决通过《中华人民共和国反食品浪费法》，自公布之日起施行。

6.5.2　案例任务

"光盘行动餐饮系统"是一个具有点餐、进餐和结算功能的建议系统。在"点餐"功能模块中，根据人数 n 进行点餐，执行 n-1 的点餐规则。在"进餐"功能模块中，设置一个计数器进行模拟。在"结算"功能模块中，模拟 AI 机器人，通过扫描盘中剩余食品克数进行费用计算：如果总剩余量小于等于 50 g×n，则总餐费打八折；如果总剩余量小于等于 100 g×n，则总餐费打九折；如果总剩余量大于等于 200 g×n，则总餐费为应付餐费的 1.5 倍。

6.5.3 案例实现

创建 OederFood 类，根据输入的相关提示及进餐人数，进行点餐、报价及原始累计费用，但输入时可能存在输入格式不正确的情况，如果出现该情况，则抛出异常。进餐结束后，机器人扫描剩余食物，根据剩余克数计算支付总费用，同时，机器人也可能出现扫描错误的情况，因此自定义 RasidusException 异常类，如出现错误，抛出机器人扫描错误异常。具体代码如下：

```java
//自定义异常,剩余餐品输入不正确时抛出
public class RasidusException extends RuntimeException{
public RasidusException(String s){
    //TODO Auto-generated constructor stub
    super(s);
}
}
import java.util.Scanner;


public class OrderFood{
public static void main(String[]args){
    System.out.println("欢迎光临西西餐馆,本餐馆实行 \"光盘行动 \",有几条规则请大家遵守:");
    System.out.println("1.根据人数进行点餐,餐品数量为人数-1 \n2.进餐时间为人数* 15 分钟 \n3.根据剩余食品克数进行收费:");
    System.out.println("    " +"如果总剩余量小于等于50g* 人数,则总餐费打八折;\n" +"    " +"如果总剩余量小于等于100g* 人数,则总餐费打九折;\n" +"    "
            +"如果总剩余量大于等于200g* 人数,则总餐费为应付餐费的1.5 倍");
    System.out.println("光盘行动,从我做起!");
    System.out.println("请输入进餐人数:");
    Scanner scanner =new Scanner(System.in);
    try{
        int n =scanner.nextInt();
        System.out.println("请点餐" +(n-1) +"份,注意荤素搭配!");
        String food ="";
        double money =0;
        for(int i =0;i <n-1;i ++){
            System.out.println("请输入您的第" +(i +1) +"份餐品");
            String f =scanner.next();
            food +=f;
            food +=" ";
            System.out.println("请服务员报价:");
            int m =scanner.nextInt();
```

```java
            money += m;
        }
    System.out.println("您一共点了" + (n - 1) + "份餐品,分别为:" + food + ",当前总费用
为:" + money);
    System.out.println("现在是您的用餐时间,时间为" + (n * 15) + "分钟");
    System.out.println(" =================================== ");
    System.out.println("现在请 AI 机器人扫描您盘中剩余食物:");
    System.out.println("请 AI 机器人报剩余餐品克数");
    float residus = scanner.nextFloat();
    if(residus >= 0){
        if(residus <= 50 * n){
            money = money * 0.8;
            System.out
                .println("因您剩余餐品克数小于等于" + (50 * n) + ",为您打八折,您最终需要
支付" + money + "元。  \n 感谢您为光盘行动做的贡献,谢谢您!");
        }else if(residus <= 100 * n){
            money = money * 0.9;
            System.out.println(
                "因您剩余餐品克数小于等于" + (100 * n) + ",为您打九折,您最终需要支付" +
money + "元。  \n 感谢您为光盘行动做的贡献,谢谢您!");

        }else if(residus >= 200 * n){
            money = money * 1.5;
            System.out.println("因您剩余餐品克数大于等于" + (200 * n) + ",您需要支付
1.5 倍的餐费,您最终需要支付" + money
                + "元。  \n 您可以选择打包带回家,希望您下次注意,谢谢配合!");
        }
    }else{
        try{
            throw new RasidusException("AI 机器人扫描错误");
        }catch(Exception e){
            System.out.println(e.getMessage());
        }
    }
    }catch(Exception e){
        System.out.println("输入格式不正确");
    }
    }
}
```

运行结果如图 6.7 所示。

欢迎光临西西餐馆，本餐馆实行"光盘行动"，有几条规则请大家遵守：
1.根据人数进行点餐，餐品数量为人数**-1**
2.进餐时间为人数***15**分钟
3.根据剩余食品克数进行收费：
　如果总剩余量小于等于**50g***人数，则总餐费打八折；
　如果总剩余量小于等于**100g***人数，则总餐费打九折；
　如果总剩余量大于等于**200g***人数，则总餐费为应付餐费的**1.5**倍
光盘行动，从我做起！
请输入进餐人数：
3
请点餐**2**份，注意荤素搭配！
请输入您的第**1**份餐品
青椒肉丝
请服务员报价：
20
请输入您的第**2**份餐品
炝炒白菜
请服务员报价：
10
您一共点了**2**份餐品，分别为：青椒肉丝 炝炒白菜，当前总费用为：**30.0**
现在是您的用餐时间，时间为**45**分钟
================================
现在请**AI**机器人扫描您盘中剩余食物：
请**AI**机器人报剩余餐品克数
100
因您剩余餐品克数小于等于**150**，为您打八折，您最终需要支付**24.0** 元。
感谢您为光盘行动做的贡献，谢谢您！

图6.7　光盘行动餐饮系统运行结果

练习题

1. 请描述异常的继承体系。

2. 异常处理方式有几种？分别是什么？

3. 详细阐述每种方式对异常是如何处理的。

4. 请列举常见异常，并说明产生原因。

5. 从命令行得到 5 个整数，放入一个整型数组，然后打印输出。要求：如果输入数据不为整数，要捕获 Integer. parseInt( ) 产生的异常，显示"请输入整数"，捕获输入参数不足5 个的异常（数组越界），显示"请输入至少 5 个整数"。

项目七

集合框架

任务7.1　泛　　型

　　Java 泛型是 JDK5 中引入的一个新特性，泛型提供了编译时类型安全检测机制，该机制允许程序员在编译时检测到非法的类型。泛型实现了参数化类型的概念，使代码可以应用于多种类型。比如，要对整型、字符串等多种类型数组进行排序，仅写一个排序方法时，则可以使用泛型。它的特点是进行显式的强制类型转换，但是转换时编译器无法发现异常，只有在运行时才能发现，因此也会成为系统的安全隐患。

7.1.1　泛型方法

　　在调用泛型方法时，可以接受不同类型的参数，根据传递给泛型方法的参数类型，编译器适当地处理每一个方法调用。

　　泛型方法的规则：

　　● 所有泛型方法声明都有一个类型参数声明部分（由尖括号分隔），该类型参数声明部分在方法返回类型之前（如 < E >，其中，E 可以是任意字母）。

　　● 每一个类型参数声明部分包含一个或多个类型参数，参数间用逗号隔开。一个泛型参数，也被称为一个类型变量，是用于指定一个泛型类型名称的标识符。

　　● 类型参数能被用来声明返回值类型，并且能作为泛型方法得到的实际参数类型的占位符。

　　泛型方法体的声明和其他方法一样。注意，类型参数只能代表引用型类型，不能是原始类型（如 int、double、char 等）。

　　需要注意的是，在泛型方法中，对元素进行操作运算时，只希望接受同一类或其子类的实例，这就是有界类型参数，而声明有界的类型参数，首先列出类型参数的名称，后跟 extends 关键字，最后紧跟它的上界。

　　例 7 - 1　使用泛型方法对整型、浮点型、字符型数组排序，并输出排序后的结果。

　　参考代码如下：

```
public class Example7_1{
```

```java
//排序的泛型方法
public static <E extends Comparable<E>>E[]arrsort(E[]arr){
    E temp;
    for(int i=0;i<arr.length-1;i++){
        for(int j=0;j<arr.length-1-i;j++){
            if(arr[j].compareTo(arr[j+1])>0){
                temp=arr[j];
                arr[j]=arr[j+1];
                arr[j+1]=temp;
            }
        }
    }
    return arr;
}


//打印数组的泛型方法
public static <E>void arrPrint(E[]arr){
    for(E e : arr){
        System.out.print(e+" ");
    }
    System.out.println();
}


public static void main(String[]args){
    Integer[]arr1={1,3,2,6,4,7,3};
    Double[]arr2={5.1,2.3,4.2,7.4,5.4,6.5,9.1};
    Character[]arr3={'G','D','A','U','R','E','T'};
    arrsort(arr1);
    System.out.println("整型数组排序后的结果:");
    arrPrint(arr1);
    arrsort(arr2);
    System.out.println("浮点型数组排序后的结果:");
    arrPrint(arr2);
    arrsort(arr3);
    System.out.println("字符型数组排序后的结果:");
    arrPrint(arr3);
}
}
```

运行结果如图 7.1 所示。

整型数组排序后的结果：
1 2 3 3 4 6 7
浮点型数组排序后的结果：
2.3 4.2 5.1 5.4 6.5 7.4 9.1
字符型数组排序后的结果：
A D E G R T U

图 7.1　例 7 – 1 运行结果

7.1.2　泛型类

泛型类的声明与一般类的声明基本一致，只需要在声明类时在类名后增加 < E >，以表示该类是一个泛型类。E 表示类型参数，可以代表任何一个具体类型。泛型类的类型参数声明部分也包含一个或多个类型参数，参数间用逗号隔开。

例 7 – 2　在蒙面舞会上，为了增加彼此的神秘感，会场规定每个人只能介绍自己的年龄、姓名和职业中的一种，请使用泛型类完成。

参考代码如下：

```java
public class PersonGen < T > {
T arr;
public PersonGen(T arr) {
    //TODO Auto - generated constructor stub
    this. arr = arr;
}
public void setArr(T arr) {
    this. arr = arr;
}
public T getArr() {
    return arr;
}
}
public class Example7_2 {
public static void main(String[]args) {
    //介绍年龄
    PersonGen < Integer >person1 = new PersonGen < Integer >(25);
    System. out. println("peron1:\n 我的年龄是" + person1. getArr());
    //介绍姓名
    PersonGen < String >person2 = new PersonGen < String >("小美");
    System. out. println("peron2:\n 我的姓名是" + person2. getArr());
    //介绍职业
    PersonGen < String >person3 = new PersonGen < String >("律师");
    System. out. println("peron3:\n 我的职业是" + person3. getArr());
}
}
```

运行结果如图7.2所示。

```
peron1:
我的年龄是25
peron2:
我的姓名是小美
peron3:
我的职业是律师
```

图7.2 例7-2运行结果

任务7.2 集合框架

集合框架（Collections Framework）是用来表现和操纵集合的一个统一的体系结构。所有集合框架一般都包含对外的接口、接口的实现和对集合运算的算法。集合框架设计必须满足以下几个目标：

①是高性能的；

②允许不同类型的集合，具有高度的互操作性；

③集合的扩展和适应是简单的。

Java集合框架是Java语言的重要组成部分，是用来存储和操作对象组的。集合又称为容器，存放具有多个相同性质的元素，能用于存储、获取、操纵和传输数据。Java集合与数组类似，均是存储对象，但数组存储的元素类型必须相同，集合存储的对象类型可以不一样，长度也可变。

Java集合框架中包括 java.util.Collection、java.util.Map、java.util.Iterator 三个顶级接口。Collection 接口是存储一个元素的集合，包含3种子类型：List、Set 和 Queue，再下面是一些抽象类，最后是具体实现类，常用的有 ArrayList、LinkedList、HashSet、TreeSet；Map 是图，存储键值对映射，常用的实现类有 HashMap、TreeMap；Iterator 用于数据容器使用，大多应用于集合元素的遍历。Java 主要集合框架如图7.3所示。

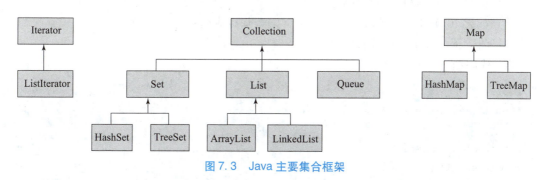

图7.3 Java主要集合框架

任务7.3 Collection 接口

Collection 是最基本的集合接口，一个 Collection 代表一组 Object，即 Collection 的元素，Java 不提供直接继承自 Collection 的类，只提供继承自 Collection 子接口（如 List 和 Set）。Collection 用于存储一系列符合某种规则的元素，它有两个重要的子接口，分别是 java.util.List 和 java.util.Set。其中，List 的特点是元素有序、元素可重复；Set 的特点是元素无序，而且不可以重复。

Collection 由于是所有单列集合（List 和 Set）的父接口，因此，提供了单列集合的一些

Java 程序设计

通用方法，见表 7.1。

表 7.1　Collection 通用方法

方法	描述
boolean add(E e)	把给定的对象添加到当前集合中
boolean addAll(Collection < ?extends E > c)	向集合中添加参数中所有的元素
void clear( )	清除集合中的所有元素
boolean contains(Object o)	判定当前集合中是否包含给定的对象，是则返回 true
boolean containsAll(Collection < ? > c)	判定此 collection 是否包含指定 collection 中的所有元素，是则返回 true
boolean isEmpty( )	判定此容器是否为空，是则返回 true
Iterator < E > iterator( )	返回一个迭代器，用来遍历容器中的所有元素
boolean remove(Object o)	如果容器中存在此元素，则删除它
boolean retainAll(Collection < ? > c)	将此 Collection 与参数 c 的交集存入此 Collection 中
int size( )	返回集合中的元素个数
Object[ ]toArray( )	把集合中的元素存储到数组中

例 7 - 3　学生成绩一直都是大家关心的，现对 10 个学生的成绩进行以下操作：

(1) 将 10 个同学的成绩存放到集合中；

(2) 如果 10 个同学中的成绩有 101 分，则删除该成绩；

(3) 将剩下的成绩转换成数组并输出。

参考代码如下：

```java
import java.util.ArrayList;
import java.util.Collection;

public class Example7_3{
public static void main(String[]args){
    //1. 将10个同学的成绩存放到集合中
    Collection < Integer > scores = new ArrayList < Integer >();
    scores.add(90);
    scores.add(88);
    scores.add(101);
    scores.add(85);
    scores.add(91);
    Collection < Integer > sc = new ArrayList < Integer >();
    for(int i = 90;i < 95;i ++)
        sc.add(i);
    scores.addAll(sc);
    System.out.println("删除之前集合中共有" + scores.size() + "个元素");
```

```
//2. 如果10个同学中的成绩有101分,则删除该成绩
if(! scores. isEmpty()){
    if(scores. contains(101))
        scores. remove(101);
}
System. out. println("删除之后集合中共有" + scores. size() + "个元素");
//3. 将剩下的成绩转换成数组并输出
Object[]scoreArr = scores. toArray();
System. out. println("集合中的元素有:");
for(int i = 0;i < scoreArr. length;i ++){
    System. out. print(scoreArr[i] + " ");
}
}
}
```

运行结果如图7.4所示。

```
90 88 101 85 91 90 91 92 93 94
删除之前集合中共有10个元素
删除之后集合中共有9个元素
集合中的元素有:
90 88 85 91 90 91 92 93 94
```

图7.4　例7-3运行结果

任务7.4　Iterator 接口

在程序开发中，经常需要遍历集合中的所有元素，因此，JDK 专门提供了 java. util. Iterator 接口用于遍历。Iterator 接口主要用于迭代访问 Collection 中的元素，因此，Iterator 对象也被称为迭代器。

Iterator 常用的方法如下：

- hasNext()：判断是否还有下一个元素。如果仍有元素，可以迭代，否则，返回 true。
- next()：返回下一个元素。
- remove()：删除当前元素。

Iterator 是一个接口，不能直接使用，需要使用 iterator() 方法来返回迭代器的实现类对象，以此对该类对象进行操作。使用 Iterator 遍历集合的原理：首先调用集合的 iterator() 方法获得迭代器对象，然后使用 hashNext() 方法判断集合中是否存在下一个元素，如果存在，则调用 next() 方法将元素取出，否则，说明已到达集合末尾，停止遍历元素。

例7-4　将例7-3中10个同学的成绩集合使用迭代器遍历。

参考代码如下：

```
Iterator < Integer > it = scores. iterator();
```

```
while(it.hasNext()){
int score = it.next();
System.out.print(score + " ");
}
```

运行结果如图 7.5 所示。

$$90\ 88\ 85\ 91\ 90\ 91\ 92\ 93\ 94$$

图 7.5　例 7 – 4 运行结果

任务 7.5　集合遍历输出方式

要遍历集合中的元素，可以使用 3 种方法：for 循环遍历、for – each 循环遍历和 Iterator 迭代器。下面依次讲解这三种方法。

1. for 循环遍历

集合中常用的方法 toArray( ) 是将集合转换成数组，因此，使用 for 循环遍历则是先将集合转换成数组，然后使用 for 循环输出数组中的元素。

2. for – each 循环遍历

for – each 循环是将集合中的元素逐个输出，并且不需要通过索引的方式，其语法格式为：

```
for(集合中元素的数据类型 临时变量:集合或者数组){
    System.out.println(临时变量);
}
```

3. Iterator 迭代器

Iterator 迭代器在遍历集合时，主要采用的是指针的方式来跟踪集合中的元素。其语法格式为：

```
Iterator <T> iterator = 集合的对象引用.iterator();
while(iterator.hasNext()){
    System.out.println(iterator.next());
}
```

例 7 – 5　党的十八大强调，倡导富强、民主、文明、和谐，倡导自由、平等、公正、法治，倡导爱国、敬业、诚信、友善，积极培育和践行社会主义核心价值观。在社会主义核心价值观基本内容中，富强、民主、文明、和谐是国家层面的价值目标，自由、平等、公正、法治是社会层面的价值取向，爱国、敬业、诚信、友善是公民个人层面的价值准则。请将社会主义核心价值观的 24 个字存储在集合中，并使用上述三种遍历方法输出。

参考代码如下：

```
import java.util.ArrayList;
import java.util.Collection;
```

```java
import java.util.Iterator;

public class Example7_5{
public static void main(String[]args){
    Collection<String>values=new ArrayList<String>();
    values.add("富强");
    values.add("民主");
    values.add("文明");
    values.add("和谐");
    values.add("自由");
    values.add("平等");
    values.add("公正");
    values.add("法治");
    values.add("爱国");
    values.add("敬业");
    values.add("诚信");
    values.add("友善");
    //1.使用 for 循环遍历
    System.out.println("使用 for 循环遍历");
    Object[]valueArr=values.toArray();
    for(int i=0;i<valueArr.length;i++)
        System.out.print(valueArr[i]+" ");
    //2.使用 for-each 循环遍历
    System.out.println("\n使用 for-each 循环遍历");
    for(String value : values)
        System.out.print(value+" ");
    //3.使用 Iterator 迭代器遍历
    System.out.println("\n使用 Iterator 迭代器遍历");
    Iterator<String>it=values.iterator();
    while(it.hasNext())
        System.out.print(it.next()+" ");
}
}
```

运行结果如图7.6所示。

```
使用for循环遍历
富强 民主 文明 和谐 自由 平等 公正 法治 爱国 敬业 诚信 友善
使用for-each循环遍历
富强 民主 文明 和谐 自由 平等 公正 法治 爱国 敬业 诚信 友善
使用Iterator迭代器遍历
富强 民主 文明 和谐 自由 平等 公正 法治 爱国 敬业 诚信 友善
```

图7.6　例7-5运行结果

任务 7.6 Set 接口

Set 称为集合，是一种无顺序、不重复的集合，常用的子类包含 HashSet 和 TreeSet。HashSet 底层使用 HashMap 实现，根据元素的 hashCode 和 equals 来判断是否为重复元素。当元素的 hashCode 相同且 equals 返回 true 时，则认为是重复元素，HashSet 可以放入 null，但只能放一个 null。TreeSet 底层使用红黑树实现，Set 上的元素被放在一个自动排序的红黑树中，不能放入 null。

7.6.1 HashSet

HashSet 是 Set 接口的典型实现，实现了 Set 接口中的所有方法，并没有添加额外的方法，大多时候使用 Set 集合时就是使用这个实现类。HashSet 按 Hash 算法来存储集合中的元素，因此具有很好的存取和查找性能。

例 7 - 6 目前大多小车都是燃油车和新能源汽车，燃油车的车牌是蓝牌，新能源汽车的车牌是绿牌，请用 HashSet 存放燃油车和新能源汽车的车牌。

参考代码如下：

（1）创建 Car 类，包含类型和车牌两个属性。

```java
public class Car{
String type;
String carNum;

public Car(String type,String carNum){
    //TODO Auto - generated constructor stub
    this.type = type;
    this.carNum = carNum;
}
}
```

（2）创建测试类，实例化多个 Car 对象，将其存放在 HashSet 中，并遍历输出 HashSet 中的元素。

```java
import java.util.HashSet;
import java.util.Set;
public class Example7_6{
public static void main(String[]args){
    Car car1 = new Car("蓝牌","川 A88888");
    Car car2 = new Car("绿牌","川 A66666");
    Car car3 = new Car("蓝牌","川 A22222");
    Car car4 = new Car("绿牌","川 A88888");
    Car car5 = new Car("蓝牌","川 A22222");
    Set < Car > cars = new HashSet < Car > ();
```

```
        cars. add(car1);
        cars. add(car2);
        cars. add(car3);
        cars. add(car4);
        cars. add(car5);
        for(Car car : cars){
            System. out. println("车牌是" + car. type + ",号码是" + car. carNum);
        }
    }
}
```

运行结果如图 7.7 所示。

从例 7-6 中可以发现，有两辆车均是
蓝牌，且其车牌号码均为"川 A22222"，
即为相同对象，但把这些对象存入 HashSet
时，能同时存入，与"Set 中的元素不重
复"矛盾。但实际 HashSet 集合判断两个元
素相等的标准是两个对象通过 equals 方法
比较相等，并且两个对象的 hashCode 方法

车牌是蓝牌，号码是川**A22222**
车牌是蓝牌，号码是川**A22222**
车牌是蓝牌，号码是川**A88888**
车牌是绿牌，号码是川**A66666**
车牌是绿牌，号码是川**A88888**

图 7.7　例 7-6 运行结果

返回值也相等。判断的过程如下：先比较两个对象的 hashCode 方法返回值，如果不相同，
则认为两个对象不同；如果 hashCode 返回值相同，再调用 equals 方法；如果 equals 方法返
回 true，则认为两个对象相同；如果返回 false，则认为两个对象不同。

因此，要避免出现相同的对象能存放在 HashSet 中，则需要重写 hashCode 方法和 equals
方法。

在 Car 对象类中重写 hashCode 方法和 equals 方法：

```
@ Override
public int hashCode(){
    //TODO Auto - generated method stub
    final int prime = 31;
    int result = 1;
    result = prime* result + ((type == null)? 0:type. hashCode());
    result = prime* result + ((carNum == null)? 0:carNum. hashCode());
    return result;
}
@ Override
public boolean equals(Object obj){
    //TODO Auto - generated method stub
    if(this == obj)
        return true;
    if(obj == null)
        return false;
    if(getClass()!= obj. getClass())
```

```
    return false;
    final Car other = (Car)obj;
    if(type == null){
        if(other. type != null)
            return false;
    }else if(! type. equals(other. type))
        return false;
    if(carNum == null){
        if(other. carNum != null)
            return false;
    }else if(! carNum. equals(other. carNum))
        return false;
    return true;
}
```

修改代码后，得到如图 7.8 所示的运行结果。

车牌是蓝牌，号码是川**A88888**
车牌是绿牌，号码是川**A88888**
车牌是绿牌，号码是川**A66666**
车牌是蓝牌，号码是川**A22222**

图 7.8　例 7 - 6 去重运行结果

7.6.2　TreeSet

TreeSet 是 SortedSet 接口的实现类，正如 SortedSet 名字所暗示的，TreeSet 可以确保集合元素处于排序状态。此外，TreeSet 还提供了几个额外的方法，见表 7.2。

表 7.2　TreetSet 常用方法

方法	描述
comparator( )	返回对此 set 中的元素进行排序的比较器；如果此 set 使用其元素的自然顺序，则返回 null
first( )	返回此 set 中当前第一个（最低）元素
last( )	返回此 set 中当前最后一个（最高）元素
lower(E e)	返回此 set 中严格小于给定元素的最大元素；如果不存在这样的元素，则返回 null
higher(E e)	返回此 set 中严格大于给定元素的最小元素；如果不存在这样的元素，则返回 null
subSet (E fromElement, E toElement)	返回此 set 的部分视图，其元素从 fromElement （包括） 到 toElement （不包括）
headSet(E toElement) :	返回此 set 的部分视图，其元素小于 toElement
tailSet(E fromElement)	返回此 set 的部分视图，其元素大于等于 fromElement

TreeSet 中所谓的有序，不同于之前所讲的插入顺序，而是通过集合中元素属性进行排序方式来实现的。TreeSet 支持两种排序方法：自然排序和定制排序。在默认情况下，TreeSet 采用自然排序。

1. 自然排序

　　TreeSet 的自然排序是使用 Comparable 接口，该接口里定义了一个 compareTo(Object obj)方法，该方法返回一个整数值，实现该接口的类必须实现该方法，实现了该接口的类的对象就可以比较大小了。当一个对象调用该方法与另一个对象比较时，例如 obj1. compareTo(obj2)，如果该方法返回 0，则表明两个对象相等；如果该方法返回一个整数，则表明 obj1 大于 obj2；如果该方法返回一个负整数，则表明 oj1 小于 obj2。

　　例 7 - 7　使用 TreeSet 存放燃油车和新能源汽车的车牌，并根据车牌的后 5 位数字实现自然排序。

　　参考代码如下：

　　（1）创建 Car 类，并实现 Comparable 接口，重写 compareTo 排序方法。

```java
public class Car implements Comparable<Car>{
String type;
String carNum;

public Car(String type,String carNum){
    //TODO Auto-generated constructor stub
    this.type=type;
    this.carNum=carNum;
}
@Override
public int compareTo(Car arg0){
    //TODO Auto-generated method stub
    String s1=this.carNum.substring(2);
    String s2=arg0.carNum.substring(2);
    if(this.type.equals(arg0.type)&&this.carNum.equals(arg0.carNum)){
        return 0;
    }else if(Integer.parseInt(s1)>Integer.parseInt(s2)){
        return 1;
    }else
        return -1;
}
}
```

　　（2）创建测试类，实现对车牌进行自然排序。

```java
import java.util.Set;
import java.util.TreeSet;
public class Example7_7{
public static void main(String[]args){
    Car car1=new Car("蓝牌","川A88888");
    Car car2=new Car("绿牌","川A66666");
    Car car3=new Car("蓝牌","川A22222");
```

```
    Car car4 = new Car("绿牌","川 A88888");
    Car car5 = new Car("蓝牌","川 A22222");
    Set < Car > cars = new TreeSet();
    cars. add( car1);
    cars. add( car2);
    cars. add( car3);
    cars. add( car4);
    cars. add( car5);
    for( Car car : cars) {
        System. out. println( "车牌是" + car. type + ",号码是" + car. carNum);
    }
  }
}
```

运行结果如图 7.9 所示。

2. 定制排序

TreeSet 定制排序是通过 Comparator 接口，同样，该接口中包含一个 int compare(T o1,T o2) 方法，该方法用于比较 o1、o2 的大小：如果该方法返回正整数，则表明 o1 大于 o2；如果该方法返回 0，则表明 o1 等于 o2；如果该方法返回负整数，则表明 o1 小于 o2。

> 车牌是蓝牌,号码是川**A22222**
> 车牌是绿牌,号码是川**A66666**
> 车牌是绿牌,号码是川**A88888**
> 车牌是蓝牌,号码是川**A88888**

图 7.9　例 7 -7 运行结果

如果要实现定制排序，则需要在创建 TreeSet 时调用一个带参构造器，传入 Comparator 对象，并由该 Comparator 对象负责集合元素的排序逻辑，集合元素可以不必实现 Comparable 接口。

例 7 -8　使用 TreeSet 存放燃油车和新能源汽车的车牌，并根据车牌的后 5 位数字实现定制排序。

参考代码如下：

（1）创建 Car 类，包含类型和车牌两个属性。

```
public class Car {
String type;
String carNum;
public Car(String type,String carNum) {
    //TODO Auto - generated constructor stub
    this. type = type;
    this. carNum = carNum;
  }
}
```

（2）使用 Comparator 进行定制排序。

```
import java. util. Comparator;
import java. util. TreeSet;
```

```java
public class Example7_8{
public static void main(String[]args){
    Car car1 = new Car("蓝牌","川 A88888");
    Car car2 = new Car("绿牌","川 A66666");
    Car car3 = new Car("蓝牌","川 A22222");
    Car car4 = new Car("绿牌","川 A44444");
    Car car5 = new Car("蓝牌","川 A22222");
    Comparator < Car > comparator = new Comparator < Car >(){

        @Override
        public int compare(Car o1,Car o2){
            //TODO Auto-generated method stub
            String s1 = o1.carNum.substring(2);
            String s2 = o2.carNum.substring(2);
            if(o1.type.equals(o2.type)&&o1.carNum.equals(o2.carNum)){
                return 0;
            }else if(Integer.parseInt(s1) > Integer.parseInt(s2)){
                return 1;
            }else
                return -1;
        }

    };
    TreeSet < Car > cars = new TreeSet < Car >(comparator);
    cars.add(car1);
    cars.add(car2);
    cars.add(car3);
    cars.add(car4);
    cars.add(car5);
    for(Car car : cars){
        System.out.println("车牌是" + car.type + ",号码是" + car.carNum);
    }
    System.out.println("TreeSet 的基本使用");
    System.out.println("集合中第一个元素:" + cars.first().type + "," + cars.first().carNum);
    System.out.println("集合中最后一个元素:" + cars.last().type + "," + cars.last().carNum);
    System.out.println("小于 car1 的最大元素:" + cars.lower(car1).type + "," + cars.lower(car1).carNum);
    System.out.println("大于 car3 的最小元素:" + cars.higher(car3).type + "," + cars.higher(car3).carNum);
    }
    }
```

运行结果如图 7.10 所示。

```
车牌是蓝牌,号码是川A22222
车牌是绿牌,号码是川A44444
车牌是绿牌,号码是川A66666
车牌是蓝牌,号码是川A88888
TreeSet的基本使用
集合中第一个元素：蓝牌,川A22222
集合中最后一个元素：蓝牌,川A88888
小于car1的最大元素：：绿牌,川A66666
大于car3的最小元素：绿牌,川A44444
```

图 7.10　例 7-8 运行结果

任务 7.7　List 接口

List 称为列表,存放的是一组可以重复元素的有序集合,其中的元素都是有索引的。List 集合包含以下特点：

- 元素有序（即添加顺序和取出顺序一致）、可重复。
- 每个元素都有其对应的顺序索引。
- 可以根据序号存取集合中的元素。

List 是 Collection 接口的子接口,所以具有 Collection 中定义的所有功能。同时,List 扩展了一些新的方法,新方法大多与索引有关。List 常用方法见表 7.3。

表 7.3　List 常用方法

方法	描述
E get(int index)	将集合中某索引位置的元素取出并返回
E set(int index,E element)	使用某元素替换集合中指定索引位置的元素
void add(int index,E element)	将元素插入 List 中指定索引的位置
int indexOf(object oj)	获取指定元素在集合中第一次出现的位置
int lastIndexOf(object oj)	获取指定元素在集合中最后出现的位置
E remove(int index)	删除指定位置的元素
List < E > subList(int fromIndex,int toIndex)	获取集合中起止位置元素所组成的子列表

List 是接口,无法直接创建对象,需要使用其具体的实现类,常用的实现类包括 ArrayList 和 LinkedList。

7.7.1　ArrayList

ArrayList 称为数组列表,其中的元素采用数组的方式存储,使用连续内存存储,如果使用 ArrayList 插入数据，必须将其后的所有元素顺序地后移，花费的时间则较多，因此，该列表主要用于在列表末尾添加元素，并且随机地访问其中的元素。

例 7-9 生成 10 个 1～100 之间的随机整数，将这 10 个整数存入 ArrayList 中，并进行以下操作：

（1）将该集合进行从小到大排序；

（2）获取集合中的第二个元素；

（3）将集合中的最后一个元素设置为 100；

（4）获取集合中第 3～6 个元素；

（5）删除集合中第 5 个元素。

参考代码如下：

```java
import java.util.ArrayList;
import java.util.Collections;
import java.util.Random;
public class Example7_9{
public static void main(String[]args){
    ArrayList < Integer > list = new ArrayList();
    //1. 生成 10 个 1～100 之间的随机整数
    for(int i = 1; i <= 10; i ++){
        Random r = new Random();
        int n = r.nextInt(100);
        //存入一个 List 集合
        list.add(n);
    }
    System.out.println("排序前的集合:" + list);
    //2. 将该集合进行从小到大排序
    Collections.sort(list);
    System.out.println("排序后的集合:" + list);
    //3. 获取集合中的第二个元素
    System.out.println("集合中的第二个元素:" + list.get(1));
    //4. 将集合中的最后一个元素设置为 100
    list.set(9,100);
    System.out.println("将集合中最后一个元素设置为 100 后:" + list);
    //5. 获取集合中第 3～6 个元素
    System.out.println("集合中第 3～6 个元素:" + list.subList(2,6));
    //6. 删除集合中第 5 个元素
    list.remove(4);
    System.out.println("删除集合中第 5 个元素后:" + list);
}
}
```

运行结果如图 7.11 所示。

```
排序前的集合：[38, 70, 2, 73, 5, 33, 38, 42, 82, 53]
排序后的集合：[2, 5, 33, 38, 38, 42, 53, 70, 73, 82]
集合中的第二个元素：5
将集合中最后一个元素设置为100后：[2, 5, 33, 38, 38, 42, 53, 70, 73, 100]
集合中第3~6个元素：[33, 38, 38, 42]
删除集合中第5个元素后：[2, 5, 33, 38, 42, 53, 70, 73, 100]
```

图 7.11　例 7 - 9 运行结果

7.7.2　LinkedList

LinkedList 是一种线性表，但是并不会按线性顺序存储数据，而是在每一个节点里存储下一个节点的地址。访问元素时，必须从链表的一端开始沿着链接方向逐个元素地查找，直到找到所需的元素为止，但将元素添加到原有元素中间时效率很高。因此，需要频繁地在列表开头、中间、末尾等位置进行添加和删除元素操作时，优先使用 LinkedList。

ArrayList 类常用的方法与 List 接口基本相同，LinkedList 类比 List 接口多了一些方便操作头元素和尾元素的方法，见表7.4。

表 7.4　LinkedList 常用方法

方法	描述
void addFirst(E e)	把新元素插入列表中的最前位置
void addLast(E e)	把新元素插入列表中的最后位置
E getFirst( )	获取列表中最前位置的元素
E getLast( )	获取列表中最后位置的元素
E peek( )	获取列表中最前位置的元素，但此元素仍保留在列表中
E poll( )	获取列表中最前位置的元素，同时把此元素从列表中删除
E pop( )	从栈中弹出栈顶元素
void push(E e)	把指定元素压入栈顶

例 7 - 10　选手在参加一档歌唱比赛，当选手演唱完后，会有 6 名专家进行评分，还有一个大众评分。选手的最终成绩是在 6 名专家评分中，去掉最高分和最低分，再加上大众评分的平均值。求该选手获得的最高分、最低分及最终成绩。

参考代码如下：

```java
import java.text.DecimalFormat;
import java.util.Collections;
import java.util.Iterator;
import java.util.LinkedList;

public class Example7_10{
public static void main(String[]args){
```

```java
LinkedList<Double> marks = new LinkedList<Double>();
marks.add(80.5);
marks.add(75.4);
marks.add(82.3);
marks.add(86.4);
marks.add(83.5);
marks.add(79.5);
System.out.println("排序前的评分:" + marks);
//对专家评分进行排序
Collections.sort(marks);
System.out.println("排序后的评分:" + marks);
//获取最高分与最低分,并去掉最高分与最低分
System.out.println("专家评分最低分为:" + marks.getFirst());
System.out.println("专家评分最高分为:" + marks.getLast());
marks.poll();//去掉最低分
marks.remove(marks.size() - 1);//去掉最高分
System.out.println("去掉最高分和最低分后的评分:" + marks);
double publicMark = 82.6;//大众评分
//将大众评分按顺序插入评分集合中
for(int i = 0; i < marks.size(); i++){
    if(marks.get(i) > publicMark){
        marks.add(i, publicMark);
        break;
    }
}
System.out.println("插入大众评分后的评分:" + marks);
//计算平均分
Iterator<Double> it = marks.iterator();
double sum = 0;
while(it.hasNext()){
    sum += it.next();
}
DecimalFormat df = new DecimalFormat(".000");
System.out.println("该选手的平均分为:" + df.format(sum/marks.size()));
}
}
```

运行结果如图 7.12 所示。

```
排序前的评分：[80.5, 75.4, 82.3, 86.4, 83.5, 79.5]
排序后的评分：[75.4, 79.5, 80.5, 82.3, 83.5, 86.4]
专家评分最低分为：75.4
专家评分最高分为：86.4
去掉最高分和最低分后的评分：[79.5, 80.5, 82.3, 83.5]
插入大众评分后的评分：[79.5, 80.5, 82.3, 82.6, 83.5]
该选手的平均分为：81.680
```

图 7.12　例 7 - 10 运行结果

任务 7.8　Map 接口

Map 接口是另一个重要的集合接口，用来存储一组成对的对象。Map 集合中存储的是键值对，键名不能重复，键值可以重复。Map 表示"键 - 值"成对的一组对象（key - value），它不能有重复的 key，但可以有重复的 value。

与接口 Collection 类似，接口 Map 也提供了一组抽象方法，用于对 Map 集合中的元素进行增加、删除、查询和统计等，它在 HashMap 等实现类中得到了实现。Map 接口中主要的方法见表 7.5。

表 7.5　Map 接口中主要的方法

方法	描述
V put(K key, V value)	该方法可以将 key 和 value 存到 Map 对象中。如果 key 已经存在，则被覆盖，返回被覆盖前的 value；如果 key 不存在，则返回 null
V get(Object key)	该方法可以根据 key 值返回对应的 value
int size( )	该方法返回 Map 对象中键值对的数量
Set < K > keySet( )	该方法将 Map 对象中的 key 值取出，返回到 Set 对象中
Collection < V > values( )	该方法将 Map 对象中的 value 值取出，返回到 Collection 对象中

例 7 - 11　世界杯是由全世界国家级别球队参与，象征足球界最高荣誉，并具有最大知名度和影响力的足球赛事，请分析近 10 届世界杯的举办情况，实现输入年份后显示该年在何时何地举办的世界杯及冠军是谁，以及输入球队后显示在哪年获得过冠军。

参考代码如下：

（1）创建 World 世界杯类，包含第几届、举办地点、举办时间和冠军属性。

```java
public class World{
String jie;//第几届
String year;//举办时间
String address;//举办地点
String win;//冠军
public World(String jie,String year,String address,String win){
```

```
        //TODO Auto-generated constructor stub
        this.jie=jie;
        this.year=year;
        this.address=address;
        this.win=win;
    }
    public String getJie(){
        return jie;
    }
    public void setJie(String jie){
        this.jie=jie;
    }
    public String getYear(){
        return year;
    }
    public void setYear(String year){
        this.year=year;
    }
    public String getAddress(){
        return address;
    }
    public void setAddress(String address){
        this.address=address;
    }
    public String getWin(){
        return win;
    }
    public void setWin(String win){
        this.win=win;
    }
}
```

（2）创建 Example7_11 类，存放近 10 届世界杯信息于 HashMap 中，并在该 HashMap 中查找世界杯信息及冠军夺冠信息。

```
import java.util.ArrayList;
import java.util.Collection;
import java.util.HashMap;
import java.util.Iterator;
import java.util.List;
import java.util.Map;
import java.util.Scanner;

public class Example7_11{
```

```java
public static void main(String[]args){
    String[]syear = {"1986年","1990年","1994年","1998年","2002年","2006年","2010年","2014年","2018年","2022年"};
    World world1 = new World("第十三届",syear[0],"墨西哥","阿根廷");
    World world2 = new World("第十四届",syear[1],"意大利","德国");
    World world3 = new World("第十五届",syear[2],"美国","巴西");
    World world4 = new World("第十六届",syear[3],"法国","法国");
    World world5 = new World("第十七届",syear[4],"韩国和日本","巴西");
    World world6 = new World("第十八届",syear[5],"德国","意大利");
    World world7 = new World("第十九届",syear[6],"南非","西班牙");
    World world8 = new World("第二十届",syear[7],"巴西","德国");
    World world9 = new World("第二十一届",syear[8],"俄罗斯","法国");
    World world10 = new World("第二十二届",syear[9],"卡塔尔","阿根廷");
    Map < String,World > worldmap = new HashMap < String,World >();
    worldmap. put(syear[0],world1);
    worldmap. put(syear[1],world2);
    worldmap. put(syear[2],world3);
    worldmap. put(syear[3],world4);
    worldmap. put(syear[4],world5);
    worldmap. put(syear[5],world6);
    worldmap. put(syear[6],world7);
    worldmap. put(syear[7],world8);
    worldmap. put(syear[8],world9);
    worldmap. put(syear[9],world10);
    //判断输入年份是在何地举办的世界杯,其冠军是谁
    System. out. println("请输入世界杯举办的年份:");
    Scanner scanner = new Scanner(System. in);
    String inputyear = scanner. nextLine();
    if(worldmap. containsKey(inputyear)){
        System. out. println(inputyear +"是在" + worldmap. get(inputyear).getAddress() +
"举办的"
                + worldmap. get(inputyear). getJie() +"世界杯,最后的冠军是" + worldmap. get(inputyear). getWin());
    }else{
        System. out. println("该年没有举办世界杯");
    }
    //判断输入球队在哪年获得过冠军
    System. out. println("请输入球队名字");
    String name = scanner. nextLine();
    Collection worldvalues = worldmap. values();
    Iterator < World > it = worldvalues. iterator();
    int count = 0;
    List < String > winyear = new ArrayList < String >();
```

```
while(it.hasNext()){
    World world = it.next();
    if(world.getWin().equals(name)){
        winyear.add(world.getYear());
        count ++;
    }
}
if(count ==0)
    System.out.println("该球队没有获得过世界杯");
else{
    System.out.print("该球队夺冠的年份为:");
    for(int i =0;i < winyear.size();i ++)
        System.out.print(winyear.get(i) + "\t");
    System.out.println();
}
}
}
```

运行结果如图 7.13 所示。

```
请输入世界杯举办的年份:
1994年
1994年是在美国举办的第十五届世界杯，最后的冠军是巴西
请输入球队名字
巴西
该球队夺冠的年份为：2002年        1994年
```

图 7.13　例 7 -11 运行结果

任务 7.9　案例：新能源汽车——绿色低碳

7.9.1　案例背景

在人类历史长河中，已经经历了两次交通能源动力系统变革，每一次变革都给人类的生产和生活带来了巨大变化，同时也成就了先导国或地区的经济腾飞。第一次变革发生在 18 世纪 60 年代，以蒸汽机技术诞生为主要标志，是煤和蒸汽机使人类社会生产力获得极大的提升，开创了人类的工业经济和工业文明，从而引发了欧洲工业革命，使欧洲各国成为当时的世界经济强国。

第二变革发生在 19 世纪 70 年代，石油和内燃机替代了煤和蒸汽机，使世界经济结构由轻工业主导向重工业转变，同时也促成了美国的经济腾飞，并把人类带入了基于石油的经济体系与物质繁荣。

人类再次来到了交通能源动力系统变革的十字路口，第三次变革将是以电力和动力电池（包括燃料电池）替代石油和内燃机，将人类带入清洁能源时代，我们大胆地预测，第三次交通能源动力系统的变革将带动亚洲经济的腾飞，使亚洲取代美国成为世界经济的发动机。

在能源和环保的压力下，新能源汽车无疑将成为未来汽车的发展方向。如果新能源汽车得到快速发展，以 2020 年中国汽车保有量 1.4 亿计算，可以节约石油 3 229 万吨，替代石油 3 110 万吨，节约和替代石油共 6 339 万吨，相当于将汽车用油需求削减 22.7%。2020 年以前节约和替代石油主要依靠发展先进柴油车、混合动力汽车等实现。到 2030 年，新能源汽车的发展将节约石油 7 306 万吨，替代石油 9 100 万吨，节约和替代石油共 16 406 万吨，相当于将汽车石油需求削减 41%。届时，生物燃料、燃料电池在汽车石油替代中将发挥重要的作用。

结合中国的能源资源状况和国际汽车技术的发展趋势，预计到 2025 年后，中国普通汽油车占乘用车的保有量将仅占 50% 左右，而先进柴油车、燃气汽车、生物燃料汽车等新能源汽车将迅猛发展。

7.9.2　案例任务

当前天气污染严重，按照规定，需要对交通实行机动车限行方案，方案如下：如果车牌是新能源汽车，则不受限行方案限制，均可通行；如果是燃油车，则限行管控日日历为单日的，尾号为 1、3、5、7、9 的车辆可上路行驶，限行管控日日历为双日的，尾号为 0、2、4、6、8 的车辆可上路行驶，尾号为字母的，以车辆牌号最后一位数字为准。随机产生 20 辆车的车牌，根据当前日期，判断有哪些车辆可正常通行。车牌产生规则：①新能源汽车：车牌号的组成一般为省份 + 地区代码 + 首字母 +5 位数字，其中，首字母为 D、A、B、C、E、F、G、H、J、K 中的一个。②燃油车牌：车牌号的组成一般为省份 + 地区代码 +5 位数字/字母（或者数字字母混合），其中，字母不包含 O 和 I，其字母最多有两位。

7.9.3　案例实现

（1）创建 AutoCar 类，定义车牌号开头列表、车牌号字母数组、新能源汽车车牌首字母数组，定义 getEnergyCarLicense 和 getCarLicenseBegin 两个方法，分别表示产生新能源汽车车牌和燃油车车牌。

（2）创建交通限行 TrafficRestriction 类，随机产生新能源汽车车牌和燃油车车牌共 20辆，根据限行规则分析判断这 20 辆车牌中有哪些车牌当天可通行。具体代码：

```java
import java.util.Random;


public class AutoCar{
//车牌号开头列表
public static final String[] carNumberHeadList = {"京A","京C","京E","京F","京H",
"京G","京B","津A","津B","津C","津E","沪A","沪B","沪D","沪C","渝A","渝B","渝C","渝
G","渝H","冀A","冀B","冀C","冀D","冀E","冀F","冀G","冀H","冀J","冀R","冀T","豫
A","豫B","豫C","豫D","豫E","豫F","豫G","豫H","豫J","豫K","豫L","豫M","豫N","豫
P","豫Q","豫R","豫S","豫U","云A","云C","云D","云E","云F","云G","云H","云J","云K",
```

"云 L","云 M","云 N","云 P","云 Q","云 R","云 S","辽 A","辽 B","辽 C","辽 D","辽 E","辽 F","辽 G","辽 H","辽 J","辽 K","辽 L","辽 M","辽 N","辽 P","辽 V","黑 A","黑 B","黑 C","黑 D","黑 E","黑 F","黑 G","黑 H","黑 J","黑 K","黑 L","黑 M","黑 N","黑 P","黑 R","湘 A","湘 B","湘 C","湘 D","湘 E","湘 F","湘 G","湘 H","湘 J","湘 K","湘 L","湘 M","湘 N","湘 U","湘 S","皖 A","皖 B","皖 C","皖 D","皖 E","皖 F","皖 G","皖 H","皖 J","皖 K","皖 L","皖 M","皖 N","皖 P","皖 Q","皖 R","皖 S","鲁 A","鲁 B","鲁 C","鲁 D","鲁 E","鲁 F","鲁 G","鲁 H","鲁 J","鲁 K","鲁 L","鲁 M","鲁 N","鲁 P","鲁 Q","鲁 R","鲁 S","鲁 U","鲁 V","鲁 Y","新 A","新 B","新 C","新 D","新 E","新 F","新 G","新 H","新 J","新 K","新 L","新 M","新 N","新 P","新 Q","新 R","苏 A","苏 B","苏 C","苏 D","苏 E","苏 F","苏 G","苏 H","苏 J","苏 K","苏 L","苏 M","苏 N","浙 A","浙 B","浙 C","浙 D","浙 E","浙 F","浙 G","浙 H","浙 J","浙 K","浙 L","赣 A","赣 B","赣 C","赣 D","赣 E","赣 F","赣 G","赣 H","赣 J","赣 K","赣 L","赣 M","鄂 A","鄂 B","鄂 C","鄂 D","鄂 E","鄂 F","鄂 G","鄂 H","鄂 J","鄂 K","鄂 L","鄂 M","鄂 N","鄂 P","鄂 Q","鄂 R","鄂 S","桂 A","桂 B","桂 C","桂 D","桂 E","桂 F","桂 G","桂 H","桂 J","桂 K","桂 L","桂 M","桂 N","桂 P","桂 R","甘 A","甘 B","甘 C","甘 D","甘 E","甘 F","甘 G","甘 H","甘 J","甘 K","甘 L","甘 M","甘 N","甘 P","晋 A","晋 B","晋 C","晋 D","晋 E","晋 F","晋 H","晋 J","晋 K","晋 L","晋 M","蒙 A","蒙 B","蒙 C","蒙 D","蒙 E","蒙 F","蒙 G","蒙 H","蒙 J","蒙 K","蒙 L","蒙 M","陕 A","陕 B","陕 C","陕 D","陕 E","陕 F","陕 G","陕 H","陕 J","陕 K","陕 U","陕 V","吉 A","吉 B","吉 C","吉 D","吉 E","吉 F","吉 G","吉 H","吉 J","闽 A","闽 B","闽 C","闽 D","闽 E","闽 F","闽 G","闽 H","闽 J","闽 K","贵 A","贵 B","贵 C","贵 D","贵 E","贵 F","贵 G","贵 H","贵 J","粤 A","粤 B","粤 C","粤 D","粤 E","粤 F","粤 G","粤 H","粤 J","粤 K","粤 L","粤 M","粤 N","粤 P","粤 Q","粤 R","粤 S","粤 T","粤 U","粤 V","粤 W","粤 X","粤 Y","粤 Z","青 A","青 B","青 C","青 D","青 E","青 F","青 G","青 H","藏 A","藏 B","藏 C","藏 D","藏 E","藏 F","藏 G","藏 H","藏 J","川 A","川 B","川 C","川 D","川 E","川 F","川 H","川 J","川 K","川 L","川 M","川 Q","川 R","川 S","川 T","川 U","川 V","川 W","川 X","川 Y","川 Z","宁 A","宁 B","宁 C","宁 D","琼 A","琼 B","琼 C","琼 D","琼 E"};

```java
//车牌号字母数组
public static final char[] carLicenseArray = {'Q','W','E','R','T','Y','U','I','O','P','A','S','D','F','G','H','J','K','L','Z','X','C','V','B','N','M','0','1','2','3','4','5','6','7','8','9'};
//新能源汽车车牌首字母数组
public static final String[] carFirstArray = {"D","A","B","C","E","F","G","H","J","K"};

//产生新能源车牌
public static String getEnergyCarLicense(){
    Random random = new Random();
    //随机产生一个车牌号头部分的字符串
    String head = carNumberHeadList[random.nextInt(carNumberHeadList.length)];
    //定义一个6位数的车牌数组
    String[] carlicense = new String[5];
    String carlicenseStr = head + "·";
    String first = carFirstArray[random.nextInt(carFirstArray.length)];
```

```
            carlicenseStr += first;
        for(int i = 0;i < 5;i ++){
            int num = random.nextInt(10);
            carlicenseStr += num;
        }
//        System.out.println("新能源汽车车牌" + carlicenseStr);
        return carlicenseStr;
    }
    //产生燃油车车牌
    public static String getCarLicenseBegin(){
        Random random = new Random();
        //随机产生一个车牌号头部分的字符串
        String head = carNumberHeadList[random.nextInt(carNumberHeadList.length)];
        //定义一个6位数的车牌数组
        String[]carlicense = new String[5];
        String carlicenseStr = head + "·";
        //遍历数组,并赋值
        int flag = 0;//统计车牌中出现字母的个数
        for(int i = 0;i < carlicense.length;i ++){
            //随机获取数组长度作为索引
            int index = random.nextInt(carLicenseArray.length);
            //如果车牌中包含字母,则字母个数加1
            if(carLicenseArray[index] >= 'A' || carLicenseArray[index] <= 'Z')
            flag ++;
        if(flag <= 2)//判断车牌中是否包含两位字母
            carlicenseStr += carLicenseArray[index];
        else{
            int num = random.nextInt(10);
            carlicenseStr += num;
        }
    }
//        System.out.println(carlicenseStr);
    return carlicenseStr;
}
}
import java.util.ArrayList;
import java.util.Calendar;
import java.util.HashMap;
import java.util.Map;
import java.util.Random;
import java.util.Set;

public class TrafficRestriction{
```

```java
public static void main(String[]args){
    AutoCar autoCar = new AutoCar();
    Random random = new Random();
    int num = random.nextInt(20);

    Map < String,String > carLiceseMap = new HashMap < String,String >();
    for(int i = 0;i < num;i ++){
//        carLicenses.add(autoCar.getEnergyCarLicense());
        carLiceseMap.put(autoCar.getEnergyCarLicense(),"新能源汽车");
    }
    for(int i = 0;i < 20 - num;i ++){
//        carLicenses.add(autoCar.getCarLicenseBegin());
        carLiceseMap.put(autoCar.getCarLicenseBegin(),"燃油汽车");
    }
    //获取当天的日期
    int date = Calendar.getInstance().get(Calendar.DAY_OF_MONTH);
    Set < String > carLicenseKey = carLiceseMap.keySet();
    ArrayList < String > accessibleCar = new ArrayList < String >();/* 存储可通行
的车牌*/
    System.out.println("随机产生的 20 辆车车牌为:");
    for(String car : carLicenseKey){
        if(carLiceseMap.get(car).equals("新能源汽车")){
            accessibleCar.add(car);
        }else{
            /* 判断燃油车牌是否可通行,规则:尾号为 1、3、5、7、9 车辆,单日可通行,尾号为 0、
2、4、6、8 的车辆,双日可通行,尾号为字母的,以车辆牌号最后一位数字为准*/
            char[]carArr = car.toCharArray();
            for(int i = carArr.length - 1;i >= 0;i --){
                if(carArr[i] >= '0' || carArr[i] <= '9'){
                    if(date % 2 ==1 && carArr[i]% 2 ==1){
                    accessibleCar.add(car);
                    }else if(date % 2 ==0 && carArr[i]% 2 ==0){
                    accessibleCar.add(car);
                    }
                    break;
                }
            }
        }
    }
    System.out.println(carLiceseMap.get(car) + ":" + car);
    }
    System.out.println("今天是" + date + "号,可以通行的车辆有" + accessibleCar.size()
+ "辆,分别是:");
```

```
    for(String caString : accessibleCar)
        System.out.println(caString);
}
}
```

运行结果如图 7.14 所示。

练习题

1. 请说说数组和集合的区别。
2. 简要说明 List、Set、Map 的区别。
3. HashMap 的工作原理是什么?
4. 如何将集合中的两个元素交换位置?
5. 获取字符串在集合中出现的次数。

```
随机产生的20辆车车牌为:
新能源汽车: 苏M·D47078
燃油汽车: 湘U·6H163
燃油汽车: 湘M·TS915
新能源汽车: 黑J·J73825
新能源汽车: 陕J·A55915
燃油汽车: 陕J·G0044
燃油汽车: 云M·K7832
新能源汽车: 鲁R·G41744
燃油汽车: 黑P·2B396
新能源汽车: 蒙A·D57472
燃油汽车: 浙E·56903
新能源汽车: 豫H·E62889
燃油汽车: 川V·WL308
燃油汽车: 甘F·7T878
燃油汽车: 川J·PW464
新能源汽车: 川E·F72858
新能源汽车: 辽B·D31056
新能源汽车: 粤Z·A78904
新能源汽车: 琼A·E39659
燃油汽车: 鲁A·LB653
今天是13号,可以通行的车辆有14辆,分别是:
苏M·D47078
湘U·6H163
湘M·TS915
黑J·J73825
陕J·A55915
鲁R·G41744
蒙A·D57472
浙E·56903
豫H·E62889
川E·F72858
辽B·D31056
粤Z·A78904
琼A·E39659
鲁A·LB653
```

图 7.14 机动车限行案例运行结果

第三部分　高级应用

项目八

Swing 程序设计

任务 8.1 Swing

8.1.1 Swing 概述

GUI（图形用户界面）为程序提供图形界面，它最初的设计目的是为程序员构建一个通用的 GUI，可在任何平台上运行，但 AWT（抽象窗口工具箱）没有达到要求，于是 Swing 出现了。

原来的 AWT 组件来自 java. awt 包，当含 AWT 组件的 Java 应用程序在不同平台执行时，每个平台 GUI 组件的显示会有所不同。

Swing 没有本地代码，完全由 Java 语言编写。而 Java 是不依赖于操作系统的语言，所以 Swing 可以在任何平台运行。

8.1.2 Swing 类库结构

Swing 采用 MVC（Model – View – Controller，模型 – 视图 – 控制器）设计模式，实现 GUI 组件的显示逻辑和数据逻辑的分离，从而允许程序员自定义 Render 来改变 GUI 组件的显示外观，以提供更多的灵活性。

Swing 围绕 JComponent 组件构建，JComponent 则由 AWT 的容器类扩展而来。Swing 组织结构如图 8.1 所示。

8.1.3 Swing 包

Swing 类库由许多包组成，通过这些包中的类相互协作来完成 GUI 设计，其中，javax. swing 包是 Swing 提供的最大包，几乎所有 Swing 组件都在该包中。常用的 Swing 包有：

- javax. swing：提供一组"轻量级"组件，尽量让这些组件在所有平台上的工作方式都相同。
- javax. swing. border：提供围绕 Swing 组件绘制特殊边框的类和接口。
- javax. swing. event：提供 Swing 组件触发的事件。

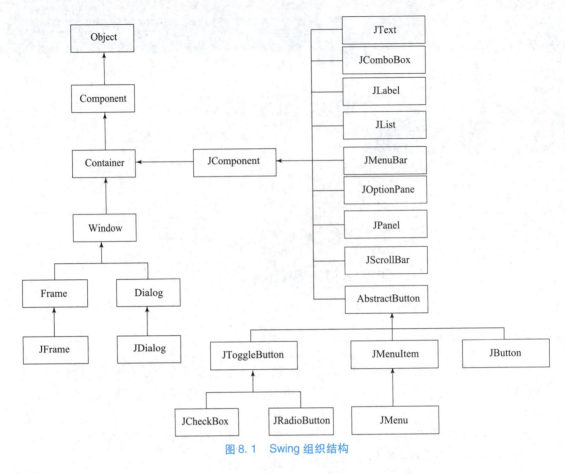

图 8.1　Swing 组织结构

- javax. swing. filechooser：提供 JFileChooser 组件使用的类和接口。
- javax. swing. table：提供用于处理 javax. swing. JTable 的类和接口。
- javax. swing. text：提供类 HTMLEditorKit 和创建 HTML 文本编辑器的支持类。
- javax. swing. tree：提供处理 javax. swingJTree 的类和接口。

任务 8.2　窗　　体

创建图形用户界面程序的第一步是创建一个容器类，以容纳其他组件。常见的窗口就是一种容器。容器本身也是一种组件，它的作用就是组织、管理和显示其他组件。

Java 程序中，容器类都继承自 Container 类，如图 8.2 所示。

Swing 中，容器可以分为两类：顶层容器和中间容器。

顶层容器是进行图形编程的基础，一切图形化的东西都必须包括在顶层容器中。顶层容器是任何图形界面程序都要涉及的主窗口，是显示并承载组件的容器组件。在 Swing 中有三种可以使用的顶层容器，分别是 JFrame、JDialog 和 JApplet。

- JFrame：用于框架窗口的类，此窗口带有边框、标题、关闭窗口和最小化窗口的图标。带 GUI 的应用程序至少使用一个框架窗口。

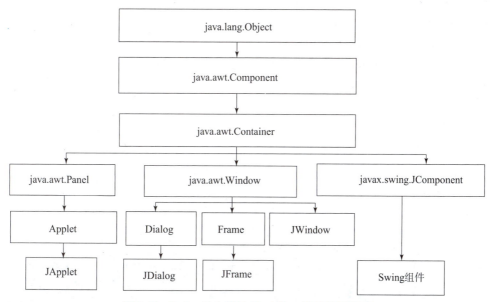

图 8.2　Swing 包中继承 Container 类的继承关系

- JDialog：用于创建对话框的类。
- JApplet：用于使用 Swing 组件的 Java Applet 类。

中间容器是容器组件的一种，也可以承载其他组件，但中间容器不能独立显示，必须依附其他的顶层容器。常见的中间容器有 JPanel、JScrollPane、JTabbedPane 和 JToolBar。

- JPanel：表示一个普通面板，是最灵活、最常用的中间容器。
- JScrollPane：与 JPanel 类似，但它可在大的组件或可扩展组件周围提供滚动条。
- JTabbedPane：表示选项卡面板，可以包含多个组件，但一次只显示一个组件，用户可在组件之间方便地切换。
- JToolBar：表示工具栏，按行或列排列一组组件（通常是按钮）。

8.2.1　JFrame 框架窗体

JFrame 是一个常见的顶层容器，在 Swing 开发中经常要用到，它是 Swing 程序中各个组件的载体。

1. 常用构造方法
- JFrame() 创建无标题窗体。
- JFrame(String title) 创建指定标题为 title 的窗体。

2. 常用方法
- setTitle(String title) 设置 JFrame 标题栏的文字。
- setSize(int,int) 设置 JFrame 的大小。
- setVisible(boolean b) 设置 JFrame 是否可见。
- add(Object a) 将组件添加到 JFrame 中。
- setLocation(int,int) 设置 JFrame 在屏幕中的位置。
- setResizable(boolean b) 设置用户是否能够改变 JFrame 的大小。

- setDefaultCloseOperation（int） 设置默认的关闭时的操作。
- setLocationRelativeTo（null） 设置 JFrame 在屏幕上居中显示。
- getContentPane（） 获取窗体的内容面板。
- setContentPane（Container contentPane） 设置窗体的内容面板。

例 8 - 1   创建一个标题为"第一个 JFrame 窗体"，大小为"600 × 450"的 JFrame 窗体。

参考代码如下：

```
import javax.swing.JFrame;
public class Chap8_1{
    public void CreateJFrame(){
        JFrame jf = new JFrame("第一个 JFrame 窗体");  //实例化一个 JFrame 对象
        jf.setSize(600,450);  //设置窗体大小
        jf.setVisible(true);  //设置窗体可视
        jf.setDefaultCloseOperation(JFrame.EXIT_ON_CLOSE);  //设置窗体关闭方式
    }
    public static void main(String[]args){
        new  Chap8_1().CreateJFrame();
    }
}
```

运行结果如图 8.3 所示。

图 8.3   例 8 - 1 运行结果

例 8 − 2 通过继承 JFrame 的方式，实现创建一个标题为"第一个 JFrame 窗体"，大小为"600 × 450"的 JFrame 窗体。

参考代码如下：

```java
import javax.swing.JFrame;
public class Chap8_2 extends JFrame{
    public void init(){
    this.setTitle("第一个 JFrame 窗体");  //标题
        this.setSize(600,450);//设置窗体大小
        this.setVisible(true);  //设置窗体可视
        this.setDefaultCloseOperation(JFrame.EXIT_ON_CLOSE);  //设置窗体关闭方式
    }
    public static void main(String[]args){
        new Chap8_2().init();
    }
}
```

8.2.2 JDialog 框架窗体

JDialog 窗体是 Swing 组件中的对话框，继承了 AWT 组件中的 java.awt.Dialog 类。功能是从一个窗体中弹出另一个窗体。JDialog 通常会依附某个 JFrame 窗口，也能够像 JFrame 一样，在 JDialog 中添加其他组件。实际应用中，通常借助 JOptionPane 类创建各种标准对话框。

1. 常用构造方法

• JDialog(Dialog owner,String title) 创建无模式有标题的隶属于 Dialog 组件的对话框。

• JDialog(Dialog owner,String title,boolean model) 创建有模式有标题的隶属于 Dialog 组件的对话框。

2. 常用的标准对话框

• JOptionPane.showInputDialog(String str) 输入对话框。

• JOptionPane.showMessageDialog(Component parentComponent,Obiect message) 消息对话框。

• JOptionPane.showConfirmDialog(Component parentComponent,Obiect message) 确认对话框。

例 8 − 3 通过单击 JFrame 窗体上的"单击弹出对话框"按钮，创建 JDialog 对话框，JDialog 对话框上面通过 JLabel 组件显示"学习二十大，奋进新征程"。

参考代码如下：

```java
import javax.swing.*;
import java.awt.*;
import java.awt.event.*;
public class Chap8_3 extends JDialog{
public Chap8_3()
{
```

```
        super(new NewJFrame(),"JDialog 窗体",true);
        this. setSize(200,200);
   Container container = this. getContentPane();
   container. add(new JLabel("学习二十大,奋进新征程"));//JLabel 为标签组件
   container. setBackground(Color.red);
      }
    public static void main(String[]args)
      {
   new Chap8_3();
      }
}
class NewJFrame extends JFrame{
public NewJFrame()
{
  this. setVisible(true);
  this. setSize(400,300);
  this. setDefaultCloseOperation(WindowConstants.EXIT_ON_CLOSE);
  Container container = this. getContentPane();
  container. setLayout(null);
  container. setBackground(Color.blue);
  JButton jb = new JButton("单击弹出对话框");//创建按钮组件
  jb. setBounds(40,40,150,50);          //设置按钮位置及大小
  jb. addActionListener(new ActionListener(){   //监听单击事件
    public void actionPerformed(ActionEvent e){
    new Chap8_3().setVisible(true);
    }});
  container. add(jb);
}
}
```

运行结果如图 8.4 所示。

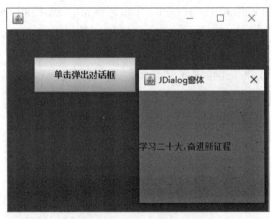

图 8.4　例 8－3 运行结果

例 8 - 4   通过确认对话框确认是否读大二，通过消息对话框给出对应的信息。

参考代码如下：

```java
import javax.swing.*;
public class Chap8_4{
  public static void main(String[]args){
  JLabel jl = new JLabel();
  int n = JOptionPane.showConfirmDialog(null,"你读大二吗?","确认对话框",JOption-
Pane.YES_NO_OPTION);
  if(n == 0)
  jl.setText("你是读的大二。");
  else
  jl.setText("你不是读的大二。");
  JOptionPane.showMessageDialog(null,jl);
  }
}
```

运行结果如图8.5 所示。

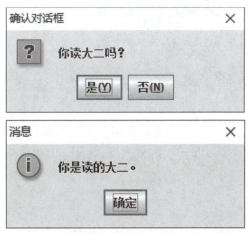

图8.5   例8 - 4 运行结果

例 8 - 5   通过输入对话框获取个人爱好，通过消息对话框给出对应的信息。

参考代码如下：

```java
import javax.swing.*;
public class Chap8_5{
  public static void main(String[]args){
  JLabel jl = new JLabel();
  String str = JOptionPane.showInputDialog(null,"请输入你的爱好:\n","输入对话框",
JOptionPane.PLAIN_MESSAGE);
  jl.setText("你的爱好:" + str);
  JOptionPane.showMessageDialog(null,jl);
```

```
        }
}
```

运行结果如图 8.6 所示。

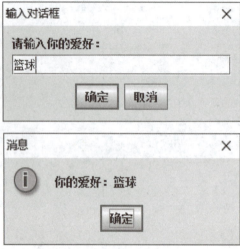

图 8.6　例 8 – 5 运行结果

任务 8.3　面　　板

面板也是一个 Swing 容器，也可以作为容器容纳其他组件，但是必须被添加在其他容器中，Swing 的常见面板包括面板 JPanel、拆分窗格 JSplitPane 和滚动窗格 JScrollPane 三个中间容器。

8.3.1　JPanel 面板

JPanel 即为基本面板，是最灵活、最常用的一种轻量级容器。与顶级容器不同，JPanel 不能独立存在，通常添加到 JFrame 窗体中使用，从而用来设计复杂的图形用户界面。JPanel 默认的布局管理器是 FlowLayout。

例 8 – 6　在 JFrame 窗体上添加两个 JPanel 面板，在 JPanel 面板 p1、p2 上分别添加三个按钮组件。

参考代码如下：

```java
import javax.swing.*;
import java.awt.*;
public class Chap8_6{
    public static void main(String[]args){
        JFrame f = new JFrame("窗体添加 JPanel 面板实例");
        f.setSize(400,300);
        f.setLocationRelativeTo(null);
```

```
        f.setLayout(null);
        JPanel p1 = new JPanel();//创建第一个 JPanel 面板
        p1.setBounds(50,50,300,40);//设置 JPanel 面板大小
        p1.setBackground(Color.RED);    //设置 JPanel 面板背景颜色
        JButton b1 = new JButton("中华民族");
        JButton b2 = new JButton("伟大复兴");
        JButton b3 = new JButton("共同富裕");
        p1.add(b1);    //把按钮加入 JPanel 面板
        p1.add(b2);
        p1.add(b3);
        JPanel p2 = new JPanel();//创建第二个 JPanel 面板
        JButton b4 = new JButton("自信自强 ");
        JButton b5 = new JButton("守正创新");
        JButton b6 = new JButton("美丽中国");
        p2.add(b4);    //把按钮加入 JPanel 面板
        p2.add(b5);
        p2.add(b6);
        p2.setBackground(Color.BLUE);
        p2.setBounds(50,130,300,40);
        f.add(p1);    //把 p1 面板加入窗体
        f.add(p2);    //把 p2 面板加入窗体
        f.setDefaultCloseOperation(JFrame.EXIT_ON_CLOSE);
        f.setVisible(true);
    }
}
```

运行结果如图 8.7 所示。

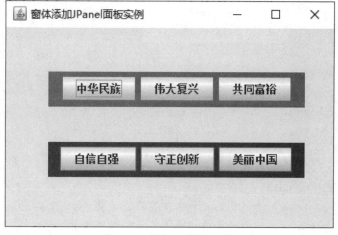

图 8.7　例 8 - 6 运行结果

8.3.2 JSplitPane 面板

拆分窗格 JSplitPane 能够一次将两个组件同时显示在两个显示区中，这两个组件根据外观和实现方式进行划分，并且用户可以调整它们的大小。JSplitPane 提供 HORIZONTAL_SPLIT，VERTICAL_SPLIT 两个常数用来设置水平分割和垂直分割。

1. 常用构造方法

- JSplitPane() 创建一个新的 JSplitPane，该 JSplitPane 含有两个默认按钮，并按水平方向并排排列。
- JSplitPane(int newOrientation) 创建一个指定水平或垂直方向的新 JSplitPane。
- JSplitPane(int newOrientation,boolean newContinuousLayout) 创建一个指定水平或垂直方向的和重绘样式的 JSplitPane。
- JSplitPane(int newOrientation,boolean newContinuousLayout,Component newLeftComponent,Component newRightComponent) 创建一个指定水平或垂直方向的和重绘样式以及指定组件的 JSplitPane。
- JSplitPane(int newOrientation,Component newLeftComponent,Component newRightComponent) 创建一个指定水平或垂直方向的和指定组件的 JSplitPane。

2. 常用方法

- setDividerSize(int size) 设置分割条的大小。
- getDividerSize() 获取分割条的大小。
- setDividerLocation(int size) 设置分隔符的位置。
- getOrientation() 获得方向。
- addImpl(Component comp,Object constraints,int index) 将指定的组件添加到此拆分窗格。

例 8-7 通过 setContentPane() 方法，将拆分窗格 JSplitPane 设置为 JFrame 内容面板，并把拆分窗格 JSplitPane 按水平分割，分别在左、右两侧添加 p1、p2 两个 JPanel 面板，并在 JPanel 面板 p1、p2 上分别添加三个按钮组件。

参考代码如下：

```
import javax.swing.*;
import java.awt.*;
public class Chap8_7{
    public static void main(String[]args){
        JFrame f = new JFrame("窗体添加 SplitPanel 面板实例");
        f.setSize(600,300);
        f.setLocationRelativeTo(null);
        f.setLayout(null);
        JPanel p1 = new JPanel();//创建第一个 JPanel 面板
        p1.setBounds(50,50,300,40);//设置 JPanel 面板大小
        p1.setBackground(Color.RED);  //设置 JPanel 面板背景颜色
        JButton b1 = new JButton("中华民族");
        JButton b2 = new JButton("伟大复兴");
```

```
        JButton b3 = new JButton("共同富裕");
        p1.add(b1);   //把按钮加入 JPanel 面板
        p1.add(b2);
        p1.add(b3);
        JPanel p2 = new JPanel();//创建第二个 JPanel 面板
        JButton b4 = new JButton("自信自强 ");
        JButton b5 = new JButton("守正创新");
        JButton b6 = new JButton("美丽中国");
        p2.add(b4);   //把按钮加入 JPanel 面板
        p2.add(b5);
        p2.add(b6);
        p2.setBackground(Color.BLUE);
        p2.setBounds(50,130,300,40);
        //创建一个水平 JSplitPane,左边是 p1,右边是 p2
        JSplitPane jp = new JSplitPane(JSplitPane.HORIZONTAL_SPLIT,p1,p2);
        jp.setDividerLocation(280);//设置分隔符的位置
        jp.setDividerSize(10);//设置分隔符的大小为 10
        f.setContentPane(jp);   //把 jp 面板设置为 JFrame 的内容面板
        f.setDefaultCloseOperation(JFrame.EXIT_ON_CLOSE);
        f.setVisible(true);
    }
}
```

运行结果如图 8.8 所示。

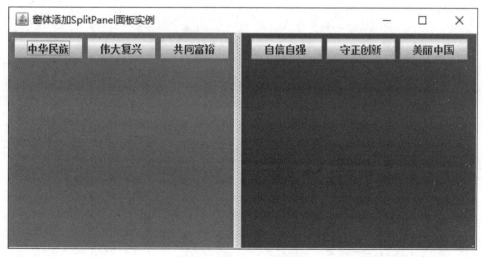

图 8.8　例 8-7 运行结果

8.3.3　JScrollPane 面板

滚动窗格 JScrollPane 是一个带有滚动条的面板，该面板上只能添加一个组件。如果需要在 JScrollPane 面板上添加多个组件，需要先将多个组件添加到某个组件中，然后将这个组件添加到滚动窗格 JScrollPane 上。

1. 常用构造方法

- JScrollPane( ) 创建一个空的 JScrollPane 面板。
- JScrollPane(int vsbPolicy, int hsbPolicy) 创建一个指定滚动条策略的 JScrollPane 面板。
- JScrollPane(Component view) 创建一个显示指定组件内容的 JScrollPane 面板。
- JScrollPane(Component view, int vsbPolicy, int hsbPolicy) 创建一个显示指定组件内容和指定滚动条策略的 JScrollPane 面板。

2. 常用方法

- getColumnHeader( ) 返回列标题。
- getRowHeader( ) 返回行标题。
- setHorizontalScrollBarPolicy(int policy) 设置水平滚动条何时出现在滚动窗格中。
- setVerticalScrollBarPolicy(int policy) 设置垂直滚动条何时出现在滚动窗格中。
- getHorizontalScrollBarPolicy( ) 返回水平滚动条策略值。
- getVerticalScrollBarPolicy( ) 返回垂直滚动条策略值。

例 8 – 8 通过 setContentPane( ) 方法，将滚动窗格 JScrollPane 设置为 JFrame 内容面板，并在滚动窗格 JScrollPane 上显示 JPanel 面板 p1，在 JPanel 面板 p1 上添加六个按钮组件。由于窗体较少，程序执行后，只能显示 b1、b2、b3、b4 按钮，并自动添加了水平滚动条，用户可以通过拖动水平滚动条查看 b5、b6 按钮。

参考代码如下：

```
import javax.swing.* ;
import java.awt.* ;
public class Chap8_8{
    public static void main(String[]args){
        JFrame f = new JFrame("窗体添加 JScrollPane 滚动面板实例");
        f.setSize(400,300);
        f.setLocationRelativeTo(null);
        f.setLayout(new BorderLayout());
        JPanel p1 = new JPanel();//创建 JPanel 面板
        JButton b1 = new JButton("中华民族");
        JButton b2 = new JButton("伟大复兴");
        JButton b3 = new JButton("共同富裕");
        JButton b4 = new JButton("自信自强 ");
        JButton b5 = new JButton("守正创新");
        JButton b6 = new JButton("美丽中国");
        p1.add(b1);   //把按钮加入 JPanel 面板
        p1.add(b2);
        p1.add(b3);
        p1.add(b4);
        p1.add(b5);
        p1.add(b6);
```

```
        JScrollPane sPane = new JScrollPane(p1);//创建显示 p1 面板的 JScrollPane
        f. setContentPane(sPane);　//把 sPane 面板设置为 JFrame 的内容面板
        f. setDefaultCloseOperation(JFrame. EXIT_ON_CLOSE);
        f. setVisible(true);
    }
}
```

运行结果如图 8.9 所示。

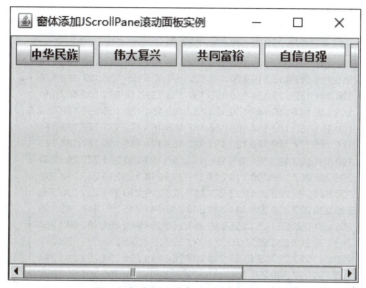

图 8.9　例 8 - 8 运行结果

例 8 - 9　在滚动窗格 JScrollPane 上显示 JTextArea 文本域组件内容，JTextArea 文本域上显示 100 ~ 1 000 的数字，通过 setLineWrap(true) 方法设置 JTextArea 文本域自动换行。由于窗体较少，程序执行后，无法显示全部数字，会自动添加垂直滚动条，用户可以通过拖动垂直滚动条来查看全部数据。

参考代码如下：

```
import javax. swing. * ;
public class Chap8_9{
    public static void main(String[ ]args){
        JFrame f = new JFrame("窗体添加 JScrollPane 滚动面板实例");
        f. setSize(400,300);
        f. setLocationRelativeTo(null);
        f. setLocation(200,200);
        f. setLayout(null);
        f. setDefaultCloseOperation(JFrame. EXIT_ON_CLOSE);
        JTextArea ta = new JTextArea();//创建文本域组件
        for(int i = 100;i <= 1000;i ++){
            ta. append(String. valueOf(i) + " ");
```

```
        }
        ta.setLineWrap(true);//文本域自动换行
        JScrollPane sp = new JScrollPane(ta);
        f.setContentPane(sp);
        f.setVisible(true);
    }
}
```

运行结果如图 8.10 所示。

图 8.10　例 8 - 9 运行结果

任务 8.4　布局管理器

布局是指组件在容器中的排列方式。每个组件在容器中都有对应的具体位置和大小，而在容器中摆放各种组件时，很难判断各种组件的具体位置和大小。为了实现跨平台的特性并获得动态的布局效果，Java 通过布局管理器 LayoutManager 来管理容器内的所有组件的大小、位置、顺序、间隔等摆放属性。

常见的布局主要有：

- FlowLayout（流式布局），JPanel 和 JApplet 的默认布局管理器。
- BorderLayout（边界布局），JDialog 和 JFrame 的默认布局管理器。
- CardLayout（卡片布局）。
- GridLayout（网格布局）。
- GridBagLayout（网格组布局）。
- BoxLayout（箱式布局）。
- SpringLayout（弹簧布局）。

● 绝对布局（使用 setLayout(null) 方法，取消布局）。

对于一些复杂的布局，通常使用容器的嵌套方式，借助容器不同的布局，从而实现复杂布局效果。

8.4.1　FlowLayout（流式布局管理器）

FlowLayout（流式布局管理器）是最基本的布局管理器，也是 JPanel 和 JApplet 的默认布局管理器。FlowLayout 将组件按照从左到右的顺序摆放，如果该行没有足够的空间，则从上到下另起一行继续从左到右摆放组件，直至摆完为止。FlowLayout 会自动调用组件的 getPreferredSize() 方法，从而确保使用组件的最佳大小来显示组件。

1. 常用构造方法

● FlowLayout() 创建一个布局管理器，使用默认的居中对齐（FlowLayout. CENTER）方式和默认 5 个像素的水平和垂直间隔。

● FlowLayout(int align) 创建一个指定对齐方式为 align 及默认 5 个像素的水平和垂直间隔布局管理器。其中，align 为常量，取值为 FlowLayout. LEFT（左对齐）、FlowLayout. RIGHT（右对齐）、FlowLayout. CENTER（居中，默认）。

● FlowLayout(int align, int hgap, int vgap) 创建一个指定对齐方式和指定水平间隔、垂直间隔的布局管理器。如 FlowLayout layout = new FlowLayout(FlowLayout. LEFT,10,10)。

2. 常用方法

● getAlignment() 获取此布局的对齐方式。
● getHgap() 获取组件之间以及组件与 Container 边框之间的水平间隙。
● getVgap() 获取组件之间以及组件与 Container 边框之间的垂直间隙。
● setAlignment(int align) 设置此布局的对齐方式。
● setHgap(int hgap) 设置组件之间以及组件与 Container 边框之间的水平间隙。
● setVgap(int vgap) 设置组件之间以及组件与 Container 边框之间的垂直间隙。

例 8 - 10　在 JFrame 窗口上添加 JPanel 面板，把 JPanel 面板设置为 FlowLayout 布局管理器，并将组件间的水平和垂直间隔设置为 20 像素。在 JPanel 面板上添加 btn1 ~ btn9 九个按钮。

参考代码如下：

```
import javax. swing. * ;
import java. awt. * ;
public class Chap8_10{
    public static void main(String[ ]agrs){
        JFrame jFrame = new JFrame("FlowLayout 案例");//创建 JFrame 窗口
        jFrame. setSize(400,300);
        jFrame. setLocationRelativeTo(null);
        JPanel jPanel = new JPanel();//创建面板
        JButton btn1 = new JButton("1");//创建按钮
        JButton btn2 = new JButton("2");
        JButton btn3 = new JButton("3");
        JButton btn4 = new JButton("4");
```

```java
        JButton btn5 = new JButton("5");
        JButton btn6 = new JButton("6");
        JButton btn7 = new JButton("7");
        JButton btn8 = new JButton("8");
        JButton btn9 = new JButton("9");
        jPanel.add(btn1);//面板中添加按钮
        jPanel.add(btn2);
        jPanel.add(btn3);
        jPanel.add(btn4);
        jPanel.add(btn5);
        jPanel.add(btn6);
        jPanel.add(btn7);
        jPanel.add(btn8);
        jPanel.add(btn9);
        //将 JPanel 设置为 FlowLayout 布局管理器,并将组件间的水平和垂直间隔设置为 20 像素
        jPanel.setLayout(new FlowLayout(FlowLayout.LEADING,20,20));
        jPanel.setBackground(Color.red);//设置背景色
        jFrame.add(jPanel);//添加面板到容器
        jFrame.setVisible(true);
        jFrame.setDefaultCloseOperation(JFrame.EXIT_ON_CLOSE);
    }
}
```

运行结果如图 8.11 所示。

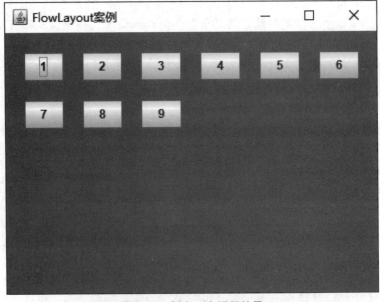

图 8.11 例 8 - 10 运行结果

8.4.2　BorderLayout（边框布局管理器）

BorderLayout（边框布局管理器）是 JFrame 和 JDialog 的默认布局管理器。边框布局管理器将容器分为 North、South、East、West 和 Center 5 个区域，其中，North 表示北，将占据容器的上方；South 表示南，将占据容器的下方；East 表示东，将占据容器的右侧；West 表示西，将占据容器的左侧；中间区域 Center 是在东、南、西、北都填满后剩下的区域。可以把组件放在这五个位置的任意位置，如果未指定位置，则默认是 Center。同时，边框布局管理器并不要求所有区域都必须有组件，如果四周的区域（North、South、East 和 West 区域）没有组件，则由 Center 区域去补充。

向 BorderLayout 布局的容器中添加组件时，可使用 add(Object region,Component compObj) 方法。如：add(BorderLayout. EAST，new JButton（"奋进新时代"））。

1. 常用构造方法

- BorderLayout() 创建新的边框布局，组件之间没有间隔。
- JBorderLayout(int hgap,int vgap) 使用组件之间指定的水平和垂直间隔创建边框布局。

2. 常用方法

- getHgap() 获取组件之间的水平间隔。
- setHgap(int hgap) 设置组件之间的水平间隔。
- getVgap() 获取组件之间的垂直间隔。
- setVgap(int vgap) 设置组件之间的垂直间隔。

例 8 - 11　将 JFrame 窗口布局设置为 BorderLayout，并在对应的位置分别添加 button1、button2、button3、button4、button5 五个按钮。

参考代码如下：

```java
import javax. swing. * ;
import java. awt. * ;
public class Chap8_11{
    public static void main(String[]agrs){
        JFrame jFrame = new JFrame("BorderLayout 案例");//创建 Frame 窗口
        jFrame. setSize(400,300);
        jFrame. setLocationRelativeTo(null);
        jFrame. setDefaultCloseOperation(JFrame. EXIT_ON_CLOSE);
        jFrame. setLayout(new BorderLayout());//将 Frame 窗口布局设置为 BorderLayout
        JButton button1 = new JButton("北");
        JButton button2 = new JButton("西");
        JButton button3 = new JButton("中");
        JButton button4 = new JButton("东");
        JButton button5 = new JButton("南");
        jFrame. add(BorderLayout. NORTH,button1);
        jFrame. add(BorderLayout. WEST,button2);
        jFrame. add(BorderLayout. CENTER,button3);
        jFrame. add(BorderLayout. EAST,button4);
```

```
        jFrame.add(BorderLayout.SOUTH,button5);
        jFrame.setVisible(true);
    }
}
```

运行结果如图 8.12 所示。

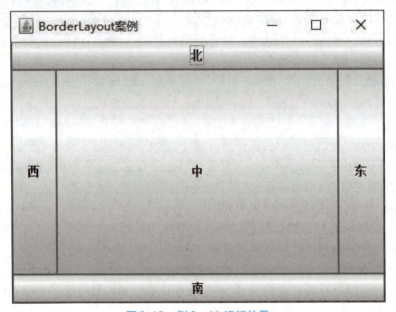

图 8.12　例 8 – 11 运行结果

8.4.3　CardLayout（卡片布局管理器）

CardLayout（卡片布局管理器）能够帮助用户实现多个组件共享同一个显示空间。Card-Layout 布局管理器将容器分成许多层，每层的显示空间占据整个容器的大小，但是每层只允许放置一个组件。共享空间的组件之间的关系就像一副扑克牌叠在一起一样，把它们整齐叠在一起，每次只显示其中的一张，并可以实现在卡片之间相互切换显示。

采用 CardLayout 布局方式时，向容器中添加组件时，可以为组件取一个名字，以便更换显示组件时使用，如：f. add(p1,"First")。

1. 常用构造方法
- CardLayout( ) 创建新的卡片布局，组件与容器左右边界及上下边界之间没有间隔。
- CardLayout(int hgap,int vgap) 创建新的卡片布局，组件与容器左右边界及上下边界之间间隔为指定值。

2. 常用方法
- show(Container parent,String name) 翻转到指定名称添加到此布局的组件。
- next(Container parent) 翻转到指定容器的下一张卡片。
- previous(Container parent) 翻转到指定容器的上一张卡片。
- first(Container parent) 翻转到容器的第一张卡片。
- last(Container parent) 翻转到容器的最后一张卡片。

- getHgap() 获取组件之间的水平间隔。
- setHgap(int hgap) 设置组件之间的水平间隔。
- getVgap() 获取组件之间的垂直间隔。
- setVgap(int vgap) 设置组件之间的垂直间隔。

例 8 – 12　将 JFrame 窗口布局设置为 CardLayout，创建三个背景色分别为黄色、绿色、红色的 JPanel 面板，并将卡片设置为打开后默认显示背景色为红色的 p3 面板，通过单击鼠标实现卡片的切换显示。

参考代码如下：

```java
import java.awt.*;
import java.awt.event.*;
import javax.swing.*;
class Chap8_12 extends MouseAdapter
{JPanel p1,p2,p3;
JLabel l1,l2,l3;
CardLayout myCard;
JFrame f;
Container c;
public void init()
    {
f = new JFrame("CardLayout 案例");
f.setSize(300,200);
f.setLocationRelativeTo(null);
    f.setDefaultCloseOperation(JFrame.EXIT_ON_CLOSE);
myCard = new CardLayout();//设置 CardLayout 布局
f.setLayout(myCard);
p1 = new JPanel();
p2 = new JPanel();
p3 = new JPanel();
l1 = new JLabel("第一个面板,背景色为黄色");
p1.add(l1);
p1.setBackground(Color.yellow);
    l2 = new JLabel("第二个面板,背景色为绿色");
p2.add(l2);
p2.setBackground(Color.green);
    l3 = new JLabel("第三个面板,背景色为红色");
p3.add(l3);
p3.setBackground(Color.red);
c = f.getContentPane();
    c.add(p1,"First");
    c.add(p2,"Second");
    c.add(p3,"Third");
    myCard.show(c,"Third");//默认打开后显示的是 p3 面板
```

```
    f. setVisible(true);
    p1. addMouseListener(this);//注册事件监听
    p2. addMouseListener(this);
    p3. addMouseListener(this);
}
public static void main(String args[])
{
    Chap8_12   ct = new   Chap8_12();
    ct. init();
}

public   void  mouseClicked(MouseEvent  e)
{
    myCard. next(c);
}
}
```

运行结果如图 8.13 所示。

8.4.4 GridLayout（网格布局管理器）

GridLayout（网格布局管理器）为组件的位置摆放提供了更大的灵活性。它将容器空间按照二维网格分割成若干行数（rows）和列数（columns），并且所有单元格的宽度和高度都是相同的。组件按照由左至右、由上而下的次序排列填充到各个网格中。GridLayout 布局管理器总是忽略组件的最佳大小，而是根据提供的行和列进行平分。当容器大小发生改变时，组件的相对位置不变，但大小会改变。如果需要添加的组件数超过网格设定的个数，则 GridLayout 布局管理器会自动增加网格个数，原则是保持行数不变。

1. 常用构造方法

• GridLayout( ) 创建 1 行 1 列的 GridLayout 对象。

• GridLayout(int rows,int cols) 创建指定行数和列数的 GridLayout 对象。

• GridLayout(int rows,int cols,int hgap,int vgap) 创建指定行数、列数和指定组件间水平、垂直间隔的 GridLayout 对象。

2. 常用方法

• getColumns( ) 获取 GridLayout 布局中的列数。

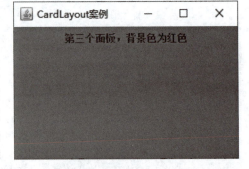

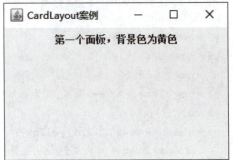

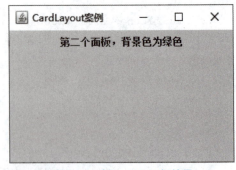

图 8.13　例 8 – 12 运行结果

- setColumns(int cols) 设置 GridLayout 布局中的列数。
- getRows() 获取 GridLayout 布局中的行数。
- setRows(int rows) 设置 GridLayout 布局中的行数。
- getHgap() 获取组件之间的水平间隔。
- setHgap(int hgap) 设置组件之间的水平间隔。
- getVgap() 获取组件之间的垂直间隔。
- setVgap(int vgap) 设置组件之间的垂直间隔。

例 8 - 13　将 JFrame 窗口布局设置为 CardLayout，创建三个背景色分别为黄色、绿色、红色的 JPanel 面板，并将卡片设置为打开后默认显示背景色为红色的 p3 面板，通过单击鼠标实现卡片的切换显示。

参考代码如下:

```java
import javax. swing. * ;
import java. awt. * ;
public class Chap8_13{
    public static void main(String[]args){
        JFrame frame = new JFrame("GridLayou 案例");
        frame. setSize(300,200);
        frame. setLocationRelativeTo(null);
        frame. setDefaultCloseOperation(JFrame. EXIT_ON_CLOSE);
        JPanel panel = new JPanel();//创建面板
        //设置面板的布局为 GridLayout,4 行 4 列,组件水平与垂直间隔为 5
        panel. setLayout(new GridLayout(4,4,5,5));
        panel. add(new JButton("7"));
        panel. add(new JButton("8"));
        panel. add(new JButton("9"));
        panel. add(new JButton("/"));
        panel. add(new JButton("4"));
        panel. add(new JButton("5"));
        panel. add(new JButton("6"));
        panel. add(new JButton("* "));
        panel. add(new JButton("1"));
        panel. add(new JButton("2"));
        panel. add(new JButton("3"));
        panel. add(new JButton(" - "));
        panel. add(new JButton("0"));
        panel. add(new JButton(". "));
        panel. add(new JButton(" = "));
        panel. add(new JButton(" + "));
        frame. add(panel);//添加面板到容器
        frame. setVisible(true);
    }
}
```

运行结果如图 8.14 所示。

图 8.14 例 8－13 运行结果

上述功能还可以通过定义数组实现，参考代码如下：

```java
import javax. swing. * ;
import java. awt. * ;
public class Chap8_14{
    public static void main(String[]args){
        JFrame frame =new JFrame("GridLayou 案例");
        frame. setSize(300,200);
        frame. setLocationRelativeTo(null);
        frame. setDefaultCloseOperation(JFrame. EXIT_ON_CLOSE);
        JPanel panel =new JPanel();//创建面板
        //设置面板的布局为 GridLayout,4 行 4 列,组件水平与垂直间隔为 5
        panel. setLayout(new GridLayout(4,4,5,5));
        String str[] = {"7","8","9","/","4","5","6","* ","1","2","3"," - ","0",
". "," = "," + "};
        JButton btn[] =new JButton[str. length];     //创建按钮数组
        for(int i =0;i < str. length;i ++){
            btn[i] =new JButton(str[i]);
            panel. add(btn[i]);
        }
        frame. add(panel);//添加面板到容器
        frame. setVisible(true);
    }
}
```

例 8－14　综合应用布局管理器，实现彩色棋盘功能。
参考代码如下：

```java
import javax. swing. * ;
import java. awt. * ;
public class Chap8_15{
```

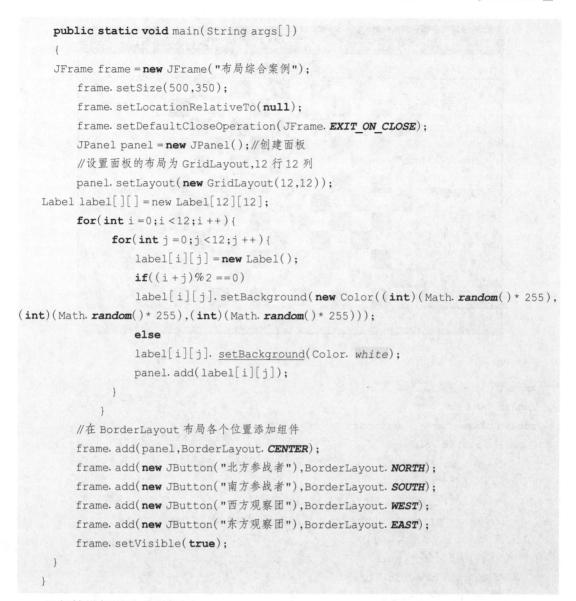

```
public static void main(String args[])
{
JFrame frame = new JFrame("布局综合案例");
    frame.setSize(500,350);
    frame.setLocationRelativeTo(null);
    frame.setDefaultCloseOperation(JFrame.EXIT_ON_CLOSE);
    JPanel panel = new JPanel();//创建面板
    //设置面板的布局为 GridLayout,12 行 12 列
    panel.setLayout(new GridLayout(12,12));
Label label[][] = new Label[12][12];
    for(int i = 0;i < 12;i ++){
        for(int j = 0;j < 12;j ++){
            label[i][j] = new Label();
            if((i + j)%2 ==0)
            label[i][j].setBackground(new Color((int)(Math.random()* 255),
(int)(Math.random()* 255),(int)(Math.random()* 255)));
            else
            label[i][j].setBackground(Color.white);
            panel.add(label[i][j]);
        }
    }
    //在 BorderLayout 布局各个位置添加组件
    frame.add(panel,BorderLayout.CENTER);
    frame.add(new JButton("北方参战者"),BorderLayout.NORTH);
    frame.add(new JButton("南方参战者"),BorderLayout.SOUTH);
    frame.add(new JButton("西方观察团"),BorderLayout.WEST);
    frame.add(new JButton("东方观察团"),BorderLayout.EAST);
    frame.setVisible(true);
  }
}
```

运行结果如图 8.15 所示。

8.4.5　绝对布局

绝对布局即容器中不使用任何布局管理器，而是通过设置组件在容器中的位置与大小来进行准确定位。

使用的时候，首先需要通过 setLayout(null) 方法取消该容器的布局管理器，然后调用 setBounds(int a,int b,int width,int height) 方法或 setLocation(int a,int b)，setSize(int width, int height) 方法来设置组件的大小和位置。

例 8 – 15　将 JFrame 窗口设置为绝对布局，将 JPanel 面板设置为边界布局，先在 JPanel 面板上添加 button1 和 button1 两个按钮，然后通过 setBounds() 方法在 JFrame 窗口上绝对布局 jp1 面板和 button3、button4 两个按钮。

参考代码如下：

图 8.15 例 8－14 运行结果

```
import javax.swing.*;
import java.awt.*;
public class Chap8_16 extends JFrame{
  public static void main(String[]agrs){
    JFrame jFrame =new JFrame("绝对布局案例");//创建 Frame 窗口
    jFrame.setSize(400,300);
    jFrame.setLocationRelativeTo(null);
    jFrame.setDefaultCloseOperation(JFrame.EXIT_ON_CLOSE);
    //将 Frame 窗口设置为绝对布局
    jFrame.setLayout(null);
    JPanel jp1 =new JPanel();
    //将 JPanel 面板设置为边界布局
jp1.setLayout(new BorderLayout(10,5));
JButton button1 =new JButton("JAVA");
    JButton button2 =new JButton("Python");
    JButton button3 =new JButton("HTML5");
    JButton button4 =new JButton("MySQL");
jp1.add(BorderLayout.NORTH,button1);
jp1.add(BorderLayout.SOUTH,button2);
//设置 jp1 面板的位置与大小
jp1.setBounds(80,130,100,100);
jp1.setBackground(Color.BLUE);
//设置 button3 按钮组件的位置与大小
button3.setBounds(80,50,80,40);
```

```
//设置 button4 按钮组件的位置与大小
button4.setBounds(200,120,80,40);
jFrame.add(jp1);
jFrame.add(button3);
jFrame.add(button4);
jFrame.setVisible(true);
    }
}
```

运行结果如图 8.16 所示。

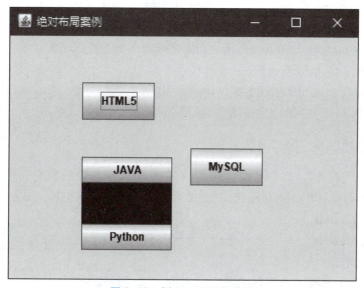

图 8.16　例 8 – 15 运行结果

任务 8.5 组　　件

Java 中提供了丰富的用于 GUI 开发的组件，本任务重点介绍标签（JLabel）、按钮（JButton）、文本组件（JTextField、JTextField、JPasswordField）、复选框（JCheckBox）、单选按钮（JRadioButton）、组合框（JComboBox）、列表框（JList）、菜单、表格（JTable）、树组件（JTree）。

8.5.1　标签（JLabel）组件

标签（JLabel）是最简单、最基础的组件，主要用于显示单行静态文本。

1. 常用构造方法

- JLabel() 创建一个空的 JLabel 实例。
- JLabel(String text) 使用指定文本创建 JLabel 实例。
- JLabel(String text,int horizontalAlignment) 使用指定文本和水平对齐方式创建 JLabel 实例。

2. 常用方法

- getText() 返回标签显示的文本字符串。
- setText(String text) 设置标签显示的文本字符串。

8.5.2 按钮（**JButton**）组件

JButton 按钮组件是 Swing 中使用最频繁的组件之一，可以显示文本或图标，主要用于单击时触发特定的操作。

1. 常用构造方法

- JButton() 创建没有设置文本或图标的按钮实例。
- JButton(String text) 创建指定文本的按钮实例。
- JButton(Icon icon) 创建指定图标的按钮实例。
- JButton(String text,Icon icon) 创建指定文本和图标的按钮实例。

2. 常用方法

- paramString() 返回此按钮的字符串表示 JButton。
- isDefaultButton() 判断此按钮是否为 JRootPane 的当前默认按钮。

8.5.3 文本组件

在实际项目开发中，文本组件也是使用最频繁、最广泛的组件，主要包括文本框（JTextField）、密码框（JPasswordField）、文本域（JTextArea）等组件。

➢ 文本框（JTextField）

又称单行文本域，它是一个单行条形文本区，只能接收单行文本的输入和输出显示。

1. 常用构造方法

- JTextField() 创建一个新的 TextField 实例。
- JTextField(String text) 创建一个指定初始文本的 TextField 实例。
- JTextField(int columns) 创建一个指定列数的 TextField 实例。
- JTextField(String text,int columns) 创建一个指定初始文本和指定列数的 TextField 实例。

2. 常用方法

- getText() 获取该 TextField 中的文本。
- setText(String text) 设置该 TextField 中的文本。
- getColumns() 获取该 TextField 的列数。
- setColumns(int columns) 设置此 TextField 的列数，然后使布局无效。
- setHorizontalAlignment(int alignment) 设置文本的水平对齐方式。
- setEditable(boolean b) 设置该 TextField 是否可以编辑，默认为可编辑。

➢ 密码框（JPasswordField）

与文本框（JTextField）的定义及用法基本一样，不同的是，JPasswordField 接受用户的输入后，以回显符的方式进行显示，默认回显符为"＊"。

1. 常用构造方法

- JPasswordField() 创建一个新的默认文档为空的 JPasswordField 实例。
- JPasswordField(String text) 创建一个指定初始文本的 JPasswordField 实例。

- JPasswordField(int columns) 创建一个指定列数的 JPasswordField 实例。
- JPasswordField（String text，int columns）创建一个指定初始文本和指定列数的 JPass-wordField 实例。

2. 常用方法

- getPassword( ) 获取该 JPasswordField 中的文本。
- getEchoChar( ) 获取用于回显的字符，默认回显符为"＊"。
- setEchoChar(char c) 设置此 JPasswordField 的回显字符。

➢ 文本域（JTextArea）

主要用来接收或输出多行文字。

1. 常用构造方法

- JTextArea( ) 创建一个新的 TextArea 实例。
- JTextArea(int rows,int columns) 创建一个指定行数和列数的空的 TextArea 实例。
- JTextArea(String text) 创建一个显示指定文本的 TextArea 实例。
- JTextArea(String text,int rows,int columns) 创建一个指定初始文本和指定行数与列数的 TextArea 实例。

2. 常用方法

- getText( ) 获取该 JTextArea 中的文本。
- setText(String text) 设置该 JTextArea 中的文本。
- getColumns( ) 获取该 JTextArea 的列数。
- setColumns(int columns) 设置该 JTextArea 的列数。
- getRows( ) 获取该 JTextArea 的行数。
- setRows(int rows) 设置该 JTextArea 的行数。
- setLineWrap(boolean wrap) 设置该 JTextArea 是否自动换行。
- append(String str) 将指定文本附加到该 JTextArea 的末尾。
- setFont(Font f) 设置当前字体。
- setEditable(boolean b) 设置该 JTextArea 否可以编辑，默认为可编辑。

例 8 - 16　模拟登录功能。在容器中添加 2 个 JLabel 标签组件、2 个 JButton 按钮组件、1 个 JTextField 文本框组件、1 个 JPasswordField 密码框组件、1 个 JTextArea 文本域组件，并设置文本域组件回显符为"#"。

参考代码如下：

```java
import javax. swing. * ;
import java. awt. * ;
class Chap8_17 extends JFrame
{
  JTextField t1;
  JPasswordField t2;
  JButton b1,b2;
  JLabel l1,l2;
  JTextArea t3;
  Chap8_17(String title)
```

```
{  super(title);
setSize(250,180);
setDefaultCloseOperation(JFrame.EXIT_ON_CLOSE);
    setResizable(false);//设置窗体大小不能改变
setLocationRelativeTo(null);
JPanel p1,p2,p3,p4;  //创建面板
p1 = new JPanel(new BorderLayout());//设置边界布局
p2 = new JPanel(new FlowLayout(FlowLayout.CENTER,50,0));//设置流式布局
p3 = new JPanel(new GridLayout(2,1,5,5));//设置网格布局
p4 = new JPanel(new GridLayout(2,1,5,5));//设置网格布局
p1.add(p3,BorderLayout.WEST);
p1.add(p4,BorderLayout.CENTER);
l1 = new JLabel("用户名");//创建标签组件
l2 = new JLabel("密  码");   //创建标签组件
t3 = new JTextArea("开始为空",3,10);//创建文本域组件
t3.setLineWrap(true);//设置文本域内容自动换行
b1 = new JButton("登录");   //创建按钮组件
b2 = new JButton("重置");   //创建按钮组件
t1 = new JTextField(10);   //创建文本框组件
t2 = new JPasswordField(10);//创建密码框组件
t2.setEchoChar('#');//设置密码框组件回显符为"#"
p3.add(l1);
p4.add(t1);
p3.add(l2);
p4.add(t2);
p2.add(b1);
p2.add(b2);
Container ct = getContentPane();
ct.add(p1,BorderLayout.NORTH);
ct.add(p2,BorderLayout.CENTER);
ct.add(t3,BorderLayout.SOUTH);
setVisible(true);
}
 public static void main(String[]args)
   {
Chap8_17 fl = new Chap8_17("登录窗口");
     }
}
```

执行代码，运行结果如图 8.17（a）所示。在文本框组件中输入"张三"，并在密码框组件中输入"12345"后，运行结果如图 8.17（b）所示。

例 8-17 计算三角形的周长和面积。本例先展示组件基本布局，对三角形的周长和面积的具体计算方法，将在后面事件处理部分详细介绍。

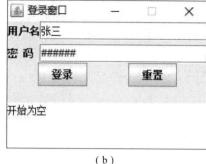

（a） （b）

图 8.17 例 8 – 16 运行结果

参考代码如下：

```
package cha8;
import javax.swing. * ;
public class Chap8_18 extends JFrame{
private JButton jb1;
private JLabel j1,j2,j3,j4,j5;
private JTextField tf1,tf2,tf3;
public Chap8_18(){
    this.setTitle("计算三角形周长与面积");
    this.setResizable(false);//设置窗体大小不能改变
    this.setLocationRelativeTo(null);
    this.setSize(260,200);
    this.setDefaultCloseOperation(JFrame.EXIT_ON_CLOSE);
}
public void testActionEvent(){
    jb1 = new JButton("计算");
    j1 = new JLabel("请输入第一个边的长:");
    j2 = new JLabel("请输入第二个边的长:");
    j5 = new JLabel("请输入第三个边的长:");
    j3 = new JLabel("                ");//用来显示三角形的周长
    j4 = new JLabel("                ");//用来显示三角形的面积
    tf1 = new JTextField(10);
    tf2 = new JTextField(10);
    tf3 = new JTextField(10);
    JPanel jPanel = new JPanel();
    jPanel.add(j1);
    jPanel.add(tf1);
    jPanel.add(j2);
    jPanel.add(tf2);
    jPanel.add(j5);
    jPanel.add(tf3);
```

```
    jPanel.add(jb1);
    jPanel.add(j3);
    jPanel.add(j4);
    this.add(jPanel);
    this.setVisible(true);
}
public static void main(String[]args){
    Chap8_18_1 eventDemo = new Chap8_18_1();
    eventDemo.testActionEvent();
}
}
```

运行结果如图 8.18 所示。

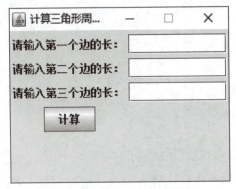

图 8.18　例 8 - 17 运行结果

8.5.4　复选框（JCheckBox）组件

复选框（JCheckBox）组件具有一个方框图标并配有描述性的文字，有"选中"和"未选中"两种状态，用户可以从一组选项中进行多个选择。

1. 常用构造方法
- JCheckBox( )　创建初始未选中的复选框按钮，无文本，无图标。
- JCheckBox(Icon icon)　创建带图标初始未选中的复选框按钮。
- JCheckBox(String text)　创建带文本初始未选中的复选框按钮。
- JCheckBox(String text,boolean selected)　创建带文本的复选框按钮，并指定初始是否被选中。
- JCheckBox(String text,Icon icon)　创建带文本、带图标初始未选中的复选框按钮。
- JCheckBox(Icon icon,boolean selected)　创建带图标的复选框按钮，并指定初始是否被选中。
- JCheckBox(String text,Icon icon,boolean selected)　创建带文本、带图标的复选框按钮，并指定初始是否被选中。

2. 常用方法
- getText( )　获取该复选框的文本。

- setText(String text) 设置该复选框的文本。
- isSelected( ) 判断复选框是否被选中。

例 8 – 18 通过复选框组件，选择个人爱好。

参考代码如下：

```java
import java.awt.*;
import javax.swing.*;
public class Chap8_19 extends JFrame{
public Chap8_19(){
    super("复选框实例");
    Container c = getContentPane();//获取窗口容器
    c.setLayout(new FlowLayout());//容器使用流布局
    setDefaultCloseOperation(EXIT_ON_CLOSE);
    setResizable(false);//设置窗体大小不能改变
        setLocationRelativeTo(null);
        setSize(300,300);
        JLabel l1 = new JLabel("爱好:");//创建标签组件
    JCheckBox c1 = new JCheckBox("篮球");//创建复选框组建
    JCheckBox c2 = new JCheckBox("足球");//创建复选框组建
    JCheckBox c3 = new JCheckBox("羽毛球");//创建复选框组建
    JTextArea t1 = new JTextArea("",3,10);//创建文本域组件
    JButton btn = new JButton("确定");//创建按钮组件
    c.add(l1);
    c.add(c1);
    c.add(c2);
    c.add(c3);
    c.add(t1);
    c.add(btn);
    setVisible(true);
}
public static void main(String[]args){
    new Chap8_19();
}
}
}
```

运行结果如图 8.19 所示。

8.5.5 单选按钮（JRadioButton）组件

单选按钮（JRadioButton）具有一个圆框图标并配有描述性的文字，通常借助 Button-
Group 类进行管理，确保单选按钮成组使用。和复选框（JCheckBox）组件一样，也有"选
中"和"未选中"两种状态，但用户只能从同一组选项中选择一个单选按钮。

1. 常用构造方法

- JRadioButton( ) 创建初始未选中的单选按钮，无文本，无图标。
- JRadioButton(Icon icon) 创建带图标初始未选中的单选按钮。

图 8.19   例 8 - 18 运行结果

- JRadioButton(Icon,boolean selected) 创建带图标的单选按钮，并指定初始是否被选中。
- JRadioButton(String text) 创建带文本初始未选中的单选按钮。
- JRadioButton(String text,boolean selected) 创建带文本的单选按钮，并指定初始是否被选中。
- JRadioButton(String text,Icon icon) 创建带文本、带图标初始未选中的单选按钮。
- JRadioButton(String text,Icon icon,boolean selected) 创建带文本、带图标的单选按钮，并指定初始是否被选中。

2. 常用方法
- getText( ) 获取该单选按钮的文本。
- setText(String text) 设置该单选按钮的文本。
- isSelected( ) 判断单选按钮是否被选中。

例 8 - 19   通过单选按钮组件，从红色、黄色、绿色中选一个最喜欢的颜色。为确保互斥性，需要把三个单选按钮组件放到同一个 ButtonGroup 中。

参考代码如下：

```
import java. awt. * ;
import javax. swing. * ;
class  Chap8_20 extends JFrame{
JPanel p1,p2;
    JRadioButton  rb1,rb2,rb3;
public Chap8_20(){
    super("单选按钮案例");
    Container con = getContentPane();
```

```
        setDefaultCloseOperation(EXIT_ON_CLOSE);
        setResizable(false);
        setLocationRelativeTo(null);
        setSize(400,200);
        JLabel l1 = new JLabel("我最喜欢的颜色(3 选 1):");
        rb1 = new  JRadioButton("红色");//创建单选按钮组建
        rb2 = new  JRadioButton("黄色");//创建单选按钮组建
        rb3 = new  JRadioButton("绿色");//创建单选按钮组建
        //把三个单选按钮组件放到同一个 ButtonGroup 中,确保互斥性
        ButtonGroup buttonGroup1 = new ButtonGroup();
        buttonGroup1.add(rb1);
        buttonGroup1.add(rb2);
        buttonGroup1.add(rb3);
        p1 = new JPanel();
        con.add(p1,BorderLayout.NORTH);
        p1.add(l1);
        p1.add(rb1);
            p1.add(rb2);
            p1.add(rb3);
            p2 = new JPanel();
            p2.setBackground(Color.WHITE);
            con.add(p2,BorderLayout.CENTER);
            setVisible(true);
        }
public static void main(String args[])
        {
    new Chap8_20();
    }
}
```

运行结果如图 8.20 所示。

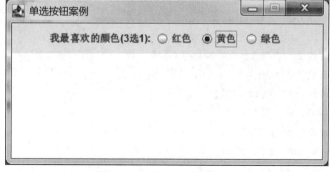

图 8.20 例 8 - 19 运行结果

8.5.6　组合框（JComboBox）组件

组合框（JComboBox）又称为下拉列表框，是一个带条状的显示区，拥有下拉功能，是一种"多选一"的组件，用户既可以从下拉列表框中选择项目，也可以编辑选项中的内容。

1. 常用构造方法

- JComboBox() 创建一个无可选项的组合框。
- JComboBox(Object[]items) 将 Object 数组中的元素作为组合框的下拉列表项来创建一个组合框。
- JComboBox(Vector items) 将 Vector 集合中的元素作为组合框的下拉列表项来创建一个组合框。

2. 常用方法

- addItem(Object anObject) 添加一个选项到组合框。
- getSelectedIndex() 获取组合框中选中项目的索引。
- getSelectedItem() 获取组合框中选中的选项。
- getItemCount() 获取组合框中选项的个数。
- removeAllItems() 从组合框删除所有选项。
- removeItem(Object object) 从组合框删除特定选项。
- removeItemAt(int index) 删除指定索引的特定选项。
- insertItemAt(Object object,int index) 在指定的位置插入特定选项。
- setEditable(Boolean flag) 设置组合框选项是否可以编辑。

例 8 - 20　通过下拉列表框 JComboBox 组件，从 Java、Python、C#、HTML5、MySQL 五门课程中选一个最喜欢的课程。

参考代码如下：

```java
import javax.swing.*;
public class Chap8_21{
public static void showComboBox(){
    JFrame frame = new JFrame("JComboBox 案例");
    frame.setSize(500,300);
    frame.setLocationRelativeTo(null);
    frame.setDefaultCloseOperation(JFrame.EXIT_ON_CLOSE);
    JPanel panel = new JPanel();
    JComboBox<String> comboBox = new JComboBox<>();
    comboBox.addItem("请选择你喜欢的课程:");
    comboBox.addItem("JAVA");
    comboBox.addItem("Python");
    comboBox.addItem("C#");
    comboBox.addItem("HTML5");
    comboBox.addItem("MySql");
    panel.add(comboBox);
    frame.add(panel);
    frame.setVisible(true);
```

```
    }
    public static void main(String[]args){
        new   Chap8_21().showComboBox();
    }
}
```

运行结果如图 8.21 所示。

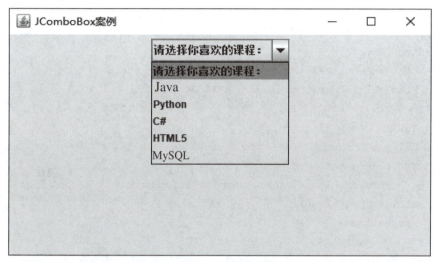

图 8.21　例 8 –20 运行结果

8.5.7　列表框（JList）组件

列表框（JList）通常以目录的形式来显示列表项，它在容器上占据固定的大小，用户可以从列表项中选取一个或多个选项。在实际应用中，通常会把列表框放入滚动面板中，当列表框选项比较长，超出滚动面板预先设置的高度时，就会自动添加滚动条，均有滚动的效果。

1. 常用构造方法

- JList( ) 创建一个空列表框。
- JList(E[ ]listData) 创建一个显示指定数组中元素的列表框。
- JList(Vector < ? extends E > listData) 将 Vector 集合中的元素作为列表框的列表项来创建一个列表框。

2. 常用方法

- setVisibleRowCount(int visibleRowCount) 设置列表框的行数。
- getSelectedIndex( ) 选择单个项目时，获取列表框中选中项目的索引。
- getSelectedValue( ) 选择单个项目时，获取列表框中选中项目的值。
- setSelectionMode(int selectionMode) 设置列表框的选择模式，有三种：单选（ListSelectionModel. SINGLE_SELECTION）、单区间（ListSelectionModel. SINGLE_INTERVAL_SELECTION）、多区间（默认，ListSelectionModel. MULTIPLE_INTERVAL_SELECTION）。

例 8 –21　通过列表框（JList）组件，从红色、黄色、绿色、蓝色、粉色、橘色中选出喜欢的颜色，并在程序中使用滚动面板 JScrollPane，达到滚动的效果。

参考代码如下：

```java
import java.awt.*;
import javax.swing.*;
public class Chap8_22 extends JFrame{
public Chap8_22(){
    super("列表框案例");
    Container cp = getContentPane();//获取窗体的容器
    cp.setLayout(null);//容器使用绝对布局
    setSize(300,300);
    setLocationRelativeTo(null);
    setDefaultCloseOperation(JFrame.EXIT_ON_CLOSE);
    String[]color = {"红色","黄色","绿色","蓝色","粉色","橘色"};
    JList jList1 = new JList(color);
    JScrollPane listScrollPane = new JScrollPane(jList1);
    listScrollPane.setBounds(100,30,100,100);
    jList1.setBorder(BorderFactory.createTitledBorder("您喜欢的颜色："));
    cp.add(listScrollPane);
    setVisible(true);
}
public static void main(String args[]){
    new Chap8_22();
}
}
```

运行结果如图 8.22 所示。

8.5.8　菜单组件

菜单通常包括下拉式菜单（菜单条式菜单）和弹出式菜单两种，下拉式菜单放置在窗口顶部，通过用户单击后弹出，而弹出式菜单通过右击弹出。本节主要介绍下拉式菜单的用法。

下拉式菜单通常由菜单条（JMenuBar）、菜单（JMenu）、菜单项（JMenuItem）组成。

创建下拉式菜单的基本步骤为：

* 创建菜单条。
* 创建菜单加入菜单条中。
* 创建菜单项加入菜单中。
* 将菜单条添加到容器中。
* 事件处理。

如果有需要，还可以为菜单添加子菜单。

1. 常用构造方法

* JMenuBar() 创建一个新的菜单条。
* JMenu() 创建一个没有文本的新菜单。

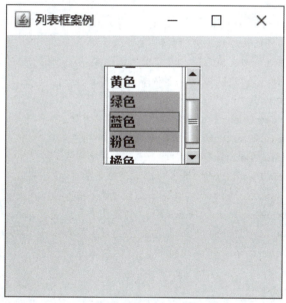

图 8.22　例 8 - 21 运行结果

- JMenu(String s) 创建一个指定文本的新菜单。
- JMenuItem( ) 创建不带有设置文本或图标的菜单项。
- JMenuItem(Icon icon) 创建带有指定图标的菜单项。
- JMenuItem(String text) 创建带有指定文本的菜单项。
- JMenuItem(String text, Icon icon) 创建带有指定文本和图标的菜单项。

2. 常用方法

- setJMenuBar(JMenuBar bar) 将菜单条添加到特定容器。
- add(JMenuItem item) 向菜单中增加指定文本的菜单项。

- getItem(int index) 获取指定索引的菜单项。
- getItemCount( ) 获取菜单项的数目。
- setEnabled(boolean b) 设置当前菜单项是否可被选择。
- getText( ) 得到菜单项的文本。
- setText(String name) 设置菜单项为指定的文本。
- setAccelerator(KeyStroke keyStroke) 为菜单项设置快捷键。
- addSeparator( ) 为菜单添加分隔线。
- insertSeparator(int pos) 在指定位置添加分隔线。
- remove(int pos) 移除指定位置的菜单项。
- remove(JMenuItem item) 移除指定的菜单项。
- removeAll( ) 移除所有菜单项。

例 8 – 22　创建"文件""视图""开发"三个菜单,"文件"菜单有"新建""打开""关闭""退出"等菜单项,"视图"菜单有"母版""网格线"等菜单项,"开发"菜单有"COM 加载项"菜单项。

参考代码如下:

```java
import javax.swing.*;
class Chap8_23 extends JFrame{
JMenuBar mbar = new JMenuBar();//创建菜单条
JMenu menu1 = new JMenu("文件");//创建菜单
JMenu menu2 = new JMenu("视图");//创建菜单
JMenu menu3 = new JMenu("开发");//创建菜单
JMenuItem create = new JMenuItem("新建");//创建菜单项
JMenuItem open = new JMenuItem("打开");//创建菜单项
JMenuItem close = new JMenuItem("关闭");//创建菜单项
JMenuItem quit = new JMenuItem("退出");//创建菜单项
JMenuItem model = new JMenuItem("母版");//创建菜单项
JMenuItem net = new JMenuItem("网格线");//创建菜单项
JMenuItem com = new JMenuItem("COM 加载项");//创建菜单项
JTextArea jTextArea = new JTextArea();
    public Chap8_23(){
super("Menu 实例");
setSize(300,300);
setLocationRelativeTo(null);
setDefaultCloseOperation(JFrame.EXIT_ON_CLOSE);
setJMenuBar(mbar);//将菜单条添加到容器
mbar.add(menu1);//将菜单加入菜单条
mbar.add(menu2);//将菜单加入菜单条
mbar.add(menu3);//将菜单加入菜单条
    menu1.add(create);//将菜单项加入菜单 menu1
    menu1.add(open);  //将菜单项加入菜单 menu1
    menu1.add(close); //将菜单项加入菜单 menu1
```

```
        menu1.addSeparator();//添加分隔线
        menu1.add(quit);//将菜单项加入菜单 menu1
        menu2.add(model);//将菜单项加入菜单 menu2
        menu2.addSeparator();//添加分隔线
        menu2.add(net);//将菜单项加入菜单 menu2
        menu3.add(com);//将菜单项加入菜单 menu3
    getContentPane().add(jTextArea);
    setVisible(true);
}

    public static void main(String[]args){
    new Chap8_23();
    }
}
```

运行结果如图 8.23 所示。

图 8.23 例 8-22 运行结果

图8.23　例8-22 运行结果（续）

8.5.9　表格（JTable）组件

表格（JTable）组件以行、列（二维表）的方式显示数据和操作数据，功能强大，可以与数据库结合使用。

1. 常用构造方法

- JTable() 创建一个默认模型的 JTable。
- JTable(int rows,int cols) 创建一个 rows 行、cols 列的默认模型的 JTable。
- JTable(Object[ ][ ]rowData,Object[ ]columnNames) 创建一个 JTable 二维阵列，显示值为 rowData，列名称为 columnNames。

2. 常用方法

- clearSelection() 取消选中所有已选定的行和列。
- getValueAt(int row,int column) 获取 row 和 column 位置的单元格值。
- selectAll() 选择表中的所有行、列和单元格。

例8-23　创建一个6行4列显示学生成绩表的表格。

参考代码如下：

```java
import javax.swing.*;
import java.awt.*;
public class Chap8_24{
  public static void main(String args[]){
  new jTableDemo();
  }
}
class jTableDemo extends JFrame{
  Object name[] = {"姓名","Java 成绩","Python 成绩","总成绩"};
  Object student[][] = {{"张三",90,85,175},
```

```
                {"张三锋",90,80,170},
                {"张城俊",80,85,165},
                {"王城阳",70,80,150},
                {"李成峰",95,85,180}};
    JButton button;
    JTable table;
    Container con = getContentPane();
    public jTableDemo(){
    super("JTable 实例");
    setSize(300,200);
    setLocationRelativeTo(null);
    setDefaultCloseOperation(JFrame.EXIT_ON_CLOSE);
        button = new JButton("计算每个学生总成绩");
        table = new JTable(student,name);
        con. add(new JLabel("成绩表",JLabel.CENTER),BorderLayout.NORTH);
        con. add(new JScrollPane(table),BorderLayout.CENTER);
        con. add(button,BorderLayout.SOUTH);
        setVisible(true);
    }
}
```

运行结果如图 8.24 所示。

图 8.24   例 8 −23 运行结果

任务 8.6   事件处理

为了实现 GUI 程序与用户的交互功能，从而完成某种特定的任务，常需要用到 Java 中的事件处理机制来完成。Java 中常见的事件有动作事件（ActionEvent）、选项（ItemEvent）事件、窗体（WindowEvent）事件、鼠标事件（MouseEvent）、键盘事件（KeyEvent）。

8.6.1　事件处理模式

Java 通过委托事件处理模式，确保组件本身不需要使用成员方法来处理事件，而是把事件委托给事件监听器处理。

事件处理模式中三个主要概念：

- 事件（Event）：用户对组件的操作，通常以类的形式出现。
- 事件源（Event Source）：事件发生的场所，通常值对应的组件。
- 事件监听器（Event handler）：接收事件并对其进行处理的对象。

常见的事件及其监听器见表 8.1。

表 8.1　常见的事件及其监听器

事件名称	监听器	描述
WindowEvent	WindowListener	窗口发生变化，如关闭
ActionEvent	ActionListener	产生动作，如单击按钮
ItemEvent	ItemListener	项目变化，如复选框
ListSelectionEvent	ListSelectionListener	选择列表中的项目时
ChangeEvent	ChangeListener	状态改变，如进度条
FocusEvent	FocusListener	焦点获得或失去
MouseEvent	MouseListener	鼠标单击、进入或离开

事件处理的实现步骤：

- 编写一个事件监听器类，实现与事件类 XxxEvent 相对应的 XxxListener 接口。
- 调用组件的 addXxxListener 方法，将监听器对象注册到 GUI 组件上。

8.6.2　动作事件（ActionEvent）

动作事件是实际应用中最常用到的事件之一，通常可由按钮、单选按钮、文本框、菜单项、密码框等触发。

动作事件用 ActionEvent 类表示，处理动作事件的监听器对象通常需要实现 ActionListener 接口，然后调用 addActionListener() 方法将监听器绑定到事件源对象，并调用接口中的 actionPerformed(ActinEvent e) 方法对发生的事件做出处理。

ActionEvent 类中常见方法：

- public Object getSource() 获取发生 ActionEvent 事件的事件源对象。
- public String getActionCommand() 获取发生 ActionEvent 事件时与该事件相关的命令字符串。

例 8-24　把例 8-16 模拟登录功能通过事件处理具体实现。

参考代码如下：

```
import javax.swing.*;
import java.awt.*;
import java.awt.event.*;
```

```java
class Chap8_17_1 extends JFrame implements ActionListener
{
  JTextField t1;
  JPasswordField t2;
  JButton b1,b2;
  JLabel l1,l2;
  JTextArea t3;
  Chap8_17_1(String title)
  { super(title);
    setSize(250,180);
    setDefaultCloseOperation(JFrame.EXIT_ON_CLOSE);
       setResizable(false);//设置窗体大小不能改变
    setLocationRelativeTo(null);
    JPanel p1,p2,p3,p4;   //创建面板
    p1=new JPanel(new BorderLayout());//设置边界布局
    p2=new JPanel(new FlowLayout(FlowLayout.CENTER,50,0));//设置流式布局
    p3=new JPanel(new GridLayout(2,1,5,5));//设置网格布局
    p4=new JPanel(new GridLayout(2,1,5,5));//设置网格布局
    p1.add(p3,BorderLayout.WEST);
    p1.add(p4,BorderLayout.CENTER);
    l1=new JLabel("用户名");//创建标签组件
    l2=new JLabel("密  码");   //创建标签组件
    t3=new JTextArea("开始为空",3,10);//创建文本域组件
    t3.setLineWrap(true);//设置文本域内容自动换行
    b1=new JButton("登录");   //创建按钮组件
    b2=new JButton("重置");   //创建按钮组件
    t1=new JTextField(10);   //创建文本框组件
    t2=new JPasswordField(10);//创建密码框组件
    t2.setEchoChar('#');//设置密码框组件回显符为"#"
    p3.add(l1);
    p4.add(t1);
    p3.add(l2);
    p4.add(t2);
    p2.add(b1);
    p2.add(b2);
    Container ct=getContentPane();
    ct.add(p1,BorderLayout.NORTH);
    ct.add(p2,BorderLayout.CENTER);
    ct.add(t3,BorderLayout.SOUTH);
    setVisible(true);
    b1.addActionListener(this);//事件注册
    b2.addActionListener(this);
  }
}
```

```
public void actionPerformed(ActionEvent e)
{
if(e.getActionCommand().equals("登录"))
  {
if(t1.getText().equals("张三")&&(new String(t2.getPassword())).equals
("123456"))
  t3.setText("登录成功");
    else
    t3.setText("用户名或密码不正确");
   }
  else
   {
  t1.setText("");
  t2.setText("");
  t3.setText("");
  }
 }
public static void main(String[]args)
   {
Chap8_17_1 fl = new Chap8_17_1("登录窗口");
    }
}
```

运行结果如图 8.25 所示。

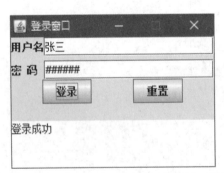 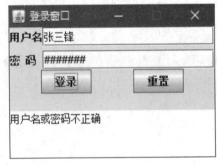

图 8.25 例 8 - 24 运行结果

例 8 - 25 把例 8 - 17 中对三角形的周长和面积的计算通过事件处理具体实现。
参考代码如下:

```
import java.awt.event.*;
import javax.swing.*;
public class Chap8_18_1 extends JFrame implements ActionListener{
private JButton jb1;
private JLabel j1,j2,j3,j4,j5;
private JTextField tf1,tf2,tf3;
```

```java
public Chap8_18_1(){
    this.setTitle("计算三角形周长与面积");
    this.setResizable(false);//设置窗体大小不能改变
    this.setLocationRelativeTo(null);
    this.setSize(260,200);
    this.setDefaultCloseOperation(JFrame.EXIT_ON_CLOSE);
}
public void testActionEvent(){
    jb1 = new JButton("计算");
    j1 = new JLabel("请输入第一个边的长:");
    j2 = new JLabel("请输入第二个边的长:");
    j5 = new JLabel("请输入第三个边的长:");
    j3 = new JLabel("               ");
    j4 = new JLabel("               ");
    tf1 = new JTextField(10);
    tf2 = new JTextField(10);
    tf3 = new JTextField(10);
    JPanel jPanel = new JPanel();
    jb1.addActionListener(this);
    jPanel.add(j1);
    jPanel.add(tf1);
    jPanel.add(j2);
    jPanel.add(tf2);
    jPanel.add(j5);
    jPanel.add(tf3);
    jPanel.add(jb1);
    jPanel.add(j3);
    jPanel.add(j4);
    this.add(jPanel);
    this.setVisible(true);
}
public static void main(String[]args){
    Chap8_18_1 eventDemo = new Chap8_18_1();
    eventDemo.testActionEvent();
}
public void actionPerformed(ActionEvent e){

    int x = Integer.parseInt(tf1.getText());
    int y = Integer.parseInt(tf2.getText());
    int z = Integer.parseInt(tf3.getText());
    double p = (x + y + z)/2;
    j3.setText("三边分别为:" + tf1.getText() + "," + tf2.getText() + "," + tf3.getText
()+"的三角形,周长为:"+(x+y+z));
```

```
    j4. setText("三边分别为:"+tf1. getText()+","+tf2. getText()+","+tf3. getText
()+"的三角形,面积为:"+(Math. sqrt(p*(p-x)*(p-y)*(p-z))));

}
}
```

运行结果如图 8. 26 所示。

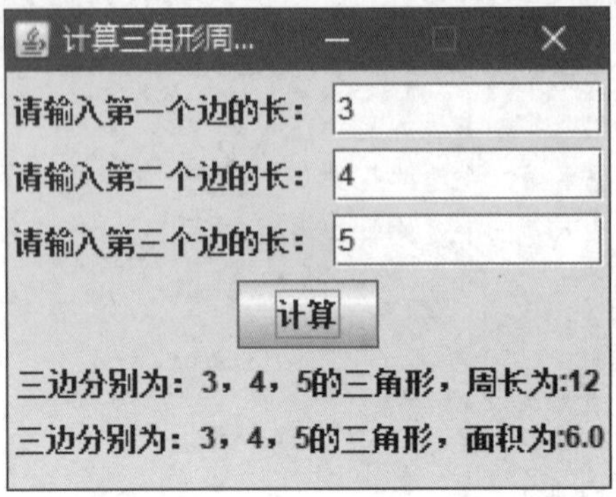

图 8. 26 例 8 – 25 运行结果

例 8 – 26 把例 8 – 18 中对个人爱好的选择通过事件处理具体实现。

参考代码如下:

```
import java. awt. * ;
import java. awt. event. * ;
import javax. swing. * ;
public class Chap8_19_1 extends JFrame{
public Chap8_19_1(){
    super("复选框实例");
    Container c = getContentPane();//获取窗口容器
    c. setLayout(new FlowLayout());//容器使用流布局
    setDefaultCloseOperation(EXIT_ON_CLOSE);
    setResizable(false);//设置窗体大小不能改变
    setLocationRelativeTo(null);
    setSize(300,300);
    JLabel l1 = new JLabel("爱好:");//创建标签组件
    JCheckBox c1 = new JCheckBox("篮球");//创建复选框组件
    JCheckBox c2 = new JCheckBox("足球");//创建复选框组件
    JCheckBox c3 = new JCheckBox("羽毛球");//创建复选框组件
    JTextArea t1 = new JTextArea("",3,10);//创建文本域组件
    JButton btn = new JButton("确定");//创建按钮组件
    c. add(l1);
    c. add(c1);
    c. add(c2);
    c. add(c3);
```

```
    c.add(t1);
    c.add(btn);
    setVisible(true);
    btn.addActionListener(new ActionListener(){//按钮动作事件
        public void actionPerformed(ActionEvent e){
            t1.setText("");
            if(c1.isSelected())
              t1.append(c1.getText()+" ");
            if(c2.isSelected())
              t1.append(c2.getText()+" ");
            if(c3.isSelected())
              t1.append(c3.getText()+" ");
        }
    });
}
public static void main(String[]args){
    new Chap8_19_1();
}
}
```

运行结果如图 8.27 所示。

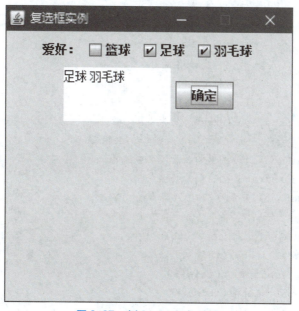

图 8.27　例 8－26 运行结果

例 8－27　把例 8－22 中的菜单功能通过事件处理具体实现。当选择不同的菜单项时，JTextArea 组件中显示对应的信息。

参考代码如下：

```java
import javax. swing. * ;
import java. awt. event. * ;
class Chap8_23_1 extends JFrame implements ActionListener{
JMenuBar mbar = new JMenuBar();//创建菜单条
JMenu menu1 = new JMenu("文件");//创建菜单
JMenu menu2 = new JMenu("视图");//创建菜单
JMenu menu3 = new JMenu("开发");//创建菜单
JMenuItem create = new JMenuItem("新建");//创建菜单项
JMenuItem open = new JMenuItem("打开");//创建菜单项
JMenuItem close = new JMenuItem("关闭");//创建菜单项
JMenuItem quit = new JMenuItem("退出");//创建菜单项
JMenuItem model = new JMenuItem("母版");//创建菜单项
JMenuItem net = new JMenuItem("网格线");//创建菜单项
JMenuItem com = new JMenuItem("COM 加载项");//创建菜单项
JTextArea jTextArea = new JTextArea();
    public Chap8_23_1(){
    super("Menu 实例");
    setSize(300,300);
    setLocationRelativeTo(null);
    setDefaultCloseOperation(JFrame.EXIT_ON_CLOSE);
    setJMenuBar(mbar);//将菜单条添加到容器
    mbar. add(menu1);//将菜单加入菜单条
    mbar. add(menu2);//将菜单加入菜单条
    mbar. add(menu3);//将菜单加入菜单条
        menu1. add(create);//将菜单项加入菜单 menu1
        menu1. add(open);    //将菜单项加入菜单 menu1
        menu1. add(close);   //将菜单项加入菜单 menu1
        menu1. addSeparator();//添加分隔线
        menu1. add(quit);//将菜单项加入菜单 menu1
        menu2. add(model);//将菜单项加入菜单 menu2
        menu2. addSeparator();//添加分隔线
        menu2. add(net);//将菜单项加入菜单 menu2
        menu3. add(com);//将菜单项加入菜单 menu3
        create. addActionListener(this);
    open. addActionListener(this);
    close. addActionListener(this);
    quit. addActionListener(this);
    model. addActionListener(this);
    net. addActionListener(this);
    com. addActionListener(this);
    getContentPane(). add(jTextArea);
    setVisible(true);
}
```

```
        public void actionPerformed
(ActionEvent e){
        if(e.getSource()==create)
            jTextArea.setText("你选择
了新建");
        if(e.getSource()==open)
            jTextArea.setText("你选择
了打开");
        if(e.getSource()==close)
            jTextArea.setText("你选择
了关闭");
        if(e.getSource()==quit)
            System.exit(0);
        if(e.getSource()==model)
            jTextArea.setText("你选择
了母版");
        if(e.getSource()==net)
            jTextArea.setText("你选择
了网格线");
        if(e.getSource()==com)
            jTextArea.setText("你选择
了COM加载项");
    }
        public static void main
(String[]args){
        new Chap8_23_1();
    }
}
```

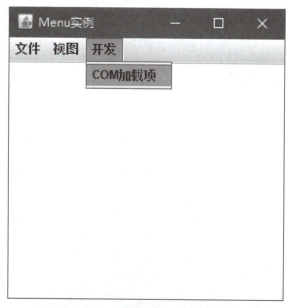

图 8.28　例 8-27 运行结果

运行结果如图 8.28 所示。

8.6.3　选项（ItemEvent）事件

选项事件也是最常用的事件之一，通常可由单选按钮、复选框、下拉列表框等触发。

选项事件用 ItemEvent 类表示，处理选项事件的监听器对象通常需要实现 ItemListener 接口，然后调用 addItemListener()方法将监听器绑定到事件源对象，并调用接口中的 itemStateChanged(ItemEvent e)方法对发生的事件做出处理。

ItemEvent 类中常见方法：

- public Object getSource() 获取发生 Itemevent 事件的事件源对象。
- Object getItem() 获取受 Itemevent 事件作用的项目。
- int getStateChange() 返回状态更改的类型（已选中或已取消选择）。

例 8 - 28　把例 8 - 19 中的单选按钮组件功能通过事件处理具体实现。通过选择红色、黄色、绿色的不同颜色选项，把面板背景色设置为对应的颜色。

参考代码如下：

```java
import java.awt.*;
import java.awt.event.*;
import javax.swing.*;
class Chap8_20_1 extends JFrame implements ItemListener{
JPanel p1,p2;
    JRadioButton  rb1,rb2,rb3;
public Chap8_20_1(){
    super("单选按钮案例");
    Container con = getContentPane();
    setDefaultCloseOperation(EXIT_ON_CLOSE);
    setResizable(false);
    setLocationRelativeTo(null);
    setSize(400,200);
    JLabel l1 = new JLabel("我最喜欢的颜色(3 选 1):");
    rb1 = new  JRadioButton("红色");//创建单选按钮组件
    rb2 = new  JRadioButton("黄色");//创建单选按钮组件
    rb3 = new  JRadioButton("绿色");//创建单选按钮组件
    //把三个单选按钮组件放到同一个 ButtonGroup 中,确保互斥性
    ButtonGroup buttonGroup1 = new ButtonGroup();
    buttonGroup1.add(rb1);
    buttonGroup1.add(rb2);
    buttonGroup1.add(rb3);
    p1 = new JPanel();
    con.add(p1,BorderLayout.NORTH);
    p1.add(l1);
    p1.add(rb1);
        p1.add(rb2);
        p1.add(rb3);
        p2 = new JPanel();
        p2.setBackground(Color.WHITE);
        con.add(p2,BorderLayout.CENTER);
        setVisible(true);
        rb1.addItemListener(this);//注册事件监听器
        rb2.addItemListener(this);
        rb3.addItemListener(this);
    }
    public void itemStateChanged(ItemEvent e)//激活方法
    {
    if(e.getSource() == rb1)
```

```
            p2. setBackground(Color. red);
        else if(e. getSource() == rb2)
    p2. setBackground(Color. yellow);
    else
    p2. setBackground(Color. green);
        }
public static void main(String args[])
        {
    new Chap8_20_1();
    }
}
```

运行结果如图 8.29 所示。

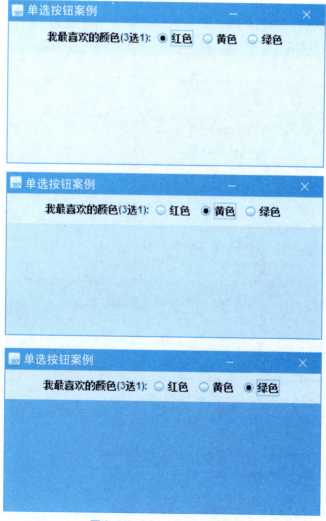

图 8.29 例 8 − 28 运行结果

8.6.4 窗体（WindowEvent）事件

对窗体进行打开、关闭、激活等操作时，会触发窗体（WindowEvent）事件。窗体（WindowEvent）事件用 WindowEvent 类表示，处理窗体事件的监听器对象通常需要实现 WindowListener 接口，然后调用 addWindowListener() 方法将监听器绑定到事件源对象。

WindowListener 接口中的七个抽象方法：

- void windowActivated（WindowEvent）处理窗口被设置为当前活动窗口时触发的事件。
- void windowDeactivated（WindowEvent）处理窗口被设置为非活动窗口时触发的事件。
- void windowIconified（WindowEvent）处理窗口最小化时触发的事件。
- void windowDeiconified（WindowEvent）处理窗口从最小化变为正常大小时触发的事件。
- void windowOpened（WindowEvent）处理窗口第一次显示时触发的事件。
- void windowClosing（WindowEvent）处理用户试图关闭窗口时触发的事件。
- void windowClosed（WindowEvent）处理窗口被关闭时触发的事件。

例 8-29 通过对窗口进行不同的操作，激活不同的窗口事件。

参考代码如下：

```java
import javax.swing.*;
import java.awt.FlowLayout;
import java.awt.event.WindowEvent;
import java.awt.event.WindowListener;
public class Chap8_25 extends JFrame{
    public static void main(String[]args){
        JFrame frame = new JFrame("窗体事件案例");
        frame.setSize(400,300);
        frame.setLocationRelativeTo(null);
        frame.setLayout(new FlowLayout());
        frame.setDefaultCloseOperation(JFrame.EXIT_ON_CLOSE);
        JTextArea jTextArea = new JTextArea(15,25);
        frame.add(jTextArea);
        frame.setVisible(true);
        //给窗口注册监听器
        frame.addWindowListener(new WindowListener(){
            public void windowOpened(WindowEvent e){
                jTextArea.append("windowOpened -- 窗体打开事件" + "\n");
            }
            public void windowClosing(WindowEvent e){
                jTextArea.append("windowClosing -- 窗体正在关闭事件" + "\n");
            }
            public void windowClosed(WindowEvent e){
                jTextArea.append("windowClosed -- 窗体已关闭事件" + "\n");
            }
```

```
        public void windowIconified(WindowEvent e){
            jTextArea.append("windowIconified--窗体图标化事件"+"\n");
        }
        public void windowDeiconified(WindowEvent e){
            jTextArea.append("windowDeiconified--窗体取消图标化事件"+"\n");
        }
        public void windowActivated(WindowEvent e){
            jTextArea.append("windowActivated--窗体激活事件"+"\n");
        }
        public void windowDeactivated(WindowEvent e){
            jTextArea.append("windowDeactivated--窗体停用事件"+"\n");
        }
    });
  }
}
```

运行结果如图 8.30 所示。

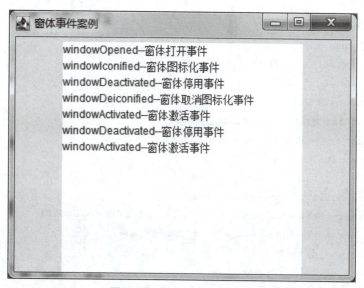

图 8.30　例 8-29 运行结果

8.6.5　鼠标事件（MouseEvent）

用户使用鼠标进行按下、松开、单击、选择、拖动等操作时，会触发鼠标事件。组件基本都可以产生鼠标事件。

鼠标事件用 MouseEvent 类表示，处理鼠标事件的监听器对象通常需要实现 MouseListener 接口（鼠标单击、释放等）或 MouseMotionListener 接口（鼠标移动），然后调用 addWindowListener（）方法或 addMouseMotionListener（）方法将监听器绑定到事件源对象。

1. MouseListener 接口中的方法

- mousePressed（MouseEvent）按下鼠标键触发的鼠标事件。

- mouseReleased(MouseEvent) 释放鼠标键触发的鼠标事件。
- mouseEntered(MouseEvent) 鼠标进入组件触发的鼠标事件。
- mouseExited(MouseEvent) 鼠标离开组件触发的鼠标事件。
- mouseClicked(MouseEvent) 单击鼠标键触发的鼠标事件。

2. **MouseMotionListener 接口中的方法**

- mouseDragged(MouseEvent) 拖动鼠标触发的鼠标事件。
- mouseMoved(MouseEvent) 移动鼠标触发的鼠标事件。

3. **MouseEvent 类中的常用方法**

- getSource() 获取发生鼠标事件的事件源。
- getX() 获取鼠标指针在事件源坐标系中的 x 坐标。
- getY() 获取鼠标指针在事件源坐标系中的 y 坐标。
- getModifiers() 获取鼠标的左键或右键。
- getClickCount() 获取鼠标被单击的次数。

例 8 - 30　通过按下、释放、单击左键、单击中键、单击右键、进入窗口区域、移出窗口区域等不同操作，激活不同的鼠标事件。

参考代码如下：

```java
import javax.swing.*;
import java.awt.*;
import java.awt.event.MouseEvent;
import java.awt.event.MouseListener;
public class Chap8_26{
    public static void main(String[]args){
        JFrame frame = new JFrame("鼠标事件案例");
        frame.setSize(400,300);
        frame.setLocationRelativeTo(null);
        frame.setLayout(new FlowLayout());
        frame.setDefaultCloseOperation(JFrame.EXIT_ON_CLOSE);
        JTextArea jTextArea = new JTextArea(15,25);
        frame.add(jTextArea);
        frame.setVisible(true);
        //给按钮注册鼠标监听器
        frame.addMouseListener(new MouseListener(){
            public void mouseClicked(MouseEvent e){
            switch(e.getButton()){
            case MouseEvent.BUTTON1:
            jTextArea.append("mouseClicked--鼠标左键单击事件" + "\n");
            break;
            case MouseEvent.BUTTON2:
                jTextArea.append("mouseClicked--鼠标中键单击事件" + "\n");
```

```
        break;
        case MouseEvent. BUTTON3:
            jTextArea. append("mouseClicked -- 鼠标右键单击事件" + "\n");
        break;
        }
    }
    public void mousePressed(MouseEvent e){
        jTextArea. append("mousePressed -- 鼠标按下事件" + "\n");
    }
    public void mouseReleased(MouseEvent e){
        jTextArea. append("mouseReleased -- 鼠标释放事件" + "\n");
    }
    public void mouseEntered(MouseEvent e){
        jTextArea. append("mouseEntered -- 鼠标进入窗口区域事件" + "\n");
    }
    public void mouseExited(MouseEvent e){
        jTextArea. append("mouseExited -- 鼠标移出窗口区域事件" + "\n");
    }
    });
    }
}
```

运行结果如图 8.31 所示。

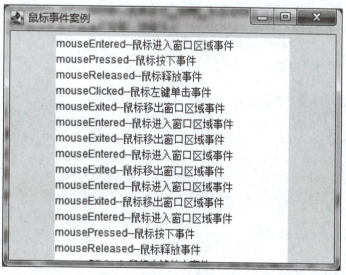

图 8.31　例 8 -30 运行结果

8.6.6　键盘事件（KeyEvent）

键盘操作是日常最常用的用户交互方式，例如键按下、释放等，这些操作被定义为键盘事件。键盘事件用 KeyEvent 类表示，处理键盘事件的监听器对象通常需要实现 KeyListener 接口或者继承 KeyAdapter 类，然后调用 addKeyListener( ) 方法将监听器绑定到事件源对象。

1. **KeyListener 接口中的抽象方法**
- void keyPressed(KeyEvent) 处理键盘按下键事件。
- void keyReleased(KeyEvent) 处理键盘释放键事件。
- void keyTyped(KeyEvent) 处理键盘敲击键事件。

2. **KeyEvent 类中的常用方法**
- char getKeyChar( ) 返回字符键值。
- int getKeyCode( ) 返回整数键值。

例 8 – 31 通过在键盘上按下不同的键，显示对应的键代码。

参考代码如下：

```java
import javax. swing. * ;
import java. awt. * ;
import java. awt. event. KeyEvent;
import java. awt. event. KeyListener;
public class Chap8_27{
    public static void main(String[]args){
        JFrame frame = new JFrame("按键事件案例");
        frame. setSize(200,200);
        frame. setLocationRelativeTo(null);
        frame. setDefaultCloseOperation(JFrame. EXIT_ON_CLOSE);
        frame. setLayout(new FlowLayout());
        JTextField jTextField = new JTextField(20);
        JTextArea jTextArea = new JTextArea(5,10);
        frame. add(jTextField);
        frame. add(jTextArea);
        frame. setVisible(true);
        //给文本框注册按键监听器
        jTextField. addKeyListener(new KeyListener(){
            public void keyPressed(KeyEvent e){
                char keyChar = e. getKeyChar();//获取按键字符
                int keyCode = e. getKeyCode();//获取按键字符的键代码
                jTextArea. append("按键字符:" + keyChar + "\t 键代码:" + keyCode + "\n");
            }
            public void keyReleased(KeyEvent e){
            }
            public void keyTyped(KeyEvent e){
            }
        });
    }
}
```

运行结果如图 8. 32 所示。

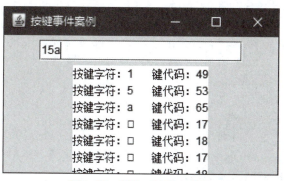

图8.32　例8-31运行结果

任务8.7　案例：线上党史馆——红色基因传承

8.7.1　案例背景

党史馆是展示政治奇迹的重要窗口。回望中国共产党百年奋斗历程，是中国共产党让灾难深重的中国人民看到了新的希望，有了新的依靠，是中国共产党带领全国各族人民推翻了压在中国人民头上的"三座大山"，成立了人民当家作主的中华人民共和国，开启了中华民族发展进步的新纪元。

党史馆是纪念先烈前辈的重要平台。饮水思源，吃水不忘挖井人，中国共产党一路走来，在血与火的日子里，无数革命先烈，为了践行自己的初心使命，不惜抛头颅、洒热血，取得了中国革命的胜利；在和平时代，无数英雄前辈，为了国家富强和人民幸福，不惜牺牲个人利益，甚至生命，谱写了一曲又一曲感天动地、气壮山河的奋斗赞歌。

8.7.2　案例任务

线上党史馆正是为了让我们铭记党史，在学习中感悟初心、担当使命，不断发扬红色传统、传承红色基因，赓续共产党人精神血脉，让青春在奉献中绽放，让人生在奋斗中出彩，在实现中华民族伟大复兴的征程中矢志不渝、逐梦前行。

案例任务：综合运用本项目知识，实现线上党史馆浏览。

8.7.3　案例实现

线上党史馆由"首页""党的基本资料""党史百科""红色展馆"四个模块构成。在"党史百科"模块中，当单击左侧面板上的"中国共产党的中心任务""中国式现代化"等按钮时，右侧面板中的文本域会显示对应的内容。

（1）实现"首页"模块功能，创建全局窗口（MainFrame.java）、首页面板（HomePagePanel.java）。

MainFrame.java 参考代码如下：

```
package cha8.sz1;
import javax.swing.*;
public class MainFrame{
    private static JFrame frame = new JFrame();
    private static JPanel panel = null;
    public MainFrame(){
        frame = new JFrame("线上党史馆");
        frame.setBounds(100,100,1080,650);
        frame.getContentPane().setLayout(null);
        frame.setResizable(false);
        JMenuBar jb = new JMenuBar();//新建菜单条
        jb.setBounds(0,0,1116,50);
        frame.getContentPane().add(jb);
        //新建一个菜单选项
        JMenuItem jMenuItem1 = new JMenuItem("首页");
        JMenuItem jMenuItem2 = new JMenuItem("党的基本资料");
        JMenuItem jMenuItem3 = new JMenuItem("党史百科");
        JMenuItem jMenuItem4 = new JMenuItem("红色展馆");
        jb.add(jMenuItem1);
        jb.add(jMenuItem2);
        jb.add(jMenuItem3);
        jb.add(jMenuItem4);
        panel = HomePagePanel.HomePagedView();
        frame.add(panel);
        jMenuItem1.addActionListener(e -> {
            frame.remove(panel);
            panel = HomePagePanel.HomePagedView();
        });
        //打开界面一
        jMenuItem2.addActionListener(e -> {
            frame.remove(panel);
            panel = FirstPanel.firstView();
        });
        //打开界面二
        jMenuItem3.addActionListener(e -> {
            frame.remove(panel);
            panel = SecondPanel.secondView();
        });
        //打开界面三
        jMenuItem4.addActionListener(e -> {
            frame.remove(panel);
            panel = ThreePanel.ThreeView();
        });
```

```
        frame.setVisible(true);
        frame.setDefaultCloseOperation(JFrame.EXIT_ON_CLOSE);
    }
    public static JFrame returnJFrame(){
        return frame;
    }
    public static void main(String[]args){
        new MainFrame();
    }
}
```

HomePagePanel.java 参考代码如下：

```
package cha8.sz1;
import javax.swing.*;
import java.awt.*;
public class HomePagePanel{
    public static JPanel HomePagedView(){
        //导入frame
        JFrame frame = MainFrame.returnJFrame();
        JPanel panel = new JPanel();
        //添加新的panel
        frame.add(panel);
        panel.setBounds(0,50,1080,610);
        panel.setLayout(null);
        panel.setBackground(Color.RED);
        JLabel label = new JLabel();
            label.setIcon( new ImageIcon( HomePagePanel.class.getResource( "
H1.png")));
        label.setBounds(0,-15,1080,610);//设置图像的位置和大小
        panel.add(label);
        return panel;
    }
}
```

（2）实现"党的基本资料"模块功能，创建党的基本资料面板（FirstPanel.java），如图 8.33 所示。

参考代码如下：

```
package cha8.sz1;
import javax.swing.*;
import java.awt.*;
import java.awt.event.MouseAdapter;
import java.awt.event.MouseEvent;
public class FirstPanel{
```

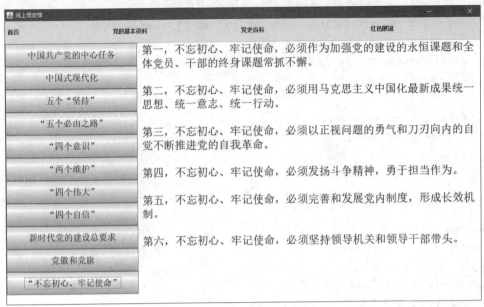

图 8.33 "党的基本资料"模块

```java
public static JPanel firstView(){
    JFrame frame = MainFrame.returnJFrame();
    JPanel panel = new JPanel();
    String[]str = {""};
    JTextArea ta = new JTextArea();
    ta.setFont(new Font("宋体",Font.PLAIN,25));
    ta.setBounds(310,0,1103 - 330,718);
    ta.setLineWrap(true);
    panel.add(ta);
    frame.add(panel);
    panel.setBounds(0,50,1103,718);
    panel.setLayout(null);
    panel.setBackground(Color.WHITE);
    JButton b1 = new JButton("中国共产党的中心任务");
    b1.setBounds(0,0,300,50);
    b1.setFont(new Font("宋体",Font.PLAIN,20));
    JButton b2 = new JButton("中国式现代化");
    b2.setBounds(0,50,300,50);
    b2.setFont(new Font("宋体",Font.PLAIN,20));
    JButton b3 = new JButton("五个"坚持"");
    b3.setBounds(0,100,300,50);
    b3.setFont(new Font("宋体",Font.PLAIN,20));
    JButton b4 = new JButton(""五个必由之路"");
    b4.setBounds(0,150,300,50);
```

```
b4. setFont(new Font("宋体",Font.PLAIN,20));
JButton b5 = new JButton(""四个意识"");
b5. setBounds(0,200,300,50);
b5. setFont(new Font("宋体",Font.PLAIN,20));
JButton b6 = new JButton(""两个维护"");
b6. setBounds(0,250,300,50);
b6. setFont(new Font("宋体",Font.PLAIN,20));
JButton b7 = new JButton(""四个伟大"");
b7. setBounds(0,300,300,50);
b7. setFont(new Font("宋体",Font.PLAIN,20));
JButton b8 = new JButton(""四个自信"");
b8. setBounds(0,350,300,50);
b8. setFont(new Font("宋体",Font.PLAIN,20));
JButton b9 = new JButton("新时代党的建设总要求");
b9. setBounds(0,400,300,50);
b9. setFont(new Font("宋体",Font.PLAIN,20));
JButton b10 = new JButton("党徽和党旗");
b10. setBounds(0,450,300,50);
b10. setFont(new Font("宋体",Font.PLAIN,20));
JButton b11 = new JButton(""不忘初心、牢记使命"");
b11. setBounds(0,500,300,50);
b11. setFont(new Font("宋体",Font.PLAIN,20));
panel. add(b1);
panel. add(b2);
panel. add(b3);
panel. add(b4);
panel. add(b5);
panel. add(b6);
panel. add(b7);
panel. add(b8);
panel. add(b9);
panel. add(b10);
panel. add(b11);
b1. addMouseListener(new MouseAdapter(){
    public void mouseClicked(MouseEvent e){
        str[0] ="党的二十大报告指出,从现在起,中国共产党的中心任务就是团结带领全
国各族人民全面建成社会主义现代化强国、实现第二个百年奋斗目标,以中国式现代化全面推进中华民族伟
大复兴。";
        ta. setText(str[0]);
    }
});
b2. addMouseListener(new MouseAdapter(){
    public void mouseClicked(MouseEvent e){
```

```
                str[0]="中国式现代化,是中国共产党领导的社会主义现代化,既有各国现代化的
共同特征,更有基于自己国情的中国特色。\n" +
                    "\n" +
                    "——中国式现代化是人口规模巨大的现代化。\n" +
                    "\n" +
                    "——中国式现代化是全体人民共同富裕的现代化。\n" +
                    "\n" +
                    "——中国式现代化是物质文明和精神文明相协调的现代化。\n" +
                    "\n" +
                    "——中国式现代化是人与自然和谐共生的现代化。\n" +
                    "\n" +
                    "——中国式现代化是走和平发展道路的现代化。\n" +
                    "\n" +
                    "中国式现代化的本质要求是:坚持中国共产党领导,坚持中国特色社会主
义,实现高质量发展,发展全过程人民民主,丰富人民精神世界,实现全体人民共同富裕,促进人与自然和谐
共生,推动构建人类命运共同体,创造人类文明新形态。";
                ta.setText(str[0]);
            }
        });
        b3.addMouseListener(new MouseAdapter(){
            public void mouseClicked(MouseEvent e){
                str[0]="我国发展进入战略机遇和风险挑战并存、不确定难预料因素增多的时期,
各种"黑天鹅""灰犀牛"事件随时可能发生。我们必须增强忧患意识,坚持底线思维,做到居安思危、未雨绸
缪,准备经受风高浪急甚至惊涛骇浪的重大考验。前进道路上,必须牢牢把握以下重大原则。\n" +
                    "\n" +
                    "——坚持和加强党的全面领导。\n" +
                    "\n" +
                    "——坚持中国特色社会主义道路。\n" +
                    "\n" +
                    "——坚持以人民为中心的发展思想。\n" +
                    "\n" +
                    "——坚持深化改革开放。\n" +
                    "\n" +
                    "——坚持发扬斗争精神。";
                ta.setText(str[0]);
            }
        });
        b4.addMouseListener(new MouseAdapter(){
            public void mouseClicked(MouseEvent e){
                str[0]="全党必须牢记,坚持党的全面领导是坚持和发展中国特色社会主义的必
由之路,中国特色社会主义是实现中华民族伟大复兴的必由之路,团结奋斗是中国人民创造历史伟业的必由
之路,贯彻新发展理念是新时代我国发展壮大的必由之路,全面从严治党是党永葆生机活力、走好新的赶考
之路的必由之路。";
```

```
                ta.setText(str[0]);
            }
        });
        b5.addMouseListener(new MouseAdapter(){
            public void mouseClicked(MouseEvent e){
                str[0]="政治意识、大局意识、核心意识、看齐意识。";
                ta.setText(str[0]);
            }
        });
        b6.addMouseListener(new MouseAdapter(){
            public void mouseClicked(MouseEvent e){
                str[0]="坚决维护习近平总书记党中央的核心、全党的核心地位,坚决维护党中央
权威和集中统一领导。";
                ta.setText(str[0]);
            }
        });
        b7.addMouseListener(new MouseAdapter(){
            public void mouseClicked(MouseEvent e){
                str[0]="实现中华民族伟大复兴是近代以来中华民族最伟大的梦想。中国共产党
一经成立,就把实现共产主义作为党的最高理想和最终目标,义无反顾肩负起实现中华民族伟大复兴的历史
使命,团结带领人民进行了艰苦卓绝的斗争,谱写了气吞山河的壮丽史诗。\n" +
                    "\n" +
                    "实现伟大梦想,必须进行伟大斗争。社会是在矛盾运动中前进的,有矛盾
就会有斗争。我们党要团结带领人民有效应对重大挑战、抵御重大风险、克服重大阻力、解决重大矛盾,必
须进行具有许多新的历史特点的伟大斗争,任何贪图享受、消极懈怠、回避矛盾的思想和行为都是错误的。
\n" +
                    "\n" +
                    "实现伟大梦想,必须建设伟大工程。这个伟大工程就是我们党正在深入推
进的党的建设新的伟大工程。\n" +
                    "\n" +
                    "实现伟大梦想,必须推进伟大事业";
                ta.setText(str[0]);
            }
        });
        b8.addMouseListener(new MouseAdapter(){
            public void mouseClicked(MouseEvent e){
                str[0]="党的十九大报告强调,中国特色社会主义道路是实现社会主义现代化、创
造人民美好生活的必由之路,中国特色社会主义理论体系是指导党和人民实现中华民族伟大复兴的正确理
论,中国特色社会主义制度是当代中国发展进步的根本制度保障,中国特色社会主义文化是激励全党全国各
族人民奋勇前进的强大精神力量。全党要更加自觉地增强道路自信、理论自信、制度自信、文化自信,既不走
封闭僵化的老路,也不走改旗易帜的邪路,保持政治定力,坚持实干兴邦,始终坚持和发展中国特色社会主
义。\n" +
                    "\n" +
```

```
                                    "  ";
                ta.setText(str[0]);
            }
        });
        b9.addMouseListener(new MouseAdapter(){
            public void mouseClicked(MouseEvent e){
                str[0]="新时代党的建设总要求是:坚持和加强党的全面领导,坚持党要管党、全
面从严治党,以加强党的长期执政能力建设、先进性和纯洁性建设为主线,以党的政治建设为统领,以坚定理
想信念宗旨为根基,以调动全党积极性、主动性、创造性为着力点,全面推进党的政治建设、思想建设、组织建
设、作风建设、纪律建设,把制度建设贯穿其中,深入推进反腐败斗争,不断提高党的建设质量,把党建设成为
始终走在时代前列、人民衷心拥护、勇于自我革命、经得起各种风浪考验、朝气蓬勃的马克思主义执政党。
\n" +
                            "\n";
                ta.setText(str[0]);
            }
        });
        b10.addMouseListener(new MouseAdapter(){
            public void mouseClicked(MouseEvent e){
                str[0]="中国共产党党徽为镰刀和锤头组成的图案。\n" +
                            "\n" +
                            "中国共产党党旗为旗面缀有金黄色党徽图案的红旗。\n" +
                            "\n" +
                            "中国共产党的党徽党旗是中国共产党的象征和标志。党的各级组织和每
一个党员都要维护党徽党旗的尊严。要按照规定制作和使用党徽党旗。\n" +
                            "\n" +
                            "  ";
                ta.setText(str[0]);
            }
        });
        b11.addMouseListener(new MouseAdapter(){
            public void mouseClicked(MouseEvent e){
                str[0]="第一,不忘初心、牢记使命,必须作为加强党的建设的永恒课题和全体党
员、干部的终身课题常抓不懈。\n" +
                            "\n" +
                            "第二,不忘初心、牢记使命,必须用马克思主义中国化最新成果统一思想、
统一意志、统一行动。\n" +
                            "\n" +
                            "第三,不忘初心、牢记使命,必须以正视问题的勇气和刀刃向内的自觉不断
推进党的自我革命。\n" +
                            "\n" +
                            "第四,不忘初心、牢记使命,必须发扬斗争精神,勇于担当作为。\n" +
                            "\n" +
```

```
                            "第五,不忘初心、牢记使命,必须完善和发展党内制度,形成长效机制。
\n" +
                     "\n" +
                     "第六,不忘初心、牢记使命,必须坚持领导机关和领导干部带头。";
                ta.setText(str[0]);
            }
        });
        return panel;
    }
}
```

（3）实现"党史百科"模块功能，创建党史百科面板（SecondPanel. java）。

参考代码如下:

```
package cha8. sz1;
import javax. swing. * ;
import java. awt. * ;
public class SecondPanel{
    public static JPanel secondView(){
        JFrame frame =MainFrame. returnJFrame();
        JPanel panel =new JPanel();
        //添加新的 panel
        frame. add(panel);
        panel. setBounds(0,50,1080,610);
        panel. setLayout(null);
        JLabel label =new JLabel();
            label. setIcon ( new  ImageIcon ( HomePagePanel. class. getResource ( "
H2. png")));
        label. setBounds(0, -15,1080,610);//设置图像的位置和大小
        panel. add(label);
        return panel;
    }
}
```

（4）实现"红色展馆"模块功能，创建红色展馆面板（ThreePanel. java）。

参考代码如下:

```
package cha8. sz1;
import javax. swing. * ;
import java. awt. * ;
public class ThreePanel{
    public static JPanel ThreeView(){
        JFrame frame =MainFrame. returnJFrame();
        JPanel panel =new JPanel();
        //添加新的 panel
```

```
        frame. add(panel);
        panel. setBounds(0,50,1103,718);
        panel. setLayout(null);
        JLabel label = new JLabel();
            label. setIcon ( new ImageIcon ( HomePagePanel. class. getResource ( "
H3. png")));
            label. setBounds(0, -15,1080,610);//设置图像的位置和大小
        panel. add(label);
        return panel;
    }
    }
```

练习题

1. 编写一个程序, 实现简单的加、减、乘, 除计算器的功能, 如图 8.34 所示。例如, 在文本框中分别输入 3 和 5 后, 单击"相乘"按钮后, 在结果文本框中给出计算后的结果 15, 同时要求对除法操作进行异常处理。

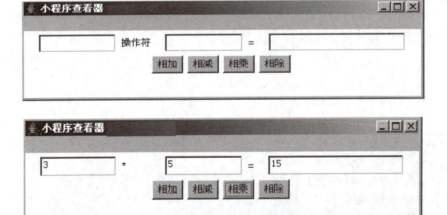

图 8.34　计算器

2. 创建一个 Rectangle 类, 具有 width、height 两个属性。在 Rectangle 中添加两个方法计算矩形的周长与面积。编写程序, 利用 Rectangle 输出一个矩形的周长与面积, 如图 8.35 所示。矩形的 width、height 自己手动输入。

3. 实现 VR 党史馆功能。VR 党史馆包括廉政展厅、党政红色展厅、党建展馆三个模块, 当选中不同的模块时, 可以进入对应的党史馆, 展示不同的内容。当单击"进入全景模式"时, 可以进入全景浏览, 如图 8.36 ~ 图 8.39 所示。

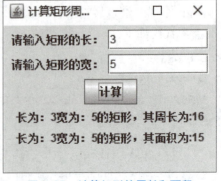

图 8.35　计算矩形的周长和面积

图 8.36 VR 党史馆（1）

图 8.37 VR 党史馆（2）

图 8.38　VR 党史馆（3）

图 8.39　VR 党史馆（4）